BIOGRAPHISCHE SKIZZE

# 1

# LEONID STEIN

ZUSAMMENGESTELLT
VON SIEP H. POSTMA
ÜBERSETZT
VON RAUTGUND BENES
VORWORT
VON KURT RATTMANN

ISBN 90.6289.549.2

SMIT PUBLISHING / UITGEVERIJ SMIT VAN 1876 HENGELO

# Inhaltsverzeichnis




Printed in The Netherlands by Duoprint drukkers bv, Hengelo.

# Vorwort

Leonid Stein war kein Wunderknabe – seine Entwicklung begann verhältnismäßig spät – als er aber einmal vorgestoßen war in die erlesene Schar der jungen sowjetischen Großmeister, zeigte sich endlich, zu welch großen Leistungen er fähig war.

Ich hatte oft Gelegenheit, ihn beim Spiel zu beobachten – zuerst 1964 in Tel Aviv und im Amsterdam, 1965 dann bei der Europa-Mannschafts-Meisterschaft in Hamburg und beim Interzonenturnier in Sousse 1967. Immer fiel Leonid Stein durch herausragende Leistungen angenehm auf.
In Las Palmas 1973 erlebte ich noch seinen Sieg im Großmeisterturnier, zusammen mit Petrosjan.
Als er, der es dreimal geschafft hatte, die Sowjetische Meisterschaft zu erringen, dann auf's neue zu einem Interzonenturnier starten wollte, besiegte ihn ein Stärkerer – er erlag in Moskau einem Herzinfarkt. Eine aussichtsreiche Laufbahn war damit jäh beendet...

Umso mehr freut es mich, daß nach einer russischen und einer englischen Partiesammlung von Steins Partien jetzt auch eine Sammlung seiner Partien in deutscher Sprache herausgebracht wird. Ich bin überzeugt, daß die Schwachwelt freudig zu diesem Buch greifen wird!

*Kurt Rattmann*

# Leonid Stein, eine kurze biographische Skizze.

Leonid Zakharowitsch Stein wurde am 12. November 1934 in Kamenetz-Podolsk, Ukraine, geboren. Als Schachspieler war er ein Spätzünder: seine ersten Erfolge liegen in seiner Militärdienstzeit. 1959 teilte er mit Nej den dritten Platz im Halbfinale um die Sowjetmeisterschaft – ohne hiermit übrigens das Finale zu erreichen: Nej war der Glückliche.
Steins Durchbruch erfolgte 1960, als er Meister der Ukraine wurde und sich einen Platz zu erobern wußte in der 28. Meisterschaft der UdSSR. Dieses Turnier wurde sofort ein entscheidender Erfolg für ihn. Er startete schlecht, begann jedoch in der sechsten Runde mit einem imponierenden Vormarsch, der ihm letzten Endes einen geteilten dritten Platz mit Geller einbrachte und damit die Plazierung im Interzonenturnier in Stockholm. Stein erzielte 6½ aus 9 (+4=5) gegen die Großmeister und sorgte für die einzige Niederlage von Meister Petrosjan.
Im Interzonenturnier zu Stockholm, 27. Januar bis 7. März 1962, ereigneten sich sonderbare Dinge: Gegen Geller spielte Stein so schnell, daß die ganze Partie von 56 Zügen in einem Abend zu Ende und verloren war. Noch bedeutend schlimmer war es gegen Filip in der fünften Runde:

1 Filip, der besser steht, verweigert Remis.
2 Stein, der sich gut herausgezogen hat, fragt die Sowjetkolonie: 'Müsste ich Remis akzeptieren, wenn er es anbietet?' Darauf Kotov: 'Na und ob, und gerne!'
3 Stein, in gewonnener Stellung, verweigert Remis.
4 Stein spielt ohne Plan und vergibt den Sieg.
5 Filip verweigert Remis. Stein muß noch zwei Züge machen bis zum Remis. Dafür hat er noch dreißig Minuten.
6 Stein tot keinen einzigen Zug und seine Fahne fällt. Verlegener Kommentar: 'Ich hatte die Uhr vollkommen vergessen'.

Während der sechsten Runde stieß Julio Bolbochan den Ruf der Bewunderung aus: 'Wie stark dieser Mann spielt!' Er galt seinem Gegenspieler Leonid Stein. Aber eine Runde später ging es wieder total schief: Stein verhaute gegen Uhlmann seine gut stehende Partie vollkommen und wurde von Abramov scharf gerügt. Das muß wohl wirklich genutzt haben: plötzlich war er in Form und fegte Teschner, Aaron, Portisch, Gligorić, Schweber, Yanofsky und Cuellar vom Brett. Als Intermezzi spielte er ab und zu Remis, unter anderen gegen den formidablen Fischer. Eine Niederlage in der letzten Runde gegen Olafsson erwies sich als fatal: durch sie endeten Geller, Petrosjan und

Kortschnoj vor unserem Debutanten. Wohl gewann Stein das Stechen um den sechsten Platz vor Benkö und Gligorić. Er wurde jedoch ein Opfer des numerus clausus, der besagt, daß nicht mehr als drei Russen ins Kandidatenturnier promovieren dürfen. Trost nach der Enttäuschung waren der Schönheitspreis für den phantastischen Sieg gegen Portisch und die Ernennung zum Internationalen Großmeister.
Ende 1963 hätte Stein seine erste Sowjetmeisterschaft geradeswegs für sich buchen können, wenn er nicht in der letzten Runde gegen Bagirov mit aller Gewalt siegen hätte wollen – und ergo verlor. Dies machte einen Entscheidungsdreikampf mit Spassky und Cholmow notwendig. Stein begann diesen ausgezeichnet, indem er gleich mit Schwarz Spassky schlug. Gegen Cholmow, der in einer freudlosen Lage gelandet war, fand Stein nicht die richtige Siegesstrategie. Das zweite Treffen mit Spassky wurde ein besonders aufregendes Schauspiel: In Zeitnot kamen Fehler und Gewinnchancen auf beiden Seiten vor. Ein ruhiges Remis mit Cholmow bedeutete die erste Nationalmeisterschaft für Leonid Stein, 'einen 29-jährigen Studenten an der Fakultät für Journalistik an der Staatsuniversität zu Lwow'.
Diese schwer erkämpfte Meisterschaft bedeutete indessen noch keine Eintrittskarte für das Interzonenturnier in Amsterdam. Dafür wurde in Moskau ein Zonenturnier mit doppelter Rundenzahl veranstaltet, in welchem sieben Großmeister um drei Plätze spielten. Hier folgt ein Bericht in einer Nußschale von Steins Kampfestaten pro Runde. Die Angaben sind dem Russischen Turnierbulletin entnommen.

1 Stein frei.
2 Suetin: Remis. Die Spieler tauschten den einen Stein nach dem anderen ab.
3 Kortschnoj: Remis. Ein Bauernopfer brachte die Rettung.
4 Spassky: Remis. Ein berühmt gewordenes Marshall-Gambit.
5 Bronstein: Remis. Nichtangriffspakt, Manöver hinter der Demarkationslinie.
6 Cholmow: Remis, nach heftigem Kampf.
7 Geller: verloren. Geller hatte mit einem energischen Sturmangriff Erfolg.
8 Stein frei.
9 Suetin: Sieg. Packendes Duell. Suetin versäumt in Zeitnot das Remis.
10 Kortschnoj: Sieg. Leidenschaftliche Aufregung.
11 Spassky: Remis.
12 Bronstein: Remis. Der Säbeltanz laut Polugajevsky. Bronstein rettet eine verlorene Position mit einem Problemzug. Applaus des Publikums.
13 Cholmow: Remis. Gegenseitige Hochachtung.
14 Geller: Remis. Das Ergebnis war vorherbestimmt durch die Abtauschvariante des Vierspringerspiels.

Mit dem Sieger Spassky (7) plazierte sich Stein zusammen mit Bronstein (geteilter zweiter Platz mit 6½) für Amsterdam.

Das Interzonenturnier in Amsterdam, 20. Mai bis 22. Juni 1964, sollte für Stein eine Art Wiederholung von Stockholm werden. Zwar begann er mit einem Sieg gegen Tringov (Steins Kommentar: 'Ich konnte nichts dafür'); in der zweiten Runde gegen Bronstein folgte er jedoch einem Irrlicht und verlor: die einzige entschiedene Partie zwischen den sowjetischen Großmeistern während dieses Turniers. Nach einem ruhigen Remis mit Tal kam Stein gegen Portisch einfach nicht zum Zug. Der russische Chef d'Equipe Lew Abramov charakterisierte Steins Spiel gegen den ungarischen Großmeister als nicht glücklich, mitunter sogar leichtsinnig. Es folgten vier Remis: gegen Spassky, Smyslov (der vergeblich zu gewinnen suchte), Pachman und Foguelman (der jedwede Mitarbeit verweigerte). Die Sache schien hoffnungslos für den russischen Meister, aber fünf Siege in Serie ließen seine Chancen wieder steigen und machten ihn zum Helden des Publikums. Opfer waren Gligorić (im Laufe der Zeit zum treuen Punktelieferanten geworden), Porath (knock-out), Perez (Miniatur), Benkö (Zeitnot) und Berger (er investierte zwei Läufer in eine Mattkombination, die lebensgefährlich undicht war). Nach diesem Kraftstück ein Nachlassen des Einsatzes: Remis mit Bilek ('Meine Position war verloren; ich schämte mich aber es zuzugeben' sagte Stein selbst darüber), Sieg über Lengyel (bis zum äußersten gespannte Nerven in Zeitnot) und Remis mit Reshevsky (Stimmung friedlich). Dann, schier ungläublich, eine neuerliche fünfteilige Siegesserie! Zuerst ein prächtiger Sieg über Evans, der damit auch seine Wette verlor, daß er gegen die Russen zumindest 2½ Punkte erzielen würde. Nachher fielen Vranesić (knock-out), Ivkov (überspielt), Rossetto (wie die Arbeit, so der Lohn) und der Unnahbare Larsen. Wer zweifelt jetzt noch an Steins Aufstieg in die Reihe der Kandidaten? Niemand, außer vielleicht Stein selbst. Ist ihm die Anstrengung zu groß gewesen oder hat er unbewußt gedacht, daß im letzten Moment doch wieder alles mißlingen würde? Gegen Quinones übersieht er einen simplen Zwischenzug und in der letzten Runde muß Darga seine sportliche Pflicht erfüllen: diese beiden Remis bedeuten Steins Ausschaltung. Er wird als Sowjetbürger neuerlich Opfer des numerus clausus: nicht mehr als drei Russen dürfen aufsteigen, der jüdische Schachmeister aus der Ukraine ist wieder nicht dabei.
In Tallinn, Ende 1965, eroberte Stein seine zweite russische Meisterschaft; in Tiflis, Anfang 1967, seine dritte. Tatsächlich schien sich 1967 für Stein als ein Jahr aus Tausend anzulassen: nach einem geteilten ersten Platz mit Ivkov in Sarajewo wurde er Sieger von einem der stärkstbesetzten Turniere der Schachgeschichte. Moskau, 20. Mai bis 15. Juni 1967, veranstaltet zur 50-jährigen Gedächtnisfeier der Oktoberrevolution, sah unter der 18 Teilnehmern vier Weltmeister: den regierenden (Petrosjan), den zukünftigen (Spassky) und zwei ehemalige (Smyslov und Tal). Des weiteren waren da sieben Kandidaten: Kronprinz David Bronstein, der ewige Zweite Paul Keres, Geller, Portisch, Najdorf, Gligorić, Filip und Uhlmann und schlußendlich die Großmeister Bobotsov, Gipslis, Gheorghiu, Pachman, Bilek und ... Stein.

Stein stand nach sieben Runden noch auf fünfzig Prozent (Tal ½; Bilek 1; Gipslis ½; Bobotsov ½; Gheorghiu 0, Spassky ½; Najdorf ½) und erschien nicht als der angewiesene Mann für eine Hauptrolle. Ein meisterhafter Sieg über Portisch, dem ein Remis mit Smyslov folgte, brachten ihn jedoch dicht an die Führungsgruppe heran. Die Unterschiede in einem Wettkampf mit lauter gleichwertigen Teilnehmern sind nun einmal selten erheblich. Umso mehr überraschte die Fortsetzung: Stein schob hintereinander die Schachgiganten Filip, Gligorić und Keres beiseite und eroberte sich hiermit die Führungsposition. Drei Remis, gegen Pachman, Geller und Petrosjan, reichten aus um den Vorsprung zu konsolidieren. Nach einem schnellen Sieg über Uhlmann und einem Remis mit Bronstein in der letzten Runde stand Steins größter Triumph auch mathematisch fest.
Das Interzonenturnier in Sousse, 16. Oktober bis 15. November 1967, war für Stein sein drittes. Es wurde auch seine dritte Tragödie. In der ersten Runde saß er und wartete vergeblich auf Julio Bolbochan. Später stellte sich heraus, daß der Großmeister aus Argentinien überhaupt nicht erscheinen sollte. Zwei friedliche Remis mit Kortschnoj und Geller folgten; darauf ein Sieg über Gipslis, Remis mit Reshevsky und eine funkelnde Siegespartie gegen Robert Byrne. Ein ungeahnt guter Anfang für den dreifachen russischen Meister! Der nächste Gegner was Fischer, der 1966 verkündet hatte, sich gerne einem Zweikampf mit Stein stellen zu wollen. Daß es zu diesem Zweikampf nicht gekommen ist, mag wohl kaum an Stein selbst gelegen haben. Auch in Sousse trat er Fischer unbefangen entgegen und so kam es zu einem fabelhaften Kampf, aus dem der Stärkster als Sieger hervorging: Fischer.
Diese Niederlage muß Stein tief getroffen haben. Merkbar aus dem Gleichgewicht gebracht verhaute er eine gewonnene Stellung gegen Hort; er versäumte gegen Larsen Remis zu machen. Drei Nullen oder zwei? Fischer schien sich nämlich zurückzuziehen. Stein sammelte sich wieder, schlug das 15-jährige brasilianische Schachwunder Mecking überzeugend und ... da erschien plötzlich Fischer wieder. Dies brachte Stein dermaßen aus seiner Konzentration, daß er Schlußlicht Bouaziz nach achtzehn Zügen mit dem Brett voller Steine Remis anbot. Zwar verschwand Fischer schnell wieder, und nun endgültig, wodurch Steins Null gegen den Amerikaner definitiv gestrichen wurde; die Nachwehen des Fischer-Effekts kosteten den Mann aus Lwow jedoch zumindest zwei Punkte. Vielleicht sogar mehr, denn nach Gewinn gegen Suttles, dessen Bauernopfer mißlang, unterlag Stein zum erstenmal in seiner Karriere Gligorić. Gegen die übrigen Jugoslawen, Ivkov, Matanović und Matulović, erreichte er drei Remis; gegen Ungarn wurde es 2 – 1 für Stein (Sieg gegen Bilek und Barczay, Niederlage gegen Portisch nach versäumtem Remis). Drei Siege gegen kleinere Götter, Mjagmasuren, Cuellar und Sarapu, und das Remis mit Kavalek in der Schlußrunde erwiesen sich als gerade ausreichend für einen geteilten sechsten Platz und damit für einen Entscheidungskampf mit Hort und Reshevsky.

Dieser Entscheidungsdreikampf wurde vom 18. Februar bis 2. März 1968 im Herman Steiner Chess Club zu Los Angeles gespielt.
Steins Partien verliefen wie folgt:
1 Remis mit Reshevsky, der sich zäh verteidigt.
2 Remis mit Hort, der den Gewinn versäumt hat.
3 Remis mit Reshevsky, in nur achtzehn Zügen.
4 Sieg gegen Hort, nach heftigem Kampf mit wechselnden Chancen.
5 Remis mit Reshevsky.
6 Remis mit Hort.
7 Remis mit Reshevsky, der überlegen gestanden hatte.
8 Niederlage gegen Hort, nach Verweigerung von Remis.
Der erste März 1968 war ein schwarzer Tag für Stein. Nach 11 Zügen verweigerte er gegen Hort das Remis, welches ihn in die Kandidatenzweikämpfe geführt hätte. Ein paar Züge später bot er selbst Remis an, aber jetzt lehnte Hort ab, möglicherweise aus Überzeugung von der inneren Unsicherheit seines Gegners. Tags darauf erreichte Hort nicht mehr als Remis gegen Reshevsky, wodurch dieser, mit seinen acht Remis, Kandidat wurde, weil er in Sousse laut Sonneborn-Berger das beste Resultat gehabt hatte.
Ein Jahr später verfehlte Stein, indem er in der 37. Sowjetmeisterschaft in Moskau vom 6. September bis 12. Oktober 1969 bloß sechster wurde, sogar das Interzonenturnier.
Besser erging es ihm während der 38. Sowjetmeisterschaft (Riga, 25. November bis 28. Dezember 1970), in der er dritter wurde.
Auch bei der 39. Sowjetmeisterschaft in Leningrad, 14. September bis 20. Oktober 1971, war Stein mit von der Partie: diesmal landete er auf einem geteilten fünften Platz.

Stein war eigentlich immer weitaus am besten in Schwung in Turnieren, bei denen keine Qualifikation für die Weltmeisterschaft auf dem Spiel stand. Davon Zeugen seine ersten Preise in Bukarest 1962, Sarajewo 1967, Moskau 1967, Hastings 1968, Keckskemet 1968, Tallinn 1969 und Pärnu 1971.
Das Aljechin-Gedächtnisturnier, abgehalten in Moskau vom 23. November bis 26. Dezember 1971, gehört hier auch dazu: ein Turnier von ausschließlich Großmeistern, achtzehn an der Zahl, unter welchen Weltmeister Spassky, die drei aktiven Exweltmeister Smyslov, Tal und Petrosjan und überdies noch ein zwanzigjähriger Jüngling, der es bald zum Weltmeister bringen sollte, Anatoli Karpov. Elo-Kategorie 14, Großmeisternorm 8, das heißt unter 50 Prozent! In diesem schweren Kampf war das Glück nun endlich einmal ganz auf Stein Seite. Eine ganze Reihe von Gegnern war gerne bereit, ihm die helfende Hand zu reichen, wie zum Beispiel Lengyel. Spassky, mit seinen Gedanken bei Fischer, verpaßte gegen Stein eine klare Gewinnchance. Steins Sieg über Uhlmann wurde der Reisser des Turniers. 'Was für ein Glück', ging es wie ein laufendes Feuer durch die Reihen der Zuschauer. Wer Steins Laufbahn beobach-

tet hat, in dem kommt eher der Seufzer der Erleichterung 'endlich Gerechtigkeit' auf. So endete der Pechvogel, der endlich einmal Glück hatte, in diesem Eliteturnier zusammen mit Weltmeisterschaftsanwärter Karpov ganz oben.

Las Palmas, 1. bis 21. April 1973, sollte Steins letztes Turnier werden. Von der Anwesenheit des Alt-Weltmeisters Petrosjan ging soviel Friedfertigkeit aus, daß eine Reihe von Partien in Remis endeten. Merkwürdig was das Treffen Petrosjan – Stein. Stein stand nach der Eröffnung vorzüglich und verweigerte Remis. Da begann Petrosjan auf einmal ganz stark zu spielen und trieb mit einem feinen Qualitätsopfer Stein ordentlich in die Enge. Dieser hatte beim Abbruch keine Hoffnung mehr, als Petrosjan ihm plötzlich Remis anbot. Stein nam hocherfreut an und führte Petrosjan danach sofort den Weg zum Sieg vor.

Vom 25. bis 29. April 1973 wurde in Moskau ein bemerkenswerter Wettkampf abgehalten zwischen drei Zehnermannschaften, UdSSR-A, UdSSR-B und UdSSR-Jugend. Stein trat im A-Team an am achten Brett. Er spielte gegen Gufeld zwei Remis und gewann beide Male gegen den Jugend-Spieler Sweschnikov.
Stein stand jetzt auf dem zwölften Platz der Weltrangliste mit Elo-Punktesystem von 2620. Er sollte am Interzonenturnier in Persepolis, Brasilien, teilnehmen; seine vierte Chance. Warum sollte es dem 38-jährigen Großmeister nicht diesmal einmal glücken können? Er war voll guten Mutes und voller Selbstvertrauen.
In diesem Moment traf eine niederschmetternde Nachricht die ganze Schachwelt: Am 4. Juli 1973 war Leonid Stein in Moskau einem Herzinfarkt erlegen. Knappe vierundzwanzig Stunden vorher hatte er sich von Frau und Töchterchen verabschiedet; er war gerade im Begriff mit dem Flugzeug nach Bath, England, abzureisen, wo er an den Länderwettkampfen um den Europapokal teilnehmen sollte. Ein vertrefflicher Schachspieler und sympathischer Mensch hatte uns viel zu früh für immer verlassen.
'Wir nannten ihn Lonja', schrieb Salo Flohr in einem tiefempfundenen Nachruf, 'erstens weil er noch so jung war – noch nicht einmal 39 – und zweitens, weil wir ihn alle so gern hatten'.

# Die Schachkarriere von Leonid Stein in Fakten und Ziffren

**Tallinn 1959, Halbfinale der Meisterschaft der UdSSR.**

| | | |
|---|---|---|
| 1 und | Spassky und | |
| 2 | Suetin | 11½ aus 15 |
| 3 und | Nej und | |
| 4 | Stein | 11 |
| 5 | Furman | 9½ |
| 6 | Osnos | 9 |

**Kiew, 14. Mai bis 10. Juni 1960, 29. Meisterschaft der Ukraine.**

| | | |
|---|---|---|
| 1 und | Stein und | |
| 2 | Sacharov | 12 aus 17 |
| 3 | Gufeld | 11½ |
| 4 und | Bannik und | |
| 5 | Nowopaschin | 11 |
| 6 | Schanovsky | 10½ |

usw.

**Kiew, 12. Juni bis 15. Juni 1960, Match Ukraine - Weissrusland**

Brett 2: Stein – Krogius 2-0

*Krogius – Stein*
*Königsindisch*

| | |
|---|---|
| 1. d4 | Sf6 |
| 2. c4 | g6 |
| 3. Sc3 | Lg7 |
| 4. e4 | 0–0 |
| 5. Le2 | d6 |
| 6. Sf3 | e5 |
| 7. d5 | h6 |
| 8. 0–0 | Sh7 |
| 9. Se1 | Sd7 |
| 10. Sd3 | f5 |
| 11. f3 | f4 |
| 12. b4 | Tf7 |
| 13. c5 | Sdf6 |
| 14. c6 | bxc6 |
| 15. dxc6 | Le6 |
| 16. b5 | Lf8 |
| 17. Sb4 | d5! |
| 18. Sbxd5 | Lc5† |
| 19. Kh1 | Sh5 |
| 20. De1 | Sg3†! |
| 21. hxg3 | Dg5 |
| 22. g4 | h5 |
| 23. g3 | hxg4 |
| 24. Kg2 | Taf8 |
| 25. Ld2 | Dh6! |
| 26. Th1 | Dg7 |
| 27. gxf4 | exf4 |
| 28. Td1 | g5 |
| 29. e5 | Dxe5 |
| 30. fxg4 | Dxe2†! |
| 31. Dxe2 | f3† |
| 32. Dxf3 | Txf3 |
| 33. Thf1 | Lxg4 |
| 34. Se4 | Lh3† |
| 35. Kh2 | Txf1 |
| 36. Txf1 | Lxf1 |
| 37. Sxc5 | Tf2† |
| 38. Kg1 | Txd2 |
| 39. Sxc7 | Lh3 |
| 40. a4 | Tg2† |
| 41. Kh1 | Sf6 |
| 42. a5 | Sg4 |

| 43. Se4 | Te2 |
|---|---|

Weiß gibt auf.

## Entscheidungsmatch um die Meisterschaft der Ukraine:

Stein – Sacharov 4-2
Punkteverlauf:
½ – ½; 1½ – ½; 2 – 1; 2 – 2; 3 – 2; 4 – 2.

*Sechste Matchpartie*
*Stein - Sacharov*
*Sizilianisch*

| | |
|---|---|
| 1. e4 | c5 |
| 2. Sf3 | d6 |
| 3. Lb5† | Sc6 |
| 4. d4 | cxd4 |
| 5. Dxd4 | Ld7 |
| 6. Lxc6 | bxc6 |
| 7. c4 | e5 |
| 8. Dd3 | Dc7 |
| 9. 0–0 | Le7 |
| 10. Sc3 | Sf6 |
| 11. Lg5 | Tb8 |
| 12. Tab1 | h6 |
| 13. Lxf6 | gxf6 |
| 14. b4 | 0–0 |
| 15. b5 | Tfc8 |
| 16. Sh4 | Kh7 |
| 17. Df3 | Le6 |
| 18. bxc6 | Dxc6 |
| 19. Txb8 | Txb8 |
| 20. Sd5 | Ld8 |
| 21. Sf5 | Dd7 |
| 22. Sde3 | Le7 |
| 23. Dh5 | Lxf5 |
| 24. Dxf7† | Kh8 |
| 25. Sxf5 | |

Schwarz gibt auf.

## Odessa 1960, Halbfinale der Meisterschaft der UdSSR.

| | | |
|---|---|---|
| 1 | Awerbach | 11½ aus 17 |
| 2 | Bronstein | 11 |
| 3 und | Kotov und | |
| 4 und | Furman und | |
| 5 | Stein | 10½ |
| 6 | Waschukov | 9½ |

usw.

## Taschkent, 1. bis 15. Oktober 1960, Wettkampf der Sowjetrepubliken

6 aus 8

## Moskau 1961, 28. Meisterschaft der UdSSR

| | | |
|---|---|---|
| 1 | Petrosjan | 13½ |
| 2 | Kortschnoj | 13 |
| 3 und | Geller und | |
| 4 | Stein | 12 |
| 4 und | Smyslov und | |
| 6 | Spassky | 11 |
| 7 und | Awerbach und | |
| 8 | Polugajevsky | 10½ |
| 9 und | Simagin und | |
| 10 | Tajmanov | 10 |
| 11 | Furman | 9½ |
| 12 und | Boleslavsky und | |
| 13 | Bronstein | 9 |
| 14 | Gufeld | 8 |
| 15 und | Lutikov und | |
| 16 | Tscherepkov | 7½ |
| 17 | Tarasov | 7 |

| | | |
|---|---|---|
| 18 und | Borisenko und | |
| 19 | Chasin | 6½ |
| 20 | Bannik | 6 |

Plazierung für das Interzonenturnier: die Nummern 1 bis 4.

## Belgrad 1961, Jugoslawien - UdSSR.

Steins internationales Debüt.
2½ aus 6 (Remis gegen Udovcić, Bertok, Matulović, Gligorić und Durasević; verloren von Matanović).

## Helsinki 1961, Studentenolympiade

9½ aus 12
Schönheitspreis gegen Zinn.

## Moskau 1962, Klubmeisterschaften

Sieg über Tal.

## Stockholm, 27. Januar bis 7. März 1962, Interzonenturnier

| | | |
|---|---|---|
| 1 | Fischer | 17½ |
| 2 und | Geller und | |
| 3 | Petrosjan | 15 |
| 4 und | Filip und | |
| 5 | Kortschnoj | 14 |
| 6 und | Benkö und | |
| 7 und | Gligorić und | |
| 8 | Stein | 13½ |
| 9 und | Portisch und | |
| 10 | Uhlmann | 12½ |
| 11 und | Olafsson und | |
| 12 | Pomar | 12 |
| 13 | Julio Bolbochan | 11½ |
| 14 und | Barcza und | |
| 15 | Bilek | 11 |
| 16 | Bisquier | 9½ |
| 17 und | Bertok und | |
| 18 | Yanofsky | 7½ |
| 19 und | German und | |
| 20 | Schweber | 7 |
| 21 | Teschner | 6½ |
| 22 | Cuellar | 5½ |
| 23 | Aaron | 4 |

*Stein - Bolbochan*
*Sizilianisch*

| | |
|---|---|
| 1. e4 | c5 |
| 2. Sf3 | a6 |
| 3. c3 | d5 |
| 4. exd5 | Dxd5 |
| 5. d4 | Sf6 |
| 6. Le2 | e6 |
| 7. 0 – 0 | Le7 |
| 8. Lf4 | Sc6 |
| 9. Se5 | Sxe5 |
| 10. Lxe5 | 0 – 0 |
| 11. Lf3 | Dd8 |
| 12. Te1 | Ta7 |
| 13. Sd2 | b5 |
| 14. a4 | b4 |
| 15. dxc5 | bxc3 |
| 16. Lxc3 | Lxc5 |
| 17. Sb3 | Le7 |
| 18. Sa5 | Dxd1 |
| 19. Texd1 | Ld7 |
| 20. Lb7 | Lc8 |
| 21. Lc6 | Sd7 |
| 22. Lf3 | Sb8 |
| 23. Le5 | Ld7 |
| 24. b3 | Lb4 |
| 25. Sc4 | f6 |
| 26. Ld4 | Tc7 |

| | |
|---|---|
| 27. Lb6 | T7c8 |
| 28. Lb7 | Tce8 |
| 29. Lxa6 | Sxa6 |
| 30. Txd7 | Sc5 |
| 31. Lxc5 | Lxc5 |
| 32. Tb1 | Tb8 |
| 33. Tc7 | Lb4 |
| 34. Kf1 | Tfd8 |
| 35. Ke2 | Td5 |
| 36. Td1 | Lc3 |
| 37. Txd5 | exd5 |
| 38. Sd6 | Le5 |
| 39. Tc8† | Txc8 |
| 40. Sxc8 | |

Schwarz gibt auf.

*Entscheidungsdreikampf:*

| | | |
|---|---|---|
| 1 | Stein | 3 |
| 2 | Benkö | 2½ |
| 3 | Gligorić | ½ |

## Lwow, Juli 1962, UdSSR - Jugoslawien.

3½ aus 5 (gewonnen von Gligorić, Durasević und Parma; Remis gegen Ivkov; verloren von Matanović).

## Berlin, 8. bis 25. Juli 1962, Lasker-Gedenkturnier.

| | | |
|---|---|---|
| 1 | Waschukov | 11½ |
| 2 und | Stein und | |
| 3 | Udovcić | 10½ |
| 4 | O'Kelly | 9 |
| 5 | Fichtl | 8½ |
| 6 und | Minev und | |
| 7 | Uhlmann | 8 |
| 8 und | Doda und | |
| 9 und | Fuchs und | |
| 10 | Malich | 7½ |
| 11 | Drimer | 7 |
| 12 | Liebert | 6½ |
| 13 | Barcza | 5½ |
| 14 | Beni | 4½ |
| 15 und | J. Enevoldsen und | |
| 16 | Rätsch | 4 |

*Berlin 1962*
*Stein - Waschukov*
*Benoni*

| | |
|---|---|
| 1. d4 | Sf6 |
| 2. c4 | c5 |
| 3. d5 | d6 |
| 4. Sc3 | g6 |
| 5. e4 | Lg7 |
| 6. Ld3 | e5 |
| 7. Lg5 | h6 |
| 8. Lh4 | Sa6 |
| 9. a3 | Ld7 |
| 10. f3 | De7 |
| 11. Sge2 | h5 |
| 12. Lg5 | Lh6 |
| 13. Lxh6 | Txh6 |
| 14. Dd2 | Th8 |
| 15. 0–0 | Kf8 |
| 16. Lc2 | Kg7 |
| 17. Sc1 | h4 |
| 18. Sd3 | Sh5 |
| 19. Tae1 | b6 |
| 20. La4 | Lxa4 |
| 21. Sxa4 | Tac8 |
| 22. Sc3 | Sb8 |
| 23. Tf2 | a6 |
| 24. Sd1 | Sd7 |
| 25. Dc3 | Kh7 |
| 26. f4 | Sxf4 |
| 27. Sxf4 | exf4 |
| 28. Txf4 | Se5 |
| 29. Tef1 | Tce8 |
| 30. Se3 | Kg8 |
| 31. h3 | Th5 |
| 32. Db3 | Db7 |
| 33. Dd1 | Th7 |
| 34. Sg4 | Sxg4 |

| | |
|---|---|
| 35. Dxg4 | b5 |
| 36. b3 | De7 |
| 37. De2 | Tb8 |
| 38. Tf6 | b4 |
| 39. axb4 | Txb4 |
| 40. Da2 | Dxe4 |
| 41. Dxa6 | De3† |
| 42. Kh1 | De7 |
| 43. Dc8† | Kg7 |
| 44. Txf7† | Dxf7 |
| 45. Txf7† | Kxf7 |
| 46. Dd7† | Kg8 |
| 47. Dd8† | Kg7 |
| 48. Dxd6 | g5 |
| 49. Dxc5 | Txb3 |
| 50. De7† | Kh6 |
| 51. De6† | Kh5 |
| 52. d6 | Tb1† |
| 53. Kh2 | Ta7 |
| 54. d7 | Taa1 |
| 55. Df7† | Kh6 |
| 56. Df6† | |

Schwarz gibt auf.

**Bukarest 1962**

| | | |
|---|---|---|
| 1 | Stein | 9 |
| 2 | Bilek | 8½ |
| 3 | Radovici | 8 |
| 4 | Malich | 7½ |
| 5 | Ciocaltea | 7 |
| 6 und | Mititelu und | |
| 7 | Tarnovsky | 6½ |
| 8 | Radulov | 5½ |
| 9 | Soos | 5 |
| 10 und | Gheorgescu und | |
| 11 | Gheorghiu | 4½ |
| 12 | Marsalek | 3½ |
| 13 | Drimer | 2 |

**Kiew 1962**

Ukraine - Bulgarien
Stein - Padevsky 1½ - ½

**Erewan, November bis Dezember 1962, 30. Meisterschaft der UdSSR.**

| | | |
|---|---|---|
| 1 | Kortschnoj | 14 |
| 2 und | Tajmanov und | |
| 3 | Tal | 13½ |
| 4 | Cholmow | 13 |
| 5 | Spassky | 12½ |
| 6 | Stein | 11½ |
| 7 und | Aronin und | |
| 8 | Bannik | 10½ |
| 9 | Kotz | 10 |
| 10 | Mikenas | 9 |
| 11 | Krogius | 8½ |
| 12 und | Schanovsky und | |
| 13 und | A. Zaitsev und | |
| 14 und | Suetin und | |
| 15 | Novopaschin | 8 |
| 16 | Chodos | 7 |
| 17 und | Mnazakanjan und | |
| 18 | Korelov | 6½ |
| 19 und | I. Zaitsev und | |
| 20 | Sawon | 5½ |

**Rijeka, Juni 1963, Jugoslawien - UdSSR.**

4½ aus 5 (unter anderen Sieg über Matanović und Damjanović)

**Swerdlowsk 1963, Halfinale der Meisterschaft der UdSSR.**

| | | |
|---|---|---|
| 1 | Cholmow | 10 aus 15 |
| 2 | Stein | 9½ |
| 3 | Gufeld | 9 |
| 4 | Furman | 8½ |

**Sofia, Ende 1963, Bulgarien - Ukraine**
Padevsky - Stein ½ - 1½.

**Leningrad, November bis Dezember 1963, 31. Meisterschaft der UdSSR.**

| | | |
|---|---|---|
| 1 und | Stein und | |
| 2 und | Cholmow und | |
| 3 | Spassky | 12 |
| 4 und | Suetin und | |
| 5 und | Geller und | |
| 6 | Bronstein | 11½ |
| 7 und | Polugajevsky und | |
| 8 | Gufeld | 11 |
| 9 | Gipslis | 10½ |
| 10 | Kortschnoj | 10 |
| 11 | Bagirov | 9½ |
| 12 und | Nej und | |
| 13 | Awerbach | 9 |
| 14 und | Furman und | |
| 15 | Tajmanov | 8½ |
| 16 | Klowan | 7½ |
| 17 | Sacharov | 7 |
| 18 und | Novopaschin und | |
| 19 | Bondarevsky | 6½ |
| 20 | Osnos | 5 |

**Moskau, Januar bis Februar 1964, Dreikampf um die 31. Meisterschaft der UdSSR.**

| | | |
|---|---|---|
| 1 | Stein | 2½ aus 4 |
| 2 | Spassky | 2 |
| 3 | Cholmov | 1½ |

(in der ersten Runde gewonnen von Spassky, die übrigen drei Partien Remis)

**Moskau, April 1964, Zonenturnier.**

| | | |
|---|---|---|
| 1 | Spassky | 7 aus 12 |
| 2 | Bronstein | 6½ |
| 3 | Stein | 6½ |
| 4 | Cholmov | 6 |
| 5 | Kortschnoj | 5½ |
| 6 | Suetin | 5½ |
| 7 | Geller | 5 |

Plazierung für das Interzonenturnier: die Nummern 1 bis 3.

**Amsterdam, 20 Mai bis 22. Juni 1964, Interzonenturnier.**

| | | |
|---|---|---|
| 1 | Smyslov | 17 |
| 2 | Larsen | 17 |
| 3 | Tal | 17 |
| 4 | Spassky | 17 |
| 5 | Stein | 16½ |
| 6 | Bronstein | 16 |
| 7 | Ivkov | 15 |
| 8 | Reshevsky | 14½ |
| 9 | Portisch | 14½ |
| 10 | Gligorić | 14 |
| 11 | Darga | 13½ |
| 12 | Lengyel | 13 |
| 13 | Pachman | 12½ |
| 14 | Evans | 10 |
| 15 | Tringov | 9½ |
| 16 | Benkö | 9 |
| 17 | Rossetto | 8 |
| 18 | Foguelman | 8 |
| 19 | Bilek | 8 |
| 20 | Quinones | 7 |
| 21 | Porath | 5½ |
| 22 | Perez | 5 |
| 23 | Berger | 4½ |
| 24 | Vranesić | 4 |

In die Kandidatengruppe rücken auf Smyslov, Larsen, Tal, Spassky, Ivkov und Portisch, der das Stechen gegen Reshevsky gewinnt.

*Stein - Larsen*
*Königsindisch*

| | |
|---|---|
| 1. d4 | Sf6 |
| 2. c4 | g6 |
| 3. g3 | Lg7 |
| 4. Lg2 | 0–0 |
| 5. Sc3 | d6 |
| 6. Sf3 | Lg4 |
| 7. h3 | Lxf3 |
| 8. Lxf3 | Dc8 |
| 9. Lg2 | c5 |
| 10. d5 | Sa6 |
| 11. 0–0 | Sc7 |
| 12. Ld2 | a6 |
| 13. a4 | b5 |
| 14. b3 | Tb8 |
| 15. Dc2 | bxc4? |
| 16. bxc4 | Df5 |
| 17. e4 | De5 |
| 18. Tab1 | Sd7 |
| 19. a5 | f5 |
| 20. exf5 | Dxf5 |
| 21. Se4 | Ld4 |
| 22. Lh6 | Tfe8 |
| 23. Kh1 | Lg7 |
| 24. Lxg7 | Kxg7 |
| 25. f4 | Kg8 |
| 26. Kh2 | h5 |
| 27. h4 | Sf6 |
| 28. Sxf6† | Dxf6 |
| 29. Da4 | Txb1 |
| 30. Txb1 | e5 |
| 31. dxe6i.V. | Dxe6 |
| 32. Dc6 | Te7 |
| 33. Tb7 | Dd7 |
| 34. Tb6 | Dxc6 |
| 35. Txc6 | Se8 |
| 36. Ld5† | Kf8 |
| 37. Txa6 | Te2† |
| 38. Kg1 | Ke7 |
| 39. Ta7† | Kd8 |
| 40. Tf7 | Sc7 |
| 41. Lc6 | |

Schwarz gibt auf.

## Kislowodsk 1964.

| | | |
|---|---|---|
| 1 | Tal | 7½ |
| 2 | Stein | 7 |
| 3 | Awerbach | 6½ |
| 5 und | Chasin und | |
| 6 | Liberson | 5 |
| 7 und | Ciocaltea und | |
| 8 | Fuchs | 4½ |
| 9 und | Bychovsky und | |
| 10 | Kluger | 4 |
| 11 | Fichtl | 2 |

Gegen Ende strauchelte Tal über Kluger, eine Runde später Stein über Bychovsky.

## Moskau, November 1964, Klubmeisterschaften der UdSSR.

Resultate der Spieler am jeweils ersten Brett:
Botwinnik und Tal 4½ aus 6
Petrosjan und Geller 3
Smyslov und Stein 2

## Tel Aviv, 3. bis 25. November 1964, 16. Schacholympiade.

Stein (erste Reserve) 10 aus 13 (+8=4–1)

## Kiew, Ende 1964, 32. Meisterschaft der UdSSR.

| | | |
|---|---|---|
| 1 | Kortschnoj | 15 |
| 2 | Bronstein | 13 |
| 3 | Tal | 12½ |
| 4 | Stein | 12 |
| 5 und | Cholmov und | |
| 6 | Schamkowitsch | 11½ |
| 7 | Lein | 11 |
| 8 und | Krogius und | |
| 9 | Lutikov | 10½ |

| | | |
|---|---|---|
| 10 und | Awerbach und | |
| 11 | Osnos | 9 |
| 12 | Borisenko | 8½ |
| 13 und | Waschukov und | |
| 14 | Suetin | 8 |
| 15 und | Bannik und | |
| 16 und | Peterson und | |
| 17 | Sacharov | 7½ |
| 18 | Goldenov | 6½ |
| 19 und | Bakulin und | |
| 20 | Ljawdansky | 5½ |

Unter den Nummern 2 bis 10 gelang es nur Stein und Krogius, dem Giganten Kortschnoj Remis abzuringen.

## Mar del Plata, 19. März bis 18. April 1965.

| | | |
|---|---|---|
| 1 | Najdorf | 12½ |
| 2 | Stein | 11 |
| 3 | Awerbach | 10½ |
| 4 und | Benkö und | |
| 5 und | Julio Bolbochan und | |
| 6 | Panno | 9½ |
| 7 | Gheorghiu | 9 |
| 8 | Sanguineti | 8½ |
| 9 | Rossetto | 8 |
| 10 und | Gruz und | |
| 11 | R. Garcia | 6 |
| 12 | Pilnik | 5½ |
| 13 | Palermo | 5 |
| 14 und | Bielicki und | |
| 15 | Foguelman | 3½ |
| 16 | Behrensen | 2½ |

## Hamburg 1965, Europapokal für Nationalmannschaften.

7 aus 10

## Erewan, September bis Oktober 1965.

| | | |
|---|---|---|
| 1 | Kortschnoj | 9½ |
| 2 und | Stein und | |
| 3 | Petrosjan | 8½ |
| 4 | Liberson | 8 |
| 5 | Portisch | 7 |
| 6 | Nej | 6½ |
| 7 und | Awerbach und | |
| 8 und | Matanović und | |
| 9 und | Filip und | |
| 10 und | Fuchs und | |
| 11 | Stahlberg | 6 |
| 12 | L. Schmid | 5½ |
| 13 | Mnazkanjan | 4½ |
| 14 | Chasin | 3 |

*Erewan 1965, Stein - Liberson*
*Pirc-Verteidigung.*

| | |
|---|---|
| 1. e4 | d6 |
| 2. d4 | Sf6 |
| 3. Sc3 | g6 |
| 4. f4 | Lg7 |
| 5. Sf3 | 0–0 |
| 5. e5 | Sfd7 |
| 7. h4 | c5 |
| 8. h5 | cxd4 |
| 9. Dxd4 | dxe5 |
| 10. Df2 | e6? |
| 11. hxg6 | fxg6 |
| 12. Dg3 | exf4 |
| 13. Lxf4 | Da5 |
| 14. Ld2 | Sf6 |
| 15. Lc4 | Sc6 |
| 16. 0–0–0 | Dc5 |
| 17. Dh4! | Sh5 |
| 18. Se4 | Db6 |
| 19. c3 | Sa5 |
| 20. Le2 | h6 |
| 21. g4 | Sf4 |
| 22. Lxf4 | Txf4 |
| 23. Td8† | Tf8 |

24. Sf6† Kh8
25. Dxh6†!!
Schwarz gibt auf.

## Tallinn, November bis Dezember 1965, 33. Meisterschaft der UdSSR.

| | | |
|---|---|---|
| 1 | Stein | 14 |
| 2 | Polugajevsky | 13½ |
| 3 | Tajmanov | 13 |
| 4 und | Suetin und | |
| 5 | Furman | 11½ |
| 6 | Keres | 11 |
| 7 | Sacharov | 10½ |
| 8 | Osnos | 10 |
| 9 und | Bronstein und | |
| 10 | Bychovsky | 9½ |
| 11 und | Kortschnoj und | |
| 12 | Simagin | 9 |
| 13 | Chasin | 8½ |
| 14 und | Buchman und | |
| 15 und | Waschukov und | |
| 16 und | Gufeld und | |
| 17 | Ljawdansky | 8 |
| 18 | Kuzmin | 7 |
| 19 | Mikenas | 6½ |
| 20 | Ljepeschkin | 4½ |

Steins zweite Meisterschaft.
( + 10 = 8 – 1: gegen Sacharov, inder ersten Runde)

## Mar del Plata 1966

| | | |
|---|---|---|
| 1 | Smyslov | 11 |
| 2 | Stein | 10½ |
| 3 | Portisch | 9½ |
| 4 | Reshevsky | 9 |
| 5 und | Julio Bolbochan und | |
| 6 | Uhlmann | 8 |
| 7 und | Rossetto und | |
| 8 | Sanguineti | 7½ |
| 9 und | Emma und | |
| 10 und | Pelikan und | |
| 11 und | Pilnik und | |
| 12 | Schweber | 6½ |
| 13 und | Eliskases und | |
| 14 und | Garcia und | |
| 15 | Guimard | 6 |
| 16 | Rubinetti | 5 |

## Kislowodsk 1966.

| | | |
|---|---|---|
| 1 | Geller | 8½ |
| 2 | Stein | 7½ |
| 3 und | Cholmow und | |
| 4 | Lutikov | 7 |
| 5 | Fuchs | 6½ |
| 6 und | Tajmanov und | |
| 7 | Tal (krank) | 5½ |
| 8 | Matulović | 5 |
| 9 | Nikitin | 4½ |
| 10 | Simagin | 4 |
| 11 | Hamann | 3½ |
| 12 | Stafanov | 1½ |

## Havanna, 25 Oktober bis 20. November 1966, 17. Olympiade.

Stein (Brett 4): 9 aus 12 ( + 7 = 4 – 1)

## Tiflis, Januar bis Februar 1967, 34. Meisterschaft der UdSSR.

| | | |
|---|---|---|
| 1 | Stein | 13 |
| 2 | Geller | 12½ |
| 3 und | Tajmanov und | |
| 4 und | Gipslis und | |
| 5 | Kortschnoj | 12 |
| 6 | Lein | 11½ |
| 7 | Krogius | 11 |
| 8 und | Bronstein und | |
| 9 | Polugajevsky | 10½ |
| 10 und | Cholmow und | |
| 11 und | Sawon und | |

| | | |
|---|---|---|
| 12 | Smyslov | 10 |
| 13 | Gufeld | 9½ |
| 14 und | Waschukov und | |
| 15 und | Osnos und | |
| 16 | Gurgenidze | 9 |
| 17 | Suetin | 8½ |
| 18 und | Nej und | |
| 19 | Liberson | 8 |
| 20 | Nikolajevsky | 7½ |
| 21 | Doroschke-witsch | 6½ |

Steins dritte Meisterschaft.
(+8=10−2: Geller und Polugajevsky)

**Sarajewo, 20. März bis 7. April 1967, 10. Internationales Jubiläumsturnier.**

| | | |
|---|---|---|
| 1 und | Stein und | |
| 2 | Ivkov | 10½ |
| 3 und | Benkö und | |
| 4 | Sawon | 10 |
| 5 und | Cirić und | |
| 6 | R. Byrne | 9½ |
| 7 und | Nikolić und | |
| 8 | Tringov | 8½ |
| 9 und | Kavalek und | |
| 10 | Vukić | 7 |
| 11 und | Dückstein und | |
| 12 | Janosevic | 6 |
| 13 | Pietzsch | 5 |
| 14 und | Bogdanović | |
| 15 | Kozomara | 4½ |
| 16 | Mestrović | 3 |

**Moskau, 20. Mai bis 15. Juni 1967, Internationales Schachturnier anlässlich der 50. Wiederkehr des Gedenktages an die Oktoberrevolution.**

| | | |
|---|---|---|
| 1 | Stein | 11 |
| 2 und | Smyslov und | |
| 3 und | Bobotsov und | |
| 4 und | Gipslis und | |
| 5 | Tal | 10 |
| 6 und | Bronstein und | |
| 7 und | Portisch und | |
| 8 | Spassky | 9½ |
| 9 und | Geller und | |
| 10 und | Najdorf und | |
| 11 und | Keres und | |
| 12 | Petrosjan | 8½ |
| 13 | Gheorghiu | 8 |
| 14 | Gligorić | 7½ |
| 15 und | Filip und | |
| 16 und | Pachman und | |
| 17 und | Bilek und | |
| 18 | Uhlmann | 6 |

**Sousse, 16. Oktober bis 15. November 1967, Interzonales Turnier.**

| | | |
|---|---|---|
| 1 | Larsen | 15½ |
| 2 und | Geller und | |
| 3 und | Gligorić und | |
| 4 | Kortschnoj | 14 |
| 5 | Portisch | 13½ |
| 6 und | Reshevsky und | |
| 7 und | Stein und | |
| 8 | Hort | 13 |
| 9 | Matulović | 12½ |
| 10 | Matanović | 12 |
| 11 und | Ivkov und | |
| 12 | Mecking | 11 |
| 13 und | Gipslis und | |
| 14 | Kavalek | 10 |
| 15 | Suttles | 9½ |
| 16 | Bilek | 9 |
| 17 | Barczay | 8 |
| 18 und | R. Byrne und | |

19 und 20 Cuellar und Mjagmasuren 6½
21 Bouaziz 4½
22 Sarapu 4

**Hastings, Dezember 1967 bis Januar 1968, 43. Internationales Turnier.**

| | | |
|---|---|---|
| 1 und | Stein und | |
| 2 und | Suetin und | |
| 3 und | Gheorghiu und | |
| 4 | Hort | 6 |
| 5 | Ostojić | 5 |
| 6 | Kaplan | 4 |
| 7 | Whiteley | 3½ |
| 8 und | Keene und | |
| 9 | Hartston | 3 |
| 10 | Basman | 2½ |

Nummer 1 bis 4 erzielten je drei Siege und sechs Remisen.

**Los Angeles, 18. Februar bis 2. März 1968, Entscheidungsdreikampf um den einen Platz in den Kandidatenkämpfen.**

| | | |
|---|---|---|
| 1 und | Reshevsky und | |
| 2 und | Hort und | |
| 3 | Stein | 4 aus 8 |

Aufstieg in die Kandidatenkämpfe wegen seines besseren Sonneborn-Bergerresultats in Sousse: Reshevsky.

**Keckskemet, 26. Mai bis 11. Juni 1968, Toth-Gedächtnisturnier.**

| | | |
|---|---|---|
| 1 | Stein | 12 |
| 2 | Gufeld | 9½ |
| 3 | Csom | 9 |
| 4 und | Popov und | |
| 5 und | Dely und | |
| 6 und | Barczay und | |
| 7 und | Barcza und | |
| 8 und | Lengyel und | |
| 9 | Forintos | 8 |
| 10 und | Malich und | |
| 11 | Hennigs | 7½ |
| 12 und | Navarovsky und | |
| 13 | Honfi | 6½ |
| 14 | Doda | 5½ |
| 15 | Bilek | 5 |
| 16 | Golombek | 3 |

**Havanna, 30. August bis 20. September 1968, Capablanca-Gedächtnisturnier.**

| | | |
|---|---|---|
| 1 | Cholmov | 12 |
| 2 und | Stein und | |
| 3 | Suetin | 11½ |
| 4 und | Antoschin und | |
| 5 und | Damjanović und | |
| 6 | Drimer | 8 |
| 7 | Jimenez | 7 |
| 8 | Donner | 6½4 |
| 9 | Ostojić | 5½ |
| 10 und | Cobo und | |
| 11 und | O'Kelly und | |
| 12 | Rodriguez | 5 |
| 13 und | Garcia und | |
| 14 | Zinn | 4½ |
| 15 | Diaz | 3 |

**Tallinn, 21. Februar bis 12. März 1969**

| | | |
|---|---|---|
| 1 | Stein | 10½ |
| 2 und | Keres und | |

| | | |
|---|---|---|
| 3 | Nej | 9 |
| 4 | Gufeld | 8 |
| 5 | Gipslis | 7½ |
| 6 | Haag | 7 |
| 7 und | Barcza und | |
| 8 | Liberson | 6½ |
| 9 und | Arulaid und | |
| 10 und | Damjanović und | |
| 11 | Szabo | 5½ |
| 12 und | Etruk und | |
| 13 | Tarwe | 4 |
| 14 | Böök | 2½ |

**Skoplje, 30. Juni bis 6. Juli 1969, Jugoslawien - UdSSR.**
Minić - Stein 1 – 2

**Amsterdam 14. Juli bis 2. August 1969, IBM-Turnier.**

| | | |
|---|---|---|
| 1 | Portisch | 11½ |
| 2 | Liberson | 10 |
| 3 | Waschukov | 9½ |
| 4 und | Damjanović und | |
| 5 | Stein | 9 |
| 6 und | R. Byrne und | |
| 7 und | Darga und | |
| 8 | Ivkov | 8½ |
| 9 | Kavalek | 8 |
| 10 | Ree | 6½ |
| 11 und | Gheorghiu und | |
| 12 und | Hartoch und | |
| 13 | Tatai | 6 |
| 14 | Donner | 5½ |
| 15 | Langeweg | 4½ |
| 16 | Barendregt | 3 |

**Moskau 6. September bis 12. Oktober 1969, 37. Meisterschaft der UdSSR, zugleich Zonenturnier.**

| | | |
|---|---|---|
| 1 und | Polugajevsky und | |
| 2 | Petrosjan | 14 |
| 3 und | Tajmanov und | |
| 4 und | Smyslov und | |
| 5 | Geller | 13½ |
| 6 | Stein | 13 |
| 7 und | Balaschov und | |
| 8 und | Cholmov und | |
| 9 | Platanov | 12½ |
| 10 und | Gipslis und | |
| 11 | Sawon | 12 |
| 12 | Awerkin | 11½ |
| 13 | Xugovitzky | 11 |
| 14 und | Liberson und | |
| 15 | Tal | 10½ |
| 16 | Waschukov | 9½ |
| 17 und | I. Zaitsev und | |
| 18 und | A. Zaitsev und | |
| 19 und | Lutikov und | |
| 20 | Gufeld | 9 |
| 21 | Tukmakov | 7½ |
| 22 | Furman | 7 |
| 23 | Kupreitschik | 6½ |

Aufstieg ins Interzonenturnier: Nummer 1 bis 5.

**November 1969, Meisterschaft der Sowjetrepubliken.**
6 aus 8 (das beste Resultat)

**Belgrad, 4 April 1970, Kampf der UdSSr gegen die übrige Welt.**
Larsen - Stein 1 – 0

**Kapfenberg 1970, Europapokal für Nationalmannschaften.**
Stein (9. Brett) : 4 aus 6 (+3=2−1).

**Caracas, 19. Juni bis 12 Juli 1970.**

| | | |
|---|---|---|
| 1 | Kavalek | 13 |
| 2 und | Stein und | |
| 3 | Panno | 12 |
| 4 und | Ivkov und | |
| 5 und | Karpov und | |
| 6 | Benkö | 11½ |
| 7 und | Parma und | |
| 8 | Sigurjonsson | 10 |
| 9 und | Bisguier und | |
| 10 | Barcza | 9½ |
| 11 | Addison | 8½ |
| 12 | O'Kelly | 8 |
| 13 | Ciocaltea | 7½ |
| 14 | Cuellar | 6 |
| 15 | Yepez | 5½ |
| 16 | Caro | 3 |
| 17 | Villarul | 3 |
| 18 | Slujssar | 1 |

Stein gewann gegen Kavalek, verlor aber von Addison (+8=8−1)

*Caracas 1970*
*Stein - Kavalek*
Spanisch

| | |
|---|---|
| 1. e4 | e5 |
| 2. Sf3 | Sc6 |
| 3. Lb5 | a6 |
| 4. La4 | Sf6 |
| 5. 0−0 | Le7 |
| 6. Te1 | b5 |
| 7. Lb3 | d6 |
| 8. c3 | 0−0 |
| 9. d4 | Lg4 |
| 10. d5 | Sa5 |
| 11. Lc2 | c6 |
| 12. dxc6 | Dc7 |
| 13. h3 | Lc8? |
| 14. Sbd2 | Dxc6 |
| 15. Sf1 | Sc4 |
| 16. De2 | h6 |
| 17. Sg3 | Te8 |
| 18. Sh4 | Lf8 |
| 19. Df3 | Te6 |
| 20. Shf5 | Kh8 |
| 21. Td1 | Lb7 |
| 22. a4! | Td8 |
| 23. b3 | Sb6 |
| 24. a5 | Sc8 |
| 25. c4! | Se7 |
| 26. Se3 | bxc4 |
| 27. bxc4 | Dc8 |
| 28. Ld2 | Sg6 |
| 29. Sd5 | Sxd5 |
| 30. cxd5 | Tf6 |
| 31. Db3 | Sf4 |
| 32. Tdc1 | Tg6? |
| 33. Ld1! | Dd7 |
| 34. Lg4 | De7 |
| 35. Sf5 | Dg5 |
| 36. Lxf4 | Dxf4 |
| 37. Dxb7 | |

Schwarz gibt auf

*Caracas 1970*
*Stein - Benkö*
Sizilianisch.

| | |
|---|---|
| 1. e4 | c5 |
| 2. Sf3 | Sc6 |
| 3. d4 | cxd4 |
| 4. Sxd4 | Sf6 |
| 5. Sc3 | e5 |
| 6. Sdb5 | d6 |
| 7. Lg5 | a6 |
| 8. Lxf6 | gxf6 |
| 9. Sa3 | d5 |

| | |
|---|---|
| 10. Sxd5 | Lxa3 |
| 11. bxa3 | Le6 |
| 12. Lc4 | Da5† |
| 13. Dd2 | Dxd2† |
| 14. Kxd2 | 0–0–0 |
| 15. Tad1 | f5 |
| 16. f3! | Thg8 |
| 17. g3 | Kb8 |
| 18. Ke3 | Sd4 |
| 19. Lb3 | fxe4 |
| 20. fxe4 | f5 |
| 21. Se7! | f4† |
| 22. gxf4 | exf4† |
| 23. Kxf4 | Tgf8† |
| 24. Sf5 | Lxf5 |
| 25. exf5 | Txf5† |
| 26. Ke4 | Th5 |
| 27. h4! | Sc6 |
| 28. Txd8† | Sxd8 |
| 29. Kf4 | Kc7 |
| 30. Kg4 | Te5 |
| 31. Tf1 | h5† |
| 32. Kf4 | Tc5 |
| 33. Tg1 | Kd6 |
| 34. Tg5 | Tc3 |
| 35. Txh5 | Se6† |
| 36. Ke4 | |

Schwarz gibt auf.

**Sotschi 1970, Kampf von sieben Großmeistern gegen sieben junge Talente.**

| | | |
|---|---|---|
| 1 | Tal | 10½ aus 14 |
| 2 | Stein | 8½ |
| 3 und | Suetin und | |
| 4 | Schamkowitsch | 7½ |
| 5 | Liberson | 6½ |
| 6 | Kortschnoj | 6 |
| 7 | Lutikov | 5 |

| | | |
|---|---|---|
| 1 | Kuzmin | 9½ aus 14 |
| 2 | Tukmakov | 9 |
| 3 | Kupreitschik | 7½ |
| 4 | Podgajec | 5 |
| 5 | Tscheschkovsky | 5 |
| 6 | Gulko | 4½ |
| 7 | Waganjan | 3 aus 7 |
| 8 | Beljavsky | 1 aus 7 |

**Riga, 25. November bis 28. Dezember 1970, 38. Meisterschaft der UdSSR.**

| | | |
|---|---|---|
| 1 | Kortschnoj | 16 |
| 2 | Tukmakov | 14½ |
| 3 | Stein | 14 |
| 4 | Balaschov | 12½ |
| 5 und | Gipslis und | |
| 6 und | Karpov und | |
| 7 | Sawon | 12 |
| 8 und | Awerbach und | |
| 9 | Podgajec | 11 |
| 10 und | Bagirov und | |
| 11 und | Dementjew und | |
| 12 | Liberson | 10½ |
| 13 und | Doroschkewitsch und | |
| 14 | Cholmov | 10 |
| 15 und | Antoschin und | |
| 16 | I. Zaitsev | 9½ |
| 17 und | Waganjan und | |
| 18 | Mikenas | 9 |
| 19 | Karassev | 8½ |
| 20 | Platanov | 7½ |
| 21 | Zeitlin | 6 |
| 22 | Moiseyev | 5½ |

Kortschnojs vierter Titel.
Stein (+8=12−1, Niederlage gegen Platanov) konnte in der letzten Runde trotz aller Mühe Tukmakov nicht schlagen.

**Tallinn, 21. Februar bis 12 März 1971.**

| | | |
|---|---|---|
| 1 und | Keres und | |
| 2 | Tal | 11½ |
| 3 | Bronstein | 11 |
| 4 | Stein | 10 |
| 5 | A. Zaitsev | 9½ |
| 6 | Smejkal | 8½ |
| 7 und | Barcza und | |
| 8 | Furman | 8 |
| 9 | Nej | 7½ |
| 10 und | Wooremaa und | |
| 11 | Saidy | 6 |
| 12 | Westerinen | 5½ |
| 13 | Daskalov | 5 |
| 14 | Wade | 4½ |
| 15 | Bisguier | 4 |
| 16 | Mjagmasuren | 3½ |

Stein (+7 = 6 − 2) verlor von Smejkal und Westerinen.

**Vrnjaćka Banja, 13. März bis 2. Mai 1971.**

| | | |
|---|---|---|
| 1 | Waganjan | 11 |
| 2 | Ljubojević | 10½ |
| 3 | Stein | 9½ |
| 4 | Ivkov | 8½ |
| 5 und | Benkö und | |
| 6 und | Nikolić und | |
| 7 und | Barczay und | |
| 8 | Matulovic und | |
| 9 | Zuckermann | 8 |
| 10 | Tringov | 7 |
| 11 und | Farago und | |
| 12 | Janoševic | 6½ |
| 13 und | Vadasz und | |
| 14 und | Damjanović und | |
| 15 | Ostojić | 5½ |
| 16 | Schahović | 5 |

Ein Triumph für die Jugend: Waganjan -19 Jahre - und Ljubojević - 20 Jahre. Stein (+5 = 9 − 1) verlor von Farago.

*Pärnu, Mai 1971.*

| | | |
|---|---|---|
| 1 | Stein | 10 |
| 2 und | Keres und | |
| 3 | Tal | 9½ |
| 4 | Bronstein | 8½ |
| 5 | Karner | 8 |
| 6 | Estruk | 7½ |
| 7 | Nej | 6½ |
| 8 | Lutikov | 6 |
| 9 | Tarwe | 5½ |
| 10 | Pochla | 5 |
| 11 | Kiwioja | 4½ |
| 12 und | Wooremaa und | |
| 13 | Bjim | 4 |
| 14 | Wark | 2½ |

**Gori 1971.**

| | | |
|---|---|---|
| 1 | Gufeld | 10 |
| 2 und | Platanov und | |
| 3 | Furman | 9 |
| 4 und | Dschindschidaschwili und | |
| 5 | Podgajec | 8½ |
| 6 | Stein | 8 |
| 7 | Sawon | 7½ |
| 8 | Gurgenidze | 7 |
| 9 | Mikadze | 6½ |
| 10 | Ubilawa | 4½ |
| 11 | Bokutschawa | 4 |
| 12 und | Nana Alexandria und | |
| 13 | Gaqua | 3½ |
| 14 | Kutarischwili | 1½ |

**Leningrad, 14. September bis 20. Oktober 1971, 39. Meisterschaft der UdSSR.**

| | | |
|---|---|---|
| 1 | Sawon | 15 |
| 2 und | Smyslov und | |
| 3 | Tal | 13½ |
| 4 | Karpov | 13 |
| 5 und | Balaschov und | |
| 6 | Stein | 12 |
| 7 und | Bronstein und | |
| 8 | Polugajevsky | 11½ |
| 9 | Tajmanov | 11 |
| 10 und | Kapengut und | |
| 11 | Krogius | 10½ |
| 12 und | Lein und | |
| 13 | Platanov | 10 |
| 14 | Geller | 9½ |
| 15 und | Karassew und | |
| 16 | Schamkowitsch | 9 |
| 17 und | Waganjew und | |
| 18 und | Nikolajevsky und | |
| 19 | Tukmakov | 8½ |
| 20 und | Dschindschindaschwilli und | |
| 21 | Grigorjan | |
| 22 | Zeitlin | 8 |

Stein (+8=8−5) verlor von Sawon, Karpov, Balaschov, Kapengut und Grigorjan.

**Moskau, 23. November bis 26. Dezember 1971, Aljechin-Gedächtnisturnier.**

| | | |
|---|---|---|
| 1 und | Karpov und | |
| 2 | Stein | 11 |
| 3 | Smyslov | 10½ |
| 4 und | Tukmakov und | |
| 5 | Petrosjan | 10 |
| 6 und | Tal und | |
| 7 | Spassky | 9½ |
| 8 und | R. Byrne und | |
| 9 und | Hort und | |
| 10 | Bronstein | 9 |
| 11 | Kortschnoj | 8½ |
| 12 und | Sawon und | |
| 13 und | Gheorghiu und | |
| 14 | Olafsson | 7½ |
| 15 und | Uhlmann und | |
| 16 | Balaschov | 6½ |
| 17 | Parma | 6 |
| 18 | Lengyel | 4½ |

Das am stärksten besetzte Turnier des Jahers 1971.

*Moskau 1971*
*Stein - Lengyel*
Katalanisch

| | |
|---|---|
| 1. c4 | Sf6 |
| 2. g3 | e6 |
| 3. Lg2 | d5 |
| 4. Sf3 | Le7 |
| 5. 0−0 | 0−0 |
| 6. d4 | Sbd7 |
| 7. Dc2 | c6 |
| 8. Td1 | b6 |
| 9. Sc3 | Lb7 |
| 10. b3 | Tc8 |
| 11. e4 | c5 |
| 12. exd5 | exd5 |
| 13. Lb2 | Dc7? |
| 14. Sxd5 | Sxd5 |
| 15. cxd5 | Lxd5 |
| 16. dxc5 | Lxf3 |
| 17. Lxf3 | Sxc5 |
| 18. Df5! | Tfd8?? |
| 19. Le5 | |

Schwarz gibt auf

**Reykjavik, 6. bis 27. Februar 1972.**

| | |
|---|---|
| 1 und | Olafsson und |

2 und Gheorghiu und
3 Hort 11
4 und Andersson und
5 Stein 10½
6 Tukmakov 10
7 Timman 9½
8 Keene 7½
9 und Sigurjonsson und
10 Solmundarson 6½
11 Kristjansson 6
12 Torfason 5½
13 Thorbergsson 4
14 und Gunnarson und
15 Kristinsson 3½
16 Georgsson 3

Stein (+7=7-1) verlor von Andersson.

**Zagreb, 5. bis 21. Juli 1972.**

1 Stein 9½
2 und Damjanović und
3 und Marović und
4 Hort 8
5 Planine 7½
6 Csom 7
7 und Bertok und
8 Velimirović 6½
9 Kovaćević 6
10 und Suttles und
11 und Minić und
12 Marangunić 5½
13 Bukal 4
14 Barcza 3½

**Ohrid 1972, Jugoslawien - UdSSR.**

Ljubojevic - Stein 1–1 (zweimal Remis)
Velimirovic - Stein 0–2

**Kislowodsk, 22. Oktober bis 12. November 1972, Tschigorin-Gedächtnisturnier**

1 Polugajevsky 11
2 Stein 10
3 Geller 9
4 und Gurgenidze und
5 und Unzicker und
6 Tscheschkovsky 8
7 Suetin 7
8 Anikajew 6½
9 und Cholmov und
10 und Hennings und
11 Neschmetdinov 6
12 Kozma 5½
13 und Silberstein und
14 Langeweg 5
15 Jacobsen 4

Ein unnahbarer Polugajevsky. Stein (+6=8) spielte zu oft Remis, um ihn bedrohen zu können.

**Las Palmas, 1. bis 21. April 1973.**

1 und Stein und
2 Petrosjan 9½
3 und Hort und
4 und Andersson und
5 und Panno und
6 Ribli 9
7 und Calvo und
8 Kavalek 8½
9 Gheorghiu 8
10 Diez del Corral 7½
11 und Darga und
12 Ljubojević 7
13 Saidy 6½
14 Hug 6
15 Ree 5
16 Huguet 1

**Moskau, 25. bis 29. April 1973, Wettkämpfe der Zehner-mannschaften.**
Stein (UdSSR-A) - Gufeld (UdSSR-B) 1 – 1 (zweimal Remis)
Stein (UdSSR-A) - Sweschnikov (UdSSR-Jugend) 2 – 0

*Moskau 1973.*
*Stein - Sweschnikov*
Sizilianisch

| | |
|---|---|
| 1. e4 | c5 |
| 2. Sf3 | Sc6 |
| 3. d4 | cxd4 |
| 4. Sxd4 | Sf6 |
| 5. Sc3 | e5 |
| 6. Sdb5 | d6 |
| 7. Lg5 | a6 |
| 8. Sa3 | b5 |
| 9. Lxf6 | gxf6 |
| 10. Sd5 | f5 |
| 11. Ld3 | Le6 |
| 12. 0–0 | Lg7 |
| 13. Dh5 | h6 |
| 14. Tad1 | 0–0 |
| 15. c3 | Tc8 |
| 16. Sc2 | fxe4 |
| 17. Lxe4 | f5 |
| 18. Dg6 | Ld7 |
| 19. Ld3 | e4 |
| 20. Le2 | Le8 |
| 21. Dg3 | Kh7 |
| 22. f4 | exf3i.V. |
| 23. Dxf3 | Se5 |
| 24. Dh3 | Ld7 |
| 25. Sf4 | Sg4 |
| 26. Txd6 | Dc7 |
| 27. Dd3 | Dc5† |
| 28. Kh1 | Se5 |
| 29. Dd5 | Dxd5 |
| 30. Sxd5 | Tc6 |
| 31. Txc6 | Lxc6 |
| 32. Sce3 | Td8 |
| 33. Td1 | Sc4 |

und Schwarz gab zu gleicher Zeit auf. Nach 34. Lxc4, bxc4 35. Se7, Txd1† 36. Sxd1 und 37. Se3 gewinnt Weiss einen zweiten Bauern.

## Moskau, 20. Mai bis 15. Juni 1967, Internationales Schachturnier anlässlich des 50. Gedenktages an die Oktober-revolution.

| | | 1 | 2 | 3 | 4 | 5 | 6 | 7 | 8 | 9 | 10 | 11 | 12 | 13 | 14 | 15 | 16 | 17 | 18 | P |
|---|---|---|---|---|---|---|---|---|---|---|---|---|---|---|---|---|---|---|---|---|
| 1 | Stein | – | ½ | ½ | ½ | ½ | ½ | 1 | ½ | ½ | ½ | 1 | ½ | 0 | 1 | 1 | ½ | 1 | 1 | 11 |
| 2 | Smyslov | ½ | – | ½ | ½ | ½ | ½ | 1 | ½ | ½ | ½ | ½ | ½ | 1 | ½ | ½ | 0 | 1 | 1 | 10 |
| 3 | Bobotsov | ½ | ½ | – | ½ | ½ | ½ | ½ | ½ | ½ | ½ | ½ | ½ | 1 | 1 | ½ | ½ | ½ | 1 | 10 |
| 4 | Gipslis | ½ | ½ | ½ | – | ½ | ½ | ½ | ½ | ½ | ½ | ½ | ½ | 1 | 1 | ½ | ½ | ½ | 1 | 10 |
| 5 | Tal | ½ | ½ | ½ | ½ | – | 1 | 0 | ½ | ½ | ½ | 0 | 1 | ½ | ½ | 1 | ½ | 1 | 1 | 10 |
| 6 | Bronstein | ½ | ½ | ½ | ½ | 0 | – | ½ | ½ | ½ | ½ | ½ | ½ | ½ | 1 | 1 | 1 | ½ | ½ | 9½ |
| 7 | Portisch | 0 | 0 | ½ | ½ | 1 | ½ | – | 1 | 0 | ½ | 1 | 1 | 0 | ½ | ½ | 1 | 1 | ½ | 9½ |
| 8 | Spassky | ½ | ½ | ½ | ½ | ½ | ½ | 0 | – | ½ | 0 | 1 | ½ | ½ | ½ | ½ | 1 | 1 | 1 | 9½ |
| 9 | Geller | ½ | ½ | ½ | ½ | ½ | ½ | 1 | 1 | – | 0 | ½ | ½ | 0 | ½ | ½ | ½ | ½ | ½ | 8½ |
| 10 | Najdorf | ½ | ½ | ½ | ½ | ½ | ½ | ½ | 0 | 1 | – | ½ | 0 | ½ | ½ | ½ | 1 | ½ | ½ | 8½ |
| 11 | Keres | 0 | ½ | ½ | ½ | 1 | ½ | 0 | ½ | ½ | ½ | – | ½ | ½ | ½ | ½ | 1 | ½ | ½ | 8½ |
| 12 | Petrosjan | ½ | ½ | ½ | ½ | 0 | ½ | 0 | ½ | ½ | 1 | ½ | – | 1 | 0 | ½ | 1 | ½ | ½ | 8½ |
| 13 | Gheorghiu | 1 | 0 | 0 | 0 | ½ | ½ | 1 | ½ | 1 | ½ | ½ | 0 | – | ½ | ½ | ½ | ½ | ½ | 8 |
| 14 | Gligorić | 0 | ½ | 0 | 0 | ½ | 0 | ½ | ½ | ½ | ½ | ½ | 1 | ½ | – | 1 | ½ | ½ | ½ | 7½ |
| 15 | Filip | 0 | ½ | ½ | ½ | 0 | 0 | ½ | ½ | ½ | ½ | ½ | ½ | ½ | 0 | – | ½ | ½ | 0 | 6 |
| 16 | Pachman | ½ | 1 | ½ | ½ | ½ | 0 | 0 | 0 | ½ | 0 | 0 | 0 | ½ | ½ | ½ | – | ½ | ½ | 6 |
| 17 | Bilek | 0 | 0 | ½ | ½ | 0 | ½ | 0 | 0 | ½ | ½ | ½ | ½ | ½ | ½ | ½ | ½ | – | ½ | 6 |
| 18 | Uhlmann | 0 | 0 | 0 | 0 | 0 | ½ | ½ | 0 | ½ | ½ | ½ | ½ | ½ | ½ | 1 | ½ | ½ | – | 6 |

## Moskau, 23. November bis 26. Dezember 1971, Aljechin-Gedächtnisturnier.

| | | 1 | 2 | 3 | 4 | 5 | 6 | 7 | 8 | 9 | 10 | 11 | 12 | 13 | 14 | 15 | 16 | 17 | 18 | P |
|---|---|---|---|---|---|---|---|---|---|---|---|---|---|---|---|---|---|---|---|---|
| 1 | Karpov | – | ½ | ½ | ½ | ½ | ½ | ½ | ½ | 1 | 1 | 1 | 1 | ½ | ½ | ½ | ½ | ½ | 1 | 11 |
| 2 | Stein | ½ | – | ½ | ½ | ½ | ½ | ½ | ½ | ½ | 1 | ½ | ½ | 1 | ½ | 1 | ½ | 1 | 1 | 11 |
| 3 | Smyslov | ½ | ½ | – | ½ | 1 | ½ | ½ | ½ | ½ | ½ | ½ | ½ | ½ | 1 | 1 | ½ | 1 | ½ | 10½ |
| 4 | Tukmakov | ½ | ½ | ½ | – | ½ | ½ | ½ | ½ | ½ | ½ | 1 | ½ | ½ | ½ | ½ | 1 | 1 | ½ | 10 |
| 5 | Petrosjan | ½ | ½ | 0 | ½ | – | ½ | 1 | ½ | ½ | ½ | 1 | ½ | ½ | ½ | ½ | 1 | 1 | ½ | 10 |
| 6 | Tal | ½ | ½ | ½ | ½ | ½ | – | ½ | 1 | ½ | ½ | 0 | ½ | ½ | 0 | 1 | ½ | 1 | 1 | 9½ |
| 7 | Spassky | ½ | ½ | ½ | ½ | 0 | ½ | – | ½ | ½ | ½ | 0 | 1 | 1 | 1 | ½ | ½ | ½ | 1 | 9½ |
| 8 | Byrne | ½ | ½ | ½ | ½ | ½ | 0 | ½ | – | 1 | ½ | 0 | 1 | ½ | ½ | ½ | 1 | ½ | ½ | 9 |
| 9 | Hort | 0 | ½ | ½ | ½ | ½ | ½ | ½ | 0 | – | ½ | 1 | ½ | ½ | 1 | ½ | ½ | ½ | 1 | 9 |
| 10 | Bronstein | 0 | 0 | ½ | ½ | ½ | ½ | ½ | ½ | ½ | – | 0 | ½ | ½ | ½ | 1 | 1 | 1 | 1 | 9 |
| 11 | Kortschnoj | 0 | ½ | ½ | 0 | 0 | 1 | 1 | 1 | 0 | 1 | – | 0 | 1 | ½ | 0 | 1 | ½ | ½ | 8½ |
| 12 | Sawon | 0 | ½ | ½ | ½ | ½ | ½ | 0 | 0 | ½ | ½ | 1 | – | ½ | 0 | ½ | ½ | ½ | 1 | 7½ |
| 13 | Gheorghiu | ½ | 0 | ½ | ½ | ½ | ½ | 0 | ½ | ½ | ½ | 0 | ½ | – | 1 | ½ | ½ | ½ | ½ | 7½ |
| 14 | Olafsson | ½ | ½ | 0 | ½ | ½ | 1 | 0 | ½ | 0 | ½ | ½ | 1 | 0 | – | ½ | 0 | ½ | 1 | 7½ |
| 15 | Uhlmann | ½ | 0 | 0 | ½ | ½ | 0 | ½ | ½ | ½ | 0 | 1 | ½ | ½ | ½ | – | 0 | ½ | ½ | 6½ |
| 16 | Balaschov | ½ | ½ | ½ | 0 | 0 | ½ | ½ | 0 | ½ | 0 | 0 | ½ | ½ | 1 | 1 | – | 0 | ½ | 6½ |
| 17 | Parma | ½ | 0 | 0 | 0 | 0 | 0 | ½ | ½ | ½ | 0 | ½ | ½ | ½ | ½ | ½ | 1 | – | ½ | 6 |
| 18 | Lengyel | 0 | 0 | ½ | ½ | ½ | 0 | 0 | ½ | 0 | 0 | ½ | 0 | ½ | 0 | ½ | ½ | ½ | – | 4½ |

## Las Palmas, 1. bis 21. April 1973.

| | | 1 | 2 | 3 | 4 | 5 | 6 | 7 | 8 | 9 | 10 | 11 | 12 | 13 | 14 | 15 | 16 | P |
|---|---|---|---|---|---|---|---|---|---|---|---|---|---|---|---|---|---|---|
| 1 | Stein | – | ½ | ½ | ½ | ½ | 1 | ½ | ½ | ½ | 1 | ½ | 1 | ½ | ½ | ½ | 1 | 9½ |
| 2 | Petrosjan | ½ | – | ½ | ½ | ½ | ½ | 1 | ½ | ½ | 1 | ½ | ½ | ½ | ½ | 1 | 1 | 9½ |
| 3 | Hort | ½ | ½ | – | ½ | ½ | ½ | 1 | ½ | ½ | ½ | ½ | ½ | 1 | ½ | ½ | 1 | 9 |
| 4 | Andersson | ½ | ½ | ½ | – | ½ | ½ | ½ | 1 | ½ | ½ | 1 | ½ | 0 | ½ | 1 | 1 | 9 |
| 5 | Panno | ½ | ½ | ½ | ½ | – | ½ | ½ | ½ | ½ | 1 | ½ | ½ | ½ | 1 | ½ | 1 | 9 |
| 6 | Ribli | 0 | ½ | ½ | ½ | ½ | – | ½ | ½ | ½ | ½ | 1 | 1 | ½ | 1 | ½ | 1 | 9 |
| 7 | Calvo | ½ | 0 | 0 | ½ | ½ | ½ | – | 1 | 1 | ½ | ½ | 1 | ½ | ½ | ½ | 1 | 8½ |
| 8 | Kavalek | ½ | ½ | ½ | 0 | ½ | ½ | 0 | – | 0 | ½ | 1 | 1 | 1 | 1 | ½ | 1 | 8½ |
| 9 | Gheorghiu | ½ | ½ | ½ | ½ | ½ | ½ | 0 | 1 | – | 0 | ½ | ½ | 1 | ½ | ½ | 1 | 8 |
| 10 | Diez del Corral | 0 | 0 | ½ | ½ | 0 | ½ | ½ | 1 | ½ | – | ½ | ½ | 1 | ½ | ½ | 1 | 7½ |
| 11 | Darga | ½ | ½ | ½ | 0 | ½ | 0 | ½ | 0 | ½ | ½ | – | ½ | ½ | ½ | 1 | 1 | 7 |
| 12 | Ljubojević | 0 | ½ | ½ | ½ | ½ | 0 | 0 | 0 | ½ | ½ | ½ | – | 1 | ½ | 1 | 1 | 7 |
| 13 | Saidy | ½ | ½ | 0 | 1 | ½ | ½ | ½ | 0 | 0 | 0 | ½ | 0 | – | ½ | 1 | 1 | 6½ |
| 14 | Hug | ½ | ½ | ½ | ½ | 0 | 0 | ½ | 0 | ½ | ½ | ½ | ½ | ½ | – | ½ | ½ | 6 |
| 15 | Ree | ½ | 0 | ½ | 0 | ½ | ½ | ½ | ½ | ½ | ½ | 0 | 0 | 0 | ½ | – | ½ | 5 |
| 16 | Huguet | 0 | 0 | 0 | 0 | 0 | 0 | 0 | 0 | 0 | 0 | 0 | 0 | 0 | ½ | ½ | – | 1 |

# Partien

## Eröffnungsübersicht

(Zahl = Partienummer)



## *1*

*Spartakiade, Moskau 1959.*
*Schwarz: Furman*
*Sizilianisch*

1. e2 – e4 c7 – c5
2. Sg1 – f3 e7 – e6
3. d2 – d4 c5 × d4
4. Sf3 × d4 Sb8 – c6
5. Lc1 – e3 ...

Um 5. ... Lc5? mit 6. S × c6 abzustrafen.

5. ... Sg8 – f6
6. Lf1 – d3 d7 – d5

Ein voreiliger Befreiungsversuch.

7. e4 × d5 Sf6 × d5
8. Sd4 × c6 b7 × c6

Auf 8. ... S × e3 9. S × d8, S × d1 10. S × f7 usw. darf Schwarz sich nicht einlassen.

9. Le3 – d4 Sd5 – b4?

Schwarz begegnet Schwierigkeiten beim Entwickeln seines Königsflügels. Am besten hätte er noch 9. ... Sf6 ziehen können.

10. Ld3 – e4 Lc8 – a6
11. a2 – a3 Sb4 – d5
12. Sb1 – d2 ...

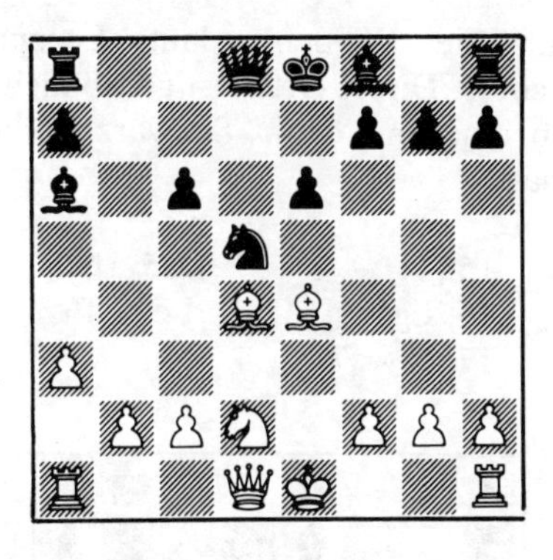

Der Anfänger hat den Meister überrundet. Es droht 13. c4.

| | |
|---|---|
| 12. ... | f7 – f5? |

Wird kräftig widerlegt. Schwarz hätte 12. ... Dd7 versuchen müssen.

| | |
|---|---|
| 13. Dd1 – h5† | g7 – g6 |
| 14. Dh5 – h3 | Sd5 – f4 |
| 15. Le4 × c6† | Ke8 – f7 |
| 16. Dh3 – e3 | Lf8 – h6 |
| 17. De3 – e5 | Ta8 – c8 |
| 18. De5 × h8 | Dd8 × h8 |
| 19. Ld4 × h8 | Tc8 × c6 |

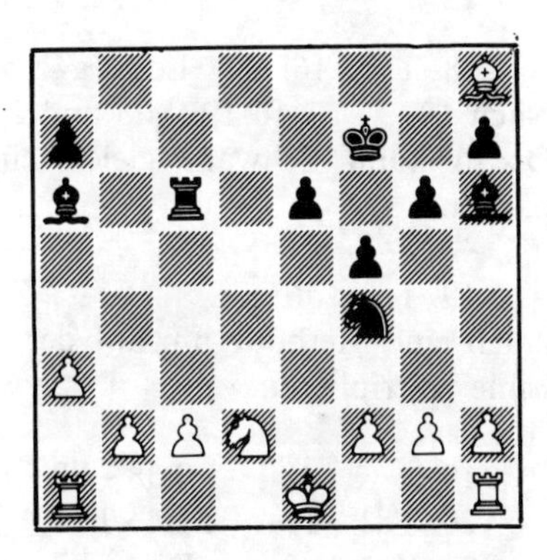

Dieses Endspiel ist natürlich aussichtslos für Schwarz.

| | |
|---|---|
| 20. g2 – g3 | Sf4 – h3 |

Nach 20. ... Sg2†? 21. Kd1 ist der schwarze Springer in der Klemme.

| | |
|---|---|
| 21. c2 – c4 | Lh6 × d2† |
| 22. Ke1 × d2 | Sh3 × f2 |
| 23. Th1 – c1 | La6 × c4 |
| 24. Lh8 – d4 | Sf2 – e4† |
| 25. Kd2 – e3 | e6 – e5 |
| 26. Ld4 × e5 | Tc6 – e6 |
| 27. Tc1 × c4 | Te6 × e5 |
| 28. Tc4 – c7† | ... |

Schwarz gibt auf.

## 2

*Halbfinale der 27. Meisterschaft der UdSSR, Tallinn 1959.*
*Schwarz: Osnos*
*Sizilianisch*

| | |
|---|---|
| 1. e2 – e4 | c7 – c5 |
| 2. Sg1 – f3 | d7 – d6 |
| 3. d2 – d4 | c5 × d4 |
| 4. Sf3 × d4 | Sg8 – f6 |
| 5. Sb1 – c3 | Sb8 – c6 |
| 6. Lc1 – g5 | e7 – e6 |
| 7. Dd1 – d2 | Lf8 – e7 |
| 8. 0 – 0 – 0 | Sc6 × d4 |
| 9. Dd2 × d4 | 0 – 0 |
| 10. f2 – f4 | Dd8 – a5 |
| 11. Lf1 – c4 | Tf8 – d8 |

So gut wie verschwunden aus der Praxis und ersetzt durch 11. ... Ld7, wonach Weiß mit 12. e5, d × e5 13. f × e5, Lc6 14. Ld2! am stärksten fortsetzt.

| | |
|---|---|
| 12. Th1 – f1! | ... |

Von Schamkowitsch stammend. Weiß erhält nun entweder Feld d5 zu seiner Verfügung oder Angriffsmöglichkeiten auf dem Königsflügel.

12. ... Lc8 – d7
13. f4 – f5! ...

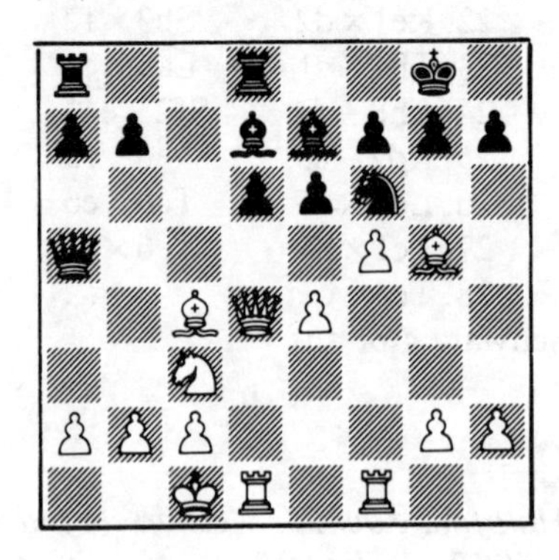

Dieser Bauer ist vergiftet. Nach 13. ... e×f5 14. e×f5, L×f5 15. Sd5, S×d5 16. T×f5 verliert Schwarz Material (Boleslavsky).

13. ... b7 – b5?
Dieser naheliegende Zug erweist sich als direkter Weg zum Verlust! Nach 13. ... e5 erhält Weiß mit 14. Dg1!, Lc6 15. g4, Dc5 16. L×f6, L×f6 17. g5, D×g1 18. T×g1, Le7 19. Ld5! chancenreiches Spiel (O'Kelly). Am stärksten scheint 13. ... Tac8, obgleich Weiß nach 14. Lb3, Dc5 15. Dd3 doch besser steht, zum Beispiel 15. ... b5 16. Le3, Dc6 17. f×e6, f×e6 18. Sd5 usw.

14. f5×e6 b5×c4
Auf 14. ... f×e6 (es droht sowohl 15. ... b×c4 als auch 15. ... b4) folgt 15. e5, b×c4 16. L×f6, g×f6 17. e×f6, Dg5† 18. Kb1, Lf8 19. f7 'avec une forte pression pour les blancs' (mit einem starken Druck für die Weißen), laut Europe Echecs. Dieses Urteil ist gewiß nicht übertrieben, denn Schwarz steht matt.

15. Tf1 – f5 Da5 – b4
16. Lg5×f6 Le7×f6
17. e6×f7† ...

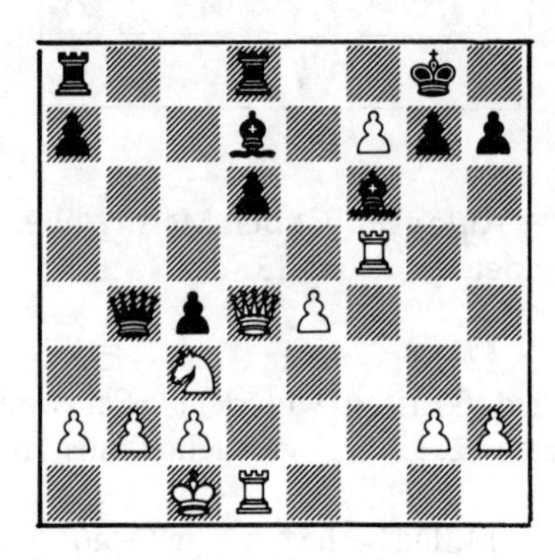

17. ... Kg8 – f8
Der freche Eindringling war unverletzbar: 17. ... K×f7 18. T×f6†, g×f6 19. Sd5, Dc5 20. D×f6†, Kg8 21. Se7 matt, beziehungsweise 20. ... Ke8 21. De7 matt.

18. Tf5×f6! Ld7 – g4
Nach 18. ... g×f6 19. Sd5 und 20. D×f6 kann Schwarz gleich einpacken.

19. Tf6×d6 ...
Auch eine Methode um auf der d-Linie zu triplieren.

19. ... Td8 – b8
20. Td1 – f1 Db4×b2†
21. Kc1 – d2 Db2 – b7
22. Dd4 – c5 Db7 – e7
23. Sc3 – d5 De7 – g5†

24. Tf1 – f4

Schwarz gibt auf.

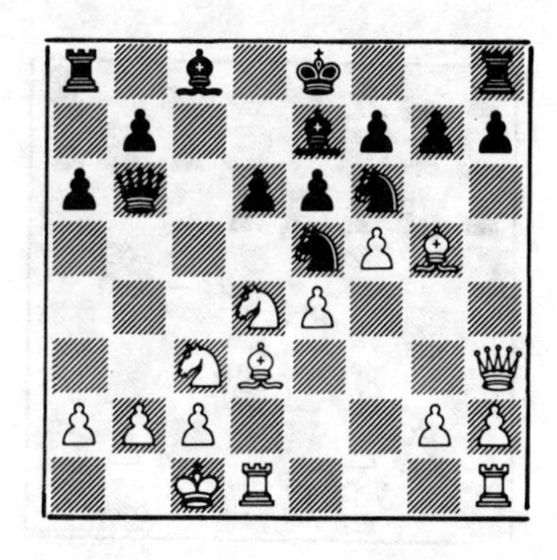

## 3

*Meisterschaft der Ukraine, Kiew 1960*
*Schwarz: Lentschiner*
*Sizilianisch*

| | |
|---|---|
| 1. e2 – e4 | c7 – c5 |
| 2. Sg1 – f3 | d7 – d6 |
| 3. d2 – d4 | c5 × d4 |
| 4. Sf3 × d4 | Sg8 – f6 |
| 5. Sb1 – c3 | a7 – a6 |
| 6. Lc1 – g5 | e7 – e6 |
| 7. f2 – f4 | Lf8 – e7 |
| 8. Dd1 – f3 | Dd8 – c7 |
| 9. Lf1 – d3 | ... |

Weiß hat die größere Auswahl nach 9. 0 – 0 – 0.

| | |
|---|---|
| 9. ... | Sb8 – d7 |
| 10. f4 – f5 | Sd7 – e5 |

Auch 10. ... e5 ist spielbar; nach 11. Sde2, b5 und Lb7 steht Schwarz leidlich gut.

11. Df3 – h3 Dc7 – b6?

Darauf hatte Weiß gerechnet! Richtig wäre 11. ... S × d3†, mit ungefähr gleichen Chancen: 12. D × d3, Ld7 oder 12. c × d3, Dc5.

12. 0 – 0 – 0! ...

Mit als erster Pointe die elementare Wendung 12. ... D × d4? 13. Lb5†.

12. ... Sf6 – g4?

Die zweite sehr komplizierte Pointe von Weiß ist die Widerlegung dieses Ausfalles.

13. Lg5 × e7 Sg4 – f2

Nach 13. ... K × e7 14. Le2! scheitert 14. ... Sf2? an 15. Dh4†, während auf 14. ... Sf6 sehr stark 15. g4 folgt.

14. Dh3 – e3! ...

Ein Zipfelchen des Schleiers wird gelütet: der schwarze König wird sich hüten mussen nicht in ein Schach von Sd4 zu geraten.

| | |
|---|---|
| 14. ... | Sf2 × d1 |
| 15. Th1 × d1 | Se5 – c6 |

In '100 Soviet Chess Miniatures' gibt P.H. Clarke die folgende Variante: 15. ... K × e7 16. f6†! Ke8 (oder 16. ... K × f6 17. Tf1†, Kg6 18. Dg3†, Kh6 19. Sf5†!, e × f5 20. Dh4†, Kg6 21. e × f5†) 17. f × g7, Tg8 18. Dh6 mit Gewinnstellung.

16. Le7 × d6 ...

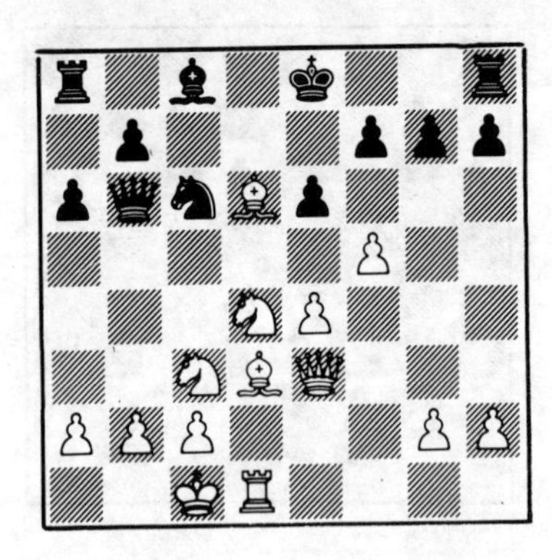

16. ... Sc6 × d4

Auf 16. ... D × d4 hat Weiß die erfreuliche Wahl zwischen 17. Dg3 und 17. D × d4, S × d4 18. Le5.

17. De3 – g3 Th8 – g8

Mit Recht hält Clarke 17. ... Ld7 18. D × g7, 0 – 0 – 0 für eine bessere Gefechtsmöglichkeit.

18. Ld3 – c4 Lc8 – d7
19. Ld6 – e5 Sd4 – b5

Ein verkrüppelter Rückzug, allerdings ist Schwarz nach 19. ... Sc6 20. Lc7, Dc5 21. f6! (Clarke) noch schlechter dran. Zum Beispiel: 21. ... D × c4 22. Dd6, Lc8 23. Dd8†!, S × d8 24. T × d8 matt.

20. f5 – f6 g7 – g6

Besser 20. ... S × c3 21. L × c3, 0 – 0 – 0, laut Clarke, obgleich Weiß auch dann siegt: 22. f × g7, Lc6 23. T × d8†, D × d8 24. De5, Dc7 25. L × e6†!.

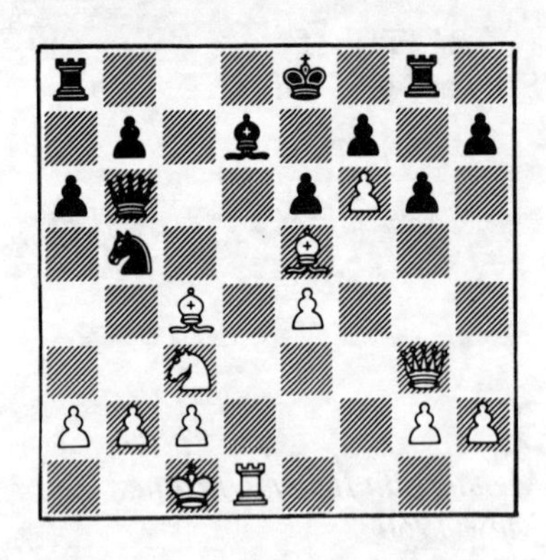

21. Sc3 – a4! Db6 – a5
22. Lc4 × b5 a6 × b5

Auf 22. ... L × b5 oder 22. ... D × b5 gewinnt 23. Da3!

23. Dg3 – d3 0 – 0 – 0

Verliert auf der Stelle, doch nach 23. ... Dd8 24. Sb6! (Clarke) ist die Angelegenheit ebenfalls rasch entschieden: 24. ... Lc6 25. S × a8, D × d3 26. Sc7†, Kd7 27. T × d3†, Kc8 28. Sa8 usw.

24. Dd3 – d6

Schwarz gibt auf.

## *4*

*Zweikampf um die Meisterschaft der Ukraine, zweite Partie, Kiew 1960*
*Schwarz: Sacharow*
*Russisch*

1. e2 – e4 e7 – e5
2. Sg1 – f3 Sg8 – f6
3. d2 – d4 ...

Stein in den Fußstapfen von Steinitz.

3. ... e5 × d4
4. e4 – e5 Sf6 – e4
5. Dd1 × d4 d7 – d5
6. e5 × d6 i.V. Se4 × d6
7. Sb1 – c3 Lc8 – f5

Der übliche Zug ist hier: 7. ... Sc6.

8. Lc1 – g5 ...

Günstig für Weiß ist 8. De5†!, De7 9. Sd5, D × e5 10. S × e5, f6 11. Sf3, Kd7 12. Lf4, wie Bronstein in der 28. Meisterschaft der UdSSR, Moskau 1961, gegen Borisenko spielte.

8. ... f7 – f6
9. Lg5 – f4 ...

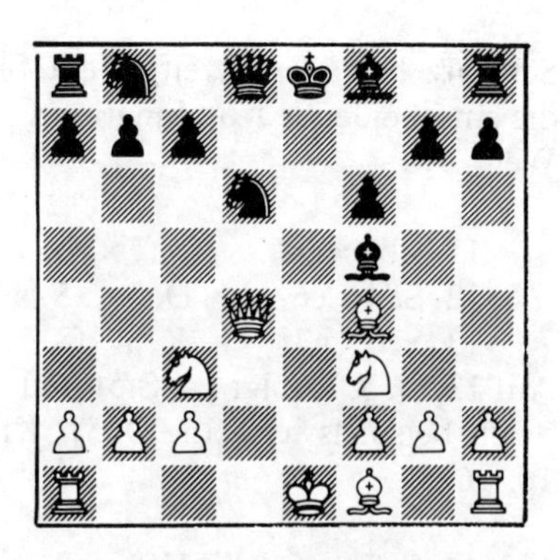

Was passiert, wenn Schwarz auf c2 schlägt? Stein hatte darauf das Folgende parat: 9. ... L × c2 10. Tc1, Lg6 11. Lb5†, c6 12. 0 – 0!, S × b5 13. S × b5, c × b5 14. Tfe1†, Le7 15. T × e7†, K × e7 16. Tc7† und nun:

*1* 16. ... Sd7 17. Ld6†, Ke8 18. De3†, Kf7 19. Db3† oder 18. ... Se5 19. S × e5, D × d6 20. Sf7†!

*2* 16. ... Dd6 17. De3†, Kf8 18. De6.

9. ... Sb8 – c6

10. Dd4 – a4 Lf8 – e7
11. 0 – 0 – 0 0 – 0

Nach dem weiteren Verlauf der Partie drängt sich die Behauptung auf, daß Schwarz besser auf die lange Rochade Ziel setzen hätte können.

12. Sc3 – d5 Kg8 – h8
13. h2 – h4! ...

Es droht h4 – h5, gefolgt von Sf3 – h4 – g6†.

13. ... Lf5 – d7
14. Da4 – b3 Ld7 – g4
15. h4 – h5 Lg4 × f3
16. g2 × f3 Sc6 – e5
17. Lf4 – e3! ...

Bereitet Sd5 – f4 – g6† vor.

17. ... Tf8 – f7
18. Sd5 – f4 Dd8 – e8
19. Le3 – d4 Ta8 – d8
20. Lf1 – h3 ...

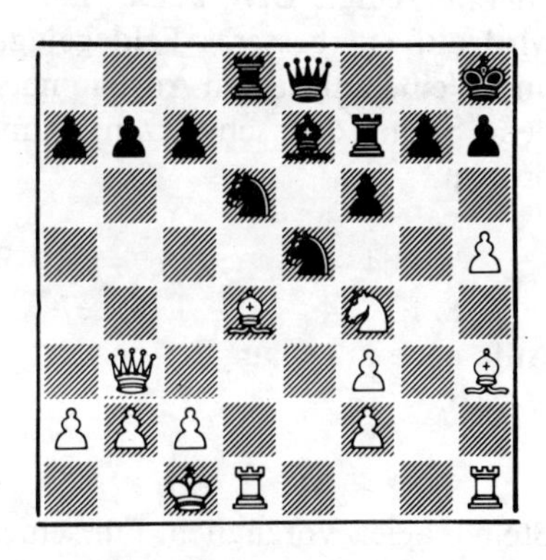

Damit ist die Entscheidung gefällt, noch vor dem ersten Schuß.

20. ... De8 – b5
21. Lh3 – e6 Db5 × b3
22. a2 × b3 Kh8 – g8

Statt zu resignieren: 22. ... Tff8, dann 23. L×e5, f×e5 24. Sg6†.

23. Sf4 – d5 Kg8 – f8
24. Sd5 × c7 Se5 – c6
25. Ld4 – c5 f6 – f5
26. Sc7 – d5

Schwarz gibt auf.

## 5

*Halbfinale der 28. Meisterschaft der UdSSR, Odessa 1960.*
*Schwarz: Tschtschakow*
*Sizilianisch*

1. e2 – e4 c7 – c5
2. Sg1 – f3 Sg8 – f6
3. Sb1 – c3 d7 – d6
4. d2 – d4 c5 × d4
5. Sf3 × d4 a7 – a6
6. Lf1 – c4 Dd8 – c7

Hier voreilig: Der weiße Läufer wird auf ein besseres Feld gejagt, und Weiß kann seinen Aufbau nach dem Stand der schwarzen Dame ordnen.

7. Lc4 – b3 e7 – e6
8. f2 – f4 Lf8 – e7

Aufs neue ungenau. Besser wäre 8. ... Sc6.

9. g2 – g4! ...

Stein reagiert vorzüglich. Für seinen scharfen Plan stehen die schwarzen Steine eigentlich gerade verkehrt.

9. ... Sb8 – c6

Kaltblütig 9. ... 0 – 0 könnte hier möglicherweise den Vorzug verdienen.

10. g4 – g5 Sf6 – d7

Nach 10. ... S×d4 11. D×d4, Sh5 steht Schwarz auch alles eher als gemütlich.

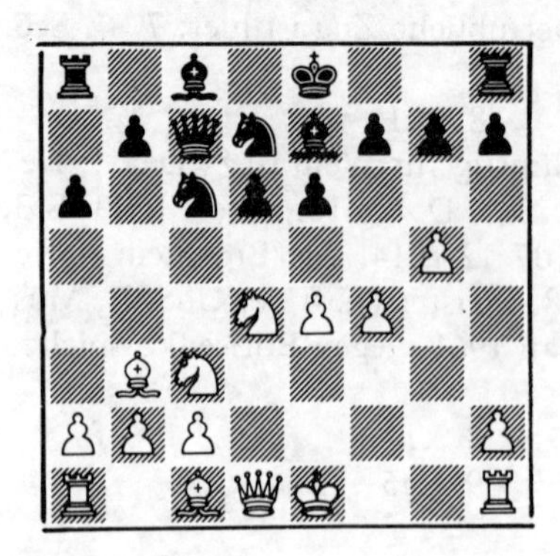

Schwarz hat alles bereitgestellt für die entscheidende Kombination von Weiß.

11. Lb3 × e6! f7 × e6
12. Sd4 × e6 Dc7 – a5
13. Se6 × g7† Ke8 – f8

Auf 13. ... Kf7 folgt 14. Sf5! und es droht beispielsweise 15. Dh5†, Kf8 16. g6.

14. Sg7 – e6† Kf8 – g8

Zu Zeiten von Morphy hätte Schwarz sich zweifelsohne mit 14. ... Kf7 15. Dh5†, K×e6 16. f5†, Ke5 17. Tf1 zur Schlachtbank führen lassen.

15. Dd1 – h5 Sd7 – f8
16. Se6 × f8 Le7 × f8
17. Lc1 – d2 Lc8 – e6
18. Sc3 – d5! ...

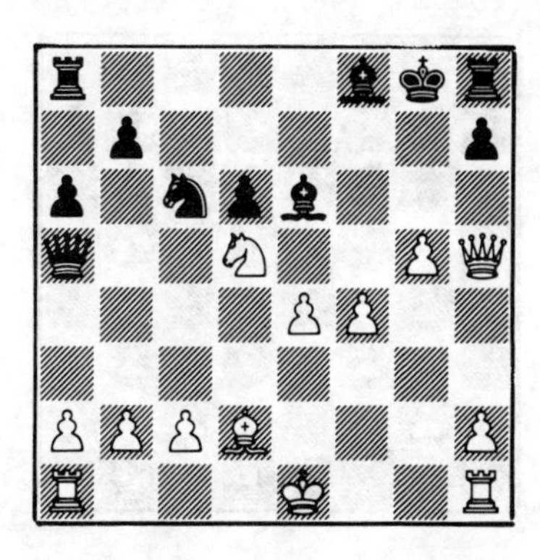

| | |
|---|---|
| 18. ... | Le6×d5 |

In 18. ... Dd8 19. Lc3! sieht Schwarz kein Heil; doch erweist sich auch der Textzug als aussichtslos.

| | |
|---|---|
| 19. Ld2×a5 | Ld5–f7 |
| 20. Dh5–g4 | Sc6×a5 |

Bei ungleichem Material kommt es vor allem auf die Zusammenarbeit der Steine an.

| | |
|---|---|
| 21. 0–0–0 | Ta8–e8 |
| 22. Th1–e1 | Sa5–c6 |
| 23. h2–h4 | Lf7–e6 |
| 24. Dg4–g3 | Le6–f7 |
| 25. Dg3–g4 | Lf7–e6 |
| 26. Dg4–f3 | Te8–c8 |
| 27. a2–a3 | h7–h5 |
| 28. Df3–g3 | Sc6–a5 |
| 29. Kc1–b1 | Le6–g4 |
| 30. Td1–d5 | Sa5–c4 |
| 31. f4–f5 | Th8–h7 |
| 32. g5–g6 | Th7–c7 |
| 33. f5–f6 | Lf8–h6 |
| 34. Td5×d6! | Sc4–d2† |
| 35. Td6×d2 | Lh6×d2 |
| 36. Te1–f1 | Tc7×c2 |
| 37. Dg3–b3† | Kg8–h8 |
| 38. Db3–f7 | Tc8–c7 |
| 39. g6–g7† | |

Schwarz gibt auf.

## 6

*Halbfinale der 28. Meisterschaft der UdSSR, Odessa 1960*
*Schwarz: Sokolsky*
*Königsindisch im Anzuge*

| | |
|---|---|
| 1. Sg1–f3 | d7–d5 |
| 2. g2–g3 | Sg8–f6 |
| 3. Lf1–g2 | g7–g6 |
| 4. 0–0 | Lf8–g7 |
| 5. d2–d3 | 0–0 |
| 6. Sb1–d2 | c7–c5 |
| 7. e2–e4 | e7–e6 |
| 8. Tf1–e1 | Sb8–c6 |
| 9. c2–c3 | b7–b6 |
| 10. e4–e5 | Sf6–d7 |
| 11. d3–d4 | f7–f6 |
| 12. e5×f6 | Dd8×f6 |

Bis soweit die Partie Neschmetdinov gegen Kortschnoj, 1954, die weiterging mit 13. De2, Lb7 14. d×c5 (zweimal schlagen auf e6, dann c×d4) 14. ... S×c5 15. Sb3, La6 16. De3, Se4.
Stein kommt mit einer Verstärkung.

| | |
|---|---|
| 13. Sd2–b3 | ... |

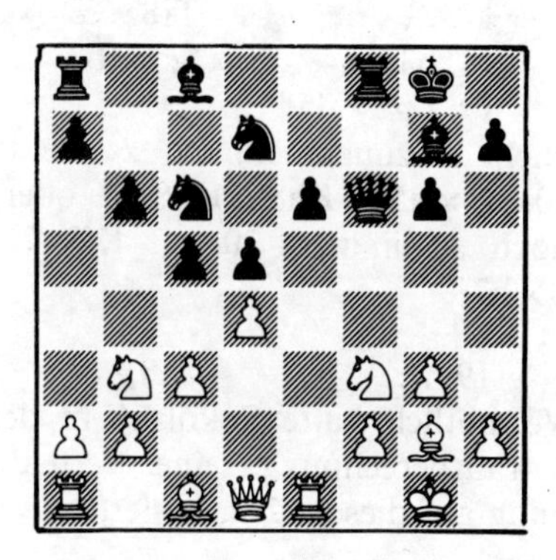

13. ... Lc8 – a6

Nach 13. ... Lb7 14. Le3, c4 15. Sbd2, e5 16. d×e5, Sd×e5 17. S×e5, S×e5 18. Ld4 steht Weiß am besten da.

Auf 13. ... c4 spielt Weiß nicht 14. Sbd2, wonach Schwarz mit 14. ... e5 15. d×e5, Sd×e5 16. S×f5, D×f2† für sich nicht unvorteilhafte Entwicklungen entfesseln kann (dargelegt von Boleslavsky im Schachmaty-Jahrbuch), sondern den starken Zwischenzug 14. Lg5!, zum Beispiel 14. ... Df7 15. Sbd2, e5 16. d×e5, Sd×e5 17. S×e5, S×e5 18. f4! mit günstigem Spiel für Weiß: 18. ... h6 19. L×h6; 18. ... Sd3 19. Te7, Df5 20. g4, D×g4 21. D×g4, L×g4 22. L×d5† und 18. ... Lg4 19. Da4, Ld7 20. Da3, Sc6 21. Dd6 (Boleslavsky).

14. Lc1 – e3 La6 – c4
15. d4×c5 Lc4×b3
16. a2×b3 Sd7×c5

Nach 16. ... b×c5 ist 17. Sg5 hinderlich.

17. Sf3 – g5! ...

Aber auch jetzt ist dieser Zug unheimlich stark: es droht 18. L×c5.

17. ... Tf8 – e8
18. b3 – b4 Sc5 – b7
19. Lg2×d5! ...

Nicht einzunehmen: 19. ... e×d5 20. D×d5†, Kh8 21. Sf7† oder, noch schlimmer, 20. ... Kf8 21. S×h7†.

19. ... Ta8 – d8

Vermutlich hatte Sokolsky in der Vorausberechnung seine Verteidigung auf diesem Zug basiert.

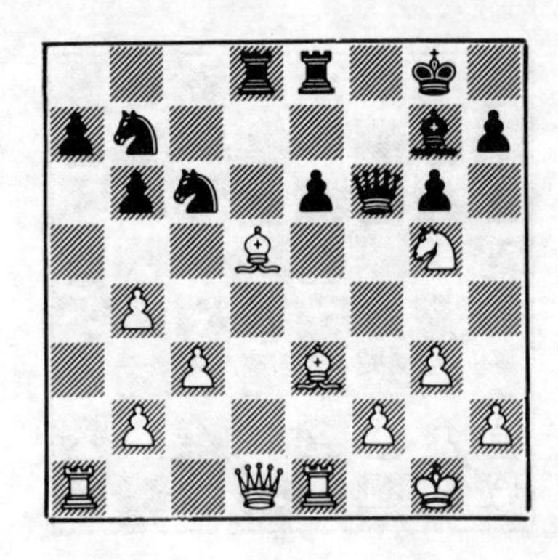

20. Ld5×c6! Td8×d1
21. Te1×d1 Te8 – b8
22. Ta1×a7 ...

Genügend; überzeugender wäre allerdings 22. S×e6!, Kh8 23. T×a7, D×e6 24. T×b7, T×b7 25. Td8†, Lf8 26. Ld4†, Kg8 27. L×b7 und Ld5 gewesen (Boleslavsky).

22. ... Sb7 – d8
23. Lc6 – g2 h7 – h6
24. Sg5 – e4 Df6 – f5
25. Td1 – d7 Lg7 – e5
26. Le3×h6 Sd8 – c6

Darauf hat Schwarz losgesteuert: Weiß wird seine zwei Türme auf der siebenten Reihe nicht halten können.

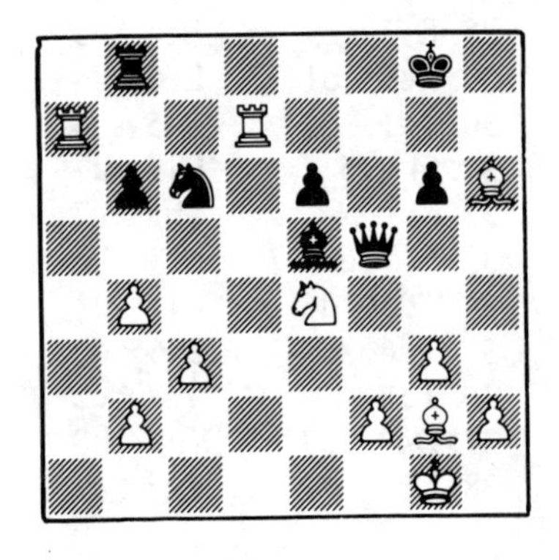

27. Td7 – g7†! ...

Stein spielt die ganze Partie besonders erfinderisch. Durch dieses Qualitätsopfer verschwindet der beste Verteidiger des schwarzen Königs.

27. ... Le5 × g7
28. Ta7 × g7† Kg8 – h8
29. Tg7 – c7! ...

Droht 30. Lg7† und 31. Sf6†.

29. ... Df5 – e5
30. Lh6 – f4 De5 – f5

Schwarz muß seinen Springer opfern: 30. ... Db5, dannn 31. Sf6.

31. Tc7 × c6 Tb8 – d8

32. h2 – h4 b6 – b5
33. Tc6 – c7 e6 – e5
34. Lf4 – g5 Td8 – d7
35. g3 – g4! Df5 × g4
36. Tc7 – c5 Dg4 – e2
37. Tc5 × e5 De2 × b2
38. Lg5 – f6† Kh8 – g8
39. Se4 – g5 Db2 – c1†
40. Lg2 – f1 ...

Droht kurz und bündig 41. Te8 matt.

40. ... Td7 – f7
41. Sg5 × f7 Kg8 × f7
42. Lf6 – g5 Dc1 × c3
43. Te5 × b5 Dc3 – a1
44. Tb5 – b6 Da1 – d4
45. Tb6 – f6†

Schwarz gibt auf.

# 7

*28. Meisterschaft der Sowjetunion, Moskau 1961*
*Schwarz: Petrosjan*
*Französisch.*

1. e2 – e4 e7 – e6
2. d2 – d4 d7 – d5
3. Sb1 – c3 Lf8 – b4
4. e4 – e5 Sg8 – e7
5. a2 – a3 Lb4 × c3†
6. b2 × c3 c7 – c5

Von Petrosjan würde man eher b6 und La6 erwarten.

7. Dd1 – g4 Se7 – f5
8. Lf1 – d3 h7 – h5
9. Dg4 – f4 ...

Tal war seinerzeit ein Freund von 9. Dh3.

9. ... Sb8 – c6

Nach 9. ... c × d4 10. c × d4, Dh4 hat Weiß die Wahl zwischen 11. Se2 und 11. D × h4, S × h4 12. Lg5, wonach die schwarzen Felder von Schwarz schwach sind.

10. Sg1 – e2 ...

Anstatt 10. Sf3.

10. ... Sc6 – e7

Keine Lust auf 10. ... c4 11. L × f5, e × f5 12. Sg3, g6.

11. Se2 – g3 ...

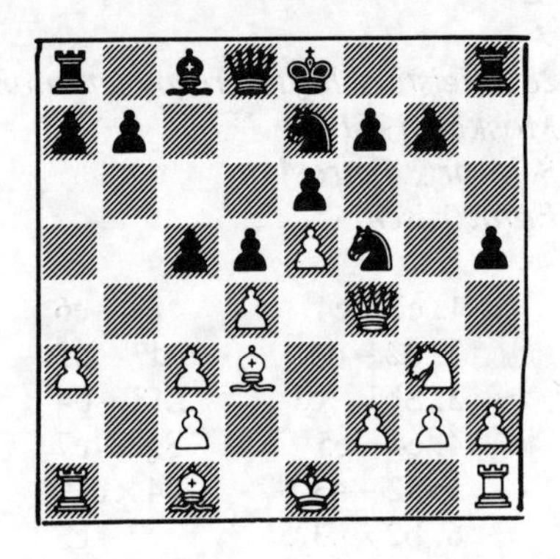

11. ... Se7 – g6

Stein gibt als Alternativen 11. ... Ld7 und 11. ... c4. Diese letzte Möglichkeit führt Euwe folgendermaßen weiter aus: 11. ... c4 12. L×f5 (auch 12. Le2 ist gut) 12. ... S×f5 (oder 12. ... e×f5 13. Dg5!) 13. S×f5, e×f5 14. a4, mit Aktivierung von Lc1.

12. Df4 – d2 Lc8 – d7
13. Ta1 – b1 Ta8 – b8
14. 0 – 0 c5 – c4

Petrosjan durchhaut den Knoten. Auf 14. ... h4 folgt 15. S×f5, e×f5 16. d×c5 und 17. a4.

15. Ld3 – e2 Sf5×g3

Fragezeichen bei Stein, der das folgerichtige 15. ... h4 mit 16. S×f5, e×f5 17. Lf3, Le6 18. a4! zu beantworten gedacht hatte.

16. f2×g3! ...

Von der offenen f-Linie wird Schwarz wohl noch öfter hören. Überdies droht nun 17. h4! gefolgt von Dd1.

16. ... h5 – h4

17. Le2 – g4 ...

Hier wäre unmittelbar 17. a4! möglich.

17. ... h4×g3
18. h2×g3 Dd8 – e7

Die beste Chance für Schwarz wäre der Blockadezug 18. ... La4, obwohl Weiß nach 19. Df2, 0 – 0 20. Le3 (Euwe) auch dann ausgezeichnet steht.

19. a3 – a4!! ...

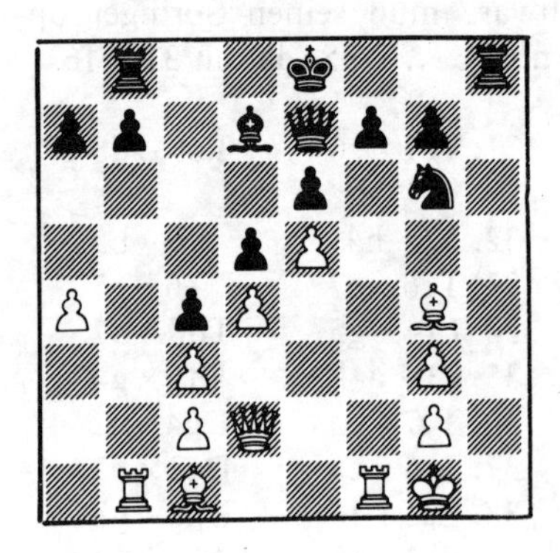

Bereitet das entscheidende Einschreiten des weißen Damenläufers vor.

19. ... Ld7×a4

Euwe gibt in 'Schakend Nederland' die folgenden Alternativen:

*1* 19. ... 0 – 0 20. Ta1, Dd8 21. La3, Te8 22. Ld6.

*2* 19. ... f6 20. e×f6, g×f6 21. De2.

20. Tb1 – a1 b7 – b5
21. Lc1 – a3 De7 – d7
22. Tf1 – f2 Tb8 – b7
23. Ta1 – f1 Dd7 – d8

Schwarz hat nichts Besseres: 23. ... Dc8 24. Dg5! (24. ... Th6 25. Lh5!) beziehungsweise 23. ... Sf8 24. T×f7, D×f7 25. T×f7, T×f7 26. L×f8, gefolgt von 27. L×e6 und 28. L×d5.

24. Dd2 – d1 ...

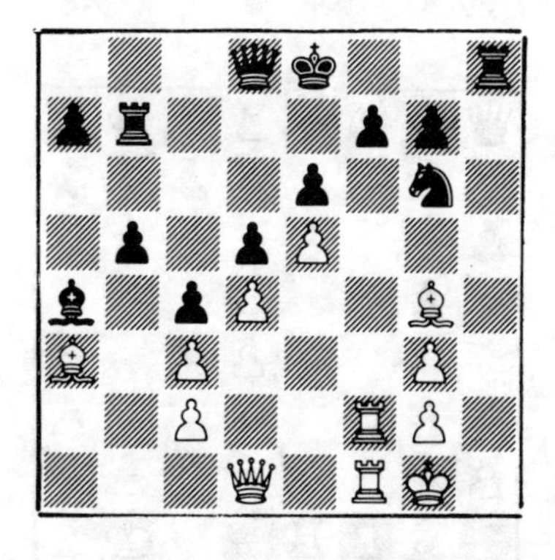

Stein weist hier auf die folgende Drohung: 25. T×f7!, T×f7 26. T×f7, K×f7 27. Df3†!, Ke8 (27. ... Kg8 28. L×e6†) 28. L×e6, Dc7 29. Ld6, Db7 30. L×d5.

24. ... Th8 – h6

Schwarz hat keine ausreichende Verteidigung mehr. Auf beispielsweise 24. ... Dc8 ist 25. Lh5! gut genug.

25. La3 – c1 Th6 – h7
26. Lg4×e6! ...

Schwarz gibt auf: 26. ... f×e6, dann 27. Dg4.

## 8

*28. Meisterschaft der Sowjetunion, Moskau 1961*
*Schwarz: Geller*
*Spanisch*

| | |
|---|---|
| 1. e2 – e4 | e7 – e5 |
| 2. Sg1 – f3 | Sb8 – c6 |
| 3. Lf1 – b5 | a7 – a6 |
| 4. Lb5 – a4 | Sg8 – f6 |
| 5. 0 – 0 | Lf8 – e7 |
| 6. Tf1 – e1 | b7 – b5 |
| 7. La4 – b3 | 0 – 0 |
| 8. c2 – c3 | d7 – d6 |
| 9. h2 – h3 | Sf6 – d7 |

Vom großen russischen Vorkämpfer Tschigorin in Anwendung gebracht.

| | |
|---|---|
| 10. d2 – d4 | Sd7 – b6 |
| 11. Sb1 – d2 | Le7 – f6 |

Mit 11. ... e×d4 12. c×d4, d5 13. e×d5!, S×d5 14. Se4 hatte Stein in einer früheren Runde gegen Tarasov gute Erfahrungen gemacht.

| | |
|---|---|
| 12. Sd2 – f1 | Tf8 – e8 |
| 13. Sf1 – g3 | g7 – g6 |
| 14. Lc1 – h6 | Lc8 – b7 |
| 15. Dd1 – d2 | Sc6 – a5 |
| 16. Lb3 – c2 | Sa5 – c4 |

Erwägung verdient 16. ... c5.

17. Dd2 – c1 Sb6 – d7

Fürs Abwickeln ist es noch zu früh. Stein gibt die folgende Variante: 17. ... e×d4 18. c×d4, c5 19. b3, Sa5 20. d×c5, d×c5 21. e5 und Le4.

| | |
|---|---|
| 18. b2 – b3 | Sc4 – b6 |
| 19. Dc1 – d2 | ... |

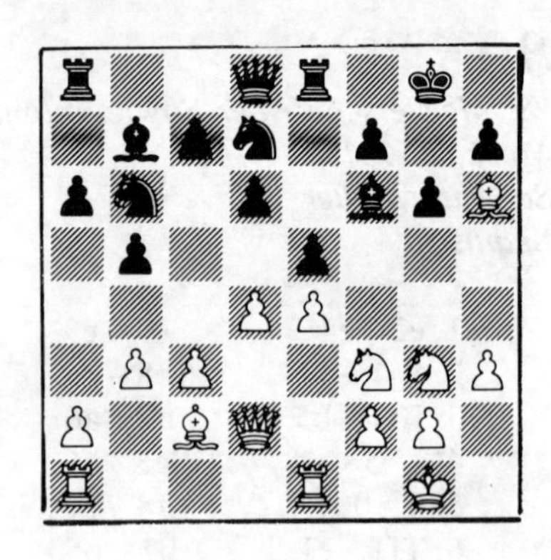

19. ... e5×d4

Im Sinne des Systems: Schwarz akzeptiert einen schwachen Bauern auf d6 für Beherrschung der Felder e5 und c5.

20. c3×d4 c7 – c5
21. Ta1 – d1 Ta8 – c8

Mit der Drohung 22. ... c×d4 23. S×d4, L×d4 24. D×d4, T×c2.

22. Lc2 – b1 c5×d4
23. Sf3×d4 Tc8 – c5
24. Te1 – e3 Dd8 – a8?

Das Fragezeichen ist von Stein selbst, der hier als besser 24. ... d5 empfiehlt.

25. Sd4 – f3 Sc6 – c8
26. Sf3 – h2 Lf6 – h8
27. Sh2 – g4 Sd7 – e5
28. Sg4×e5 Tc5×e5

Auf 28. ... d×e5 kommt 29. Td3, Sb6 30. Sf5! mit siegreichem Angriff.

29. Te3 – c3 Te5 – e7

Gegen 30. Tc7 gerichtet. Auf 29. ... d5 ist 30. f4! stark. Vorteilhaft für Weiß ist auch 29. ... Tc5 30. T×c5, d×c5 31. Sf5! zum Beispiel 31. ... L×e4 32. Dd8!, Lc8 (32. ... Dc6 33. Td7!) 33. D×e8†!, L×e8 34. Td8, f6 (34. ... Dc6 35. T×c8!, Dd7 36. Sd6!) 35. T×e8†, Kf7 36. Sd6†! (Gufeld und Lazarev).

30. Tc3 – c1 ...

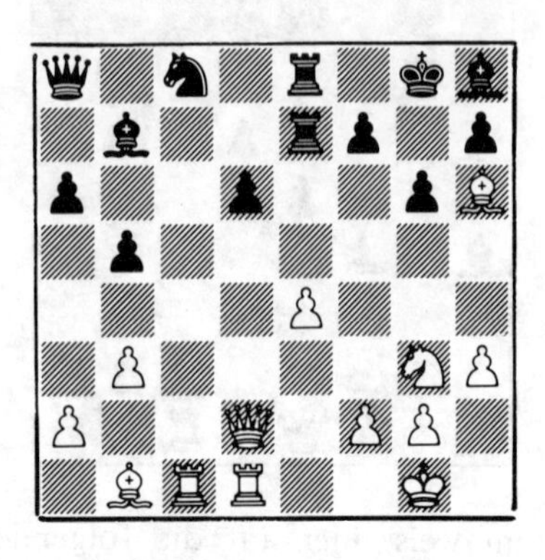

30. ... Lh8 – e5

In dem Streben, seinen jungen Gegner in der Zeitnotphase zu voreiligen Schritten zu verlocken, fordert Geller einen gewinnenden Angriff heraus. Mit 30. ... d5 31. e×d5, Td7 hätte er noch hübsches Gegenspiel bekommen können.

31. f2 – f4! Le5 – f6
32. f4 – f5 Lf6 – e5
33. Lh6 – f4! ...

Sehr richtig eingeschätzt: Nach Läuferabtausch entstehen Lücken in der schwarzen Stellung.

33. ... Da8 – a7†

34. Kg1 – h2 Da7 – b6
35. Lf4×e5 Te7×e5

Auf 35. ... d×e5 kommt 36. Dh6! mit der Drohung 37. Sh5!, g×h5 38. f6.

36. Dd2 – h6! ...

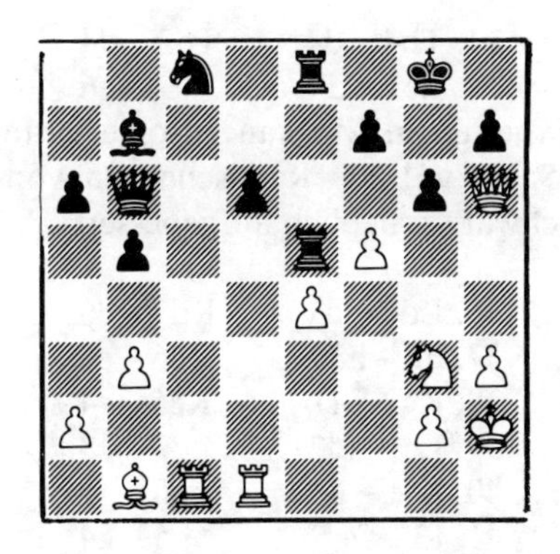

36. ... Kg8 – h8

Er drohte 37. f6, wogegen weder 36. ... d5 geholfen hätte, wegen 37. Sh5!, g×h5 38. f6, noch 36. ... Dd8, wegen 37. Tf1, De7 38. Tc7! (Stein).

37. Td1 – f1 d6 – d5
38. e4×d5 Db6 – e3
39. Dh6 – h4 ...

Ein Schönheitsfehler in Zeitnot: nach 39. Tf4!, D×c1 40. f×g6 hätte Schwarz aufgeben können.

39. ... Lb7×d5

Oder 39. ... Kg8 40. f×g6, f×g6 41. Tf7!, K×f7 42. D×h7† und 43. Tf1† mit Gewinn.

40. f5×g6 f7×g6
41. Lb1×g6 Te5 – e7
42. Lg6×e8

Schwarz gibt auf.

# 9

*28. Meisterschaft der Sowjetunion, Moskau 1961.*
*Schwarz: Spassky*
*Spanisch*

1. e2 – e4 e7 – e5
2. Sg1 – f3 Sb8 – c6
3. Lf1 – b5 Lf8 – c5
4. c2 – c3 Sg8 – f6
5. d2 – d4 e5×d4
6. e4 – e5 Sf6 – e4
7. 0 – 0 d7 – d5
8. e5×d6 i.V. 0 – 0

Als Verstärkung beabsichtigt mit Bezug auf 8. ... S×d6 9. L×c6†, b×c6 10. Te1†, Kf8 11. c×d4, Lb6 12. Lg5, f6, wonach Weiß etwas besser steht.

9. d6×c7 Dd8 – f6

Nach 9. ... D×c7 10. c×d4 kommt Weiß zu Vorteil: 10. ... Td8 11. Dc2, S×d4 12. S×d4! oder 10. ... Lb6 11. Sc3, Lf5 12. Te1; aber auch das ist schon ein alter Hut. Dann müsste Schwarz jetzt also gut stehen.

10. Lb5×c6 b7×c6
11. c3×d4 Lc5 – d6

Besser, nach dem heutigen Stand der Dinge, 11. ... Lb6 12. Te1, Lf5 13. Sc3, Tfe8 14. S×e4, L×e4 15. Lg5, Dd6! 16. Ld8, L×c7 17. L×c7, D×c7, und Schwarz braucht nicht zu verlieren, wenn er ganz präzise spielt zumindest.

12. Tf1 – e1! Lc8 – f5
13. Sb1 – c3 Tf8 – e8
14. Sc3×e4 Lf5×e4
15. Lc1 – g5! ...

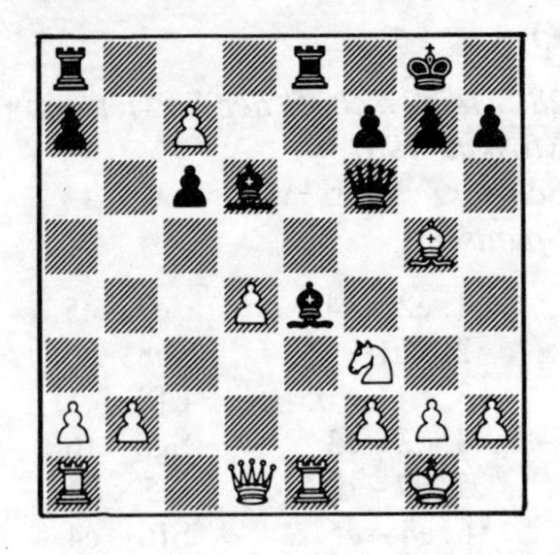

Besonders störend, weil Feld d6 besetzt ist und auf 15. ... Dg6 sehr stark 16. Ld8! folgt.

| | |
|---|---|
| 15. ... | Le4 × f3 |
| 16. Te1 × e8† | Ta8 × e8 |
| 17. Dd1 × f3 | Df6 × f3 |

Zwangsmäßig: 17. ... D × g5 dann 18. D × c6.

| | |
|---|---|
| 18. g2 × f3 | Ld6 × c7 |
| 19. Ta1 – c1 | ... |

Hiernach bekommt Schwarz zuviel aktives Gegenspiel. Bedeutend einfacher wäre 19. Kf1, Lb6 20. Le3.

| | |
|---|---|
| 19. ... | Lc7 – b6 |
| 20. Tc1 × c6 | Lb6 × d4 |
| 21. Lg5 – e3 | Ld4 × b2 |
| 22. Le3 × a7 | Te8 – e1† |
| 23. Kg1 – g2 | Kg8 – f8 |
| 24. Tc6 – c7 | Kf8 – e8 |
| 25. La7 – e3 | Te1 – d1 |
| 26. a2 – a4 | Lb2 – d4 |
| 27. Le3 – g5 | h7 – h6 |
| 28. Lg5 – c1 | Ld4 – b6 |
| 29. Tc7 – c2 | Td1 – d5 |
| 30. Tc2 – b2 | Lb6 – c7 |
| 31. Lc1 – e3 | Ke8 – d7 |
| 32. Tb2 – b5 | Td5 – d3 |
| 33. Tb5 – b4 | h6 – h5 |

Spassky läßt Turmabtausch zu. War er davon überzeugt, daß es danach Remis werden würde, oder war er dieses Endspiel schon längst satt?

| | |
|---|---|
| 34. Tb4 – d4† | Td3 × d4 |
| 35. Le3 × d4 | g7 – g6 |

Experten in Moskau zufolge hätte 35. ... g5! die Remischancen von Schwarz erheblich aufgebessert.

| | |
|---|---|
| 36. Ld4 – c3 | Kd7 – c6 |
| 37. h2 – h3 | Kc6 – c5 |
| 38. Kg2 – f1 | Kc5 – c4 |
| 39. Lc3 – d2 | Lc7 – d8 |
| 40. Kf1 – e2 | g6 – g5 |
| 41. f3 – f4 | g5 – g4 |

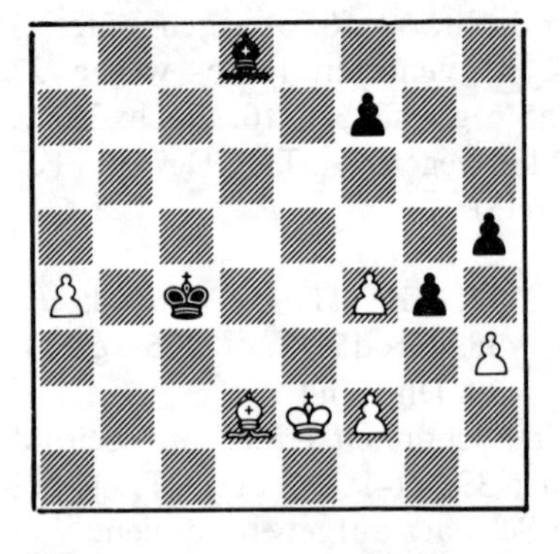

In dieser Stellung wurde die Partie abgebrochen. Zwei Stunden vor Wiederaufnahme telefonierte Salo Flohr mit Spassky und Stein um zu hören, was sie von der Stellung hielten. 'Schlecht, hoffnungslos', sagte Spassky. 'Ich denke, daß ich Gewinnmöglichkeiten habe', antwortete Stein. Zum Erstaunen eines jeden stellte sich bei der Wiederaufnahme heraus, daß Spassky die Partie telefonisch aufgegeben hatte. 'In Hinblick auf die folgende Variante', erklärte er später: 42. h×g4, h×g4 43. a5, Kb5 44. Kd3, L×a5 45. L×a5, K×a5 46. Ke4, Kb5 47. Kf5, und Schwarz ist verloren. Doch zeigten Bronstein, Awerbach und einige andere anwesende Größen auf, daß 43. a5 pariert werden kann mit 43. ... Kd5!!, einem überraschenden Zug, den Spassky und sein Sekundant nicht gesehen hatten. Nach 44. a6, Kc6 45. Le3, f5 46. Kd3, La5 47. Kd4, Le1 macht Schwarz Remis. Spassky war untröstlich. Erst später wurde ausgeknobelt, daß Stein dieses Endspiel dennoch gewinnen hätte können. Die wichtigste Variante lautet: 42. h×g4, h×g4 43. f5!, Lc7 44. a5, Kd5 45. Kd3, Ld6 46. a6, Kc6 47. Le3, Lc7 48. a7, Kb7 49. Ke4. Weiß opfert seinen a-Bauern und stößt mit dem König über c6 zum f-Bauern vor.

# 10

*8. Weltmeisterschaft für Studententeams, Helsinki 1961*
*Schwarz: Kanko (Finnland)*
*Sizilianisch*

| | |
|---|---|
| 1. e2 – e4 | c7 – c5 |
| 2. Sg1 – f3 | e7 – e6 |
| 3. d2 – d4 | c5 × d4 |
| 4. Sf3 × d4 | a7 – a6 |
| 5. Sb1 – c3 | Dd8 – c7 |
| 6. a2 – a3 | Sg8 – f6 |
| 7. f2 – f4 | f7 – d6 |
| 8. Dd1 – f3 | Sb8 – c6 |
| 9. Lc1 – e3 | Lf8 – e7 |
| 10. Lf1 – d3 | 0 – 0 |
| 11. 0 – 0 | ... |

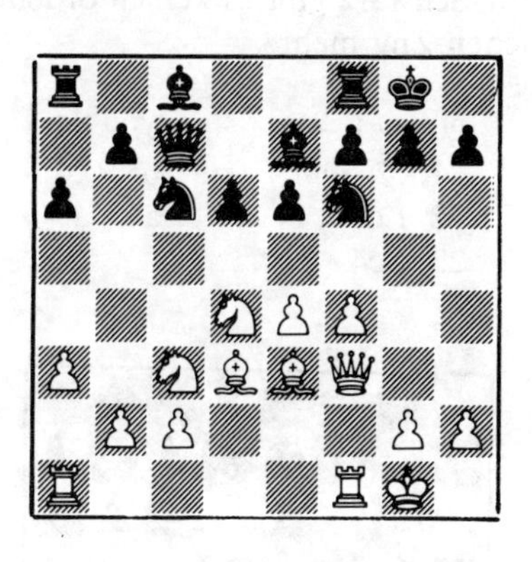

11. ... Sc6 × d4

In einer Partie Awerbach - Matulović, Match Sowjetunion - Jugoslawien 1961, folgte 11. ... Ld7 12. Tae1, Tac8 13. Kh1, S×d4 14. L×d4, Lc6 15. Dh3, e5 16. f×e5, d×e5 17. Sd5, L×d5 18. L×e5?, Le6! 19. Dg3, Dd8, und Weiß gab auf! Mit 16. Le3 hätte er seinen Eröffnungsvorteil festhalten können.

| | |
|---|---|
| 12. Le3 × d4 | e6 – e5 |
| 13. Ld4 – f2! | e5 × f4 |
| 14. Df3 × f4 | Lc8 – e6 |
| 15. Sc3 – d5! | Le6 × d5 |

Gezwungenermaßen, denn es drohte 16. S×e7†, D×e7 17. Lh4.

16. e4 × d5 g7 – g6

Schwarz sieht ein, daß sein Befreiungsversuch voreilig gewesen ist: nach 16. ... S×d5 17. Df5, Sf6 18. Ld4 wäre er einem vernichtenden Angriff ausgesetzt.

17. Ta1 – e1 Ta8 – e8

18. Lf2 – d4 Sf6 – d7
19. Kg1 – h1 Dc7 – d8

Für Schwarz gibt es keinen ordentlichen Zug mehr.

20. Te1 – e2 b7 – b5
21. c2 – c4! b5 × c4
22. Ld3 × c4 a6 – a5
23. Lc4 – b5 ...

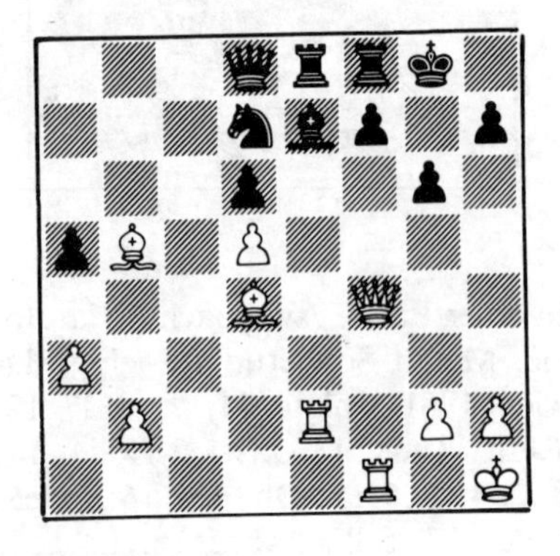

Würgt den Gegner vollends.

23. ... f7 – f5

Gibt einem raschen Tod den Vorzug.

24. Te2 – e6 Tf8 – f7
25. Df4 – h6 ...

Schwarz gibt auf. Gegenüber der Drohung von 26. T × g6† ist er machtlos.

## *11*

*Weltmeisterschaft für Studententeams, Helsinki 1961*
*Schwarz: Zinn (Deutsche Demokratische Republik)*
*Königsindisch im Anzug*

1. Sg1 – f3 d7 – d5
2. g2 – g3 c7 – c5
3. Lf1 – g2 Sb8 – c6
4. 0 – 0 ...

In Betracht kommt 4. d4, und Weiß spielt Grünfeld-Indisch mit einem Tempo mehr.

4. ... e7 – e5
5. d2 – d3 Lf8 – e7
6. Sb1 – d2 Sg8 – f6
7. e2 – e4 Lc8 – g4

Einfacher 7. ... 0 – 0.

8. h2 – h3 Lg4 – e6

Er steht nicht für seine Sache ein: 8. ... Lh5 9. g4, Lg6 10. Sh4, wenngleich dann 10. ... S × e4? doch an 11. S × g6, S × d2 12. S × h8, S × f1 13. Df3! scheitern würde.

9. Dd1 – e2 d5 × e4?

Schwarz hätte besser daran getan, mit 9. ... d4 das Zentrum geschloßen zu halten.

10. d3 × e4 0 – 0

Vielleicht hatte er damit gerechnet, hier 10. ... Sd4 ziehen zu können. Darauf folgt jedoch 11. S × d4! mit Vorteil für Weiß: 11. ... c × d4 12. Db5† und 13. D × e5, beziehungsweise 11. ... e × d4 12. f4!, gefolgt von 13. f5.

11. c2 – c3 ...

Weiß steht klar am besten: er beherrscht Feld d5. Zinn entwirft nun einen ehrgeizigen Plan: er strebt nach Besetzung von Feld d3!

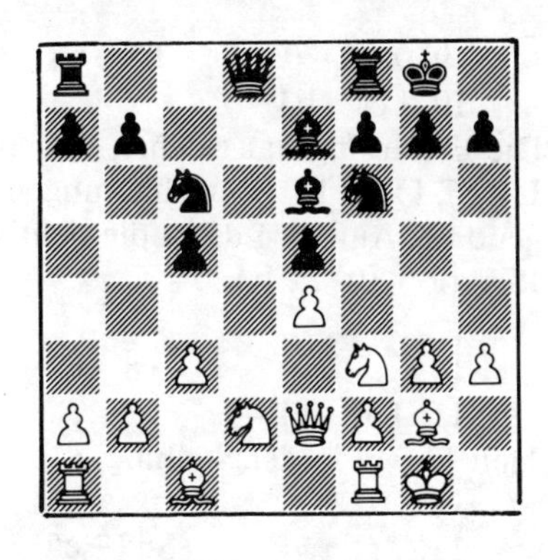

11. ... Sf6 – d7

Besser 11. ... Dd7.

12. Sd2 – c4 b7 – b5
13. Sc4 – e3 c5 – c4
14. Tf1 – d1 Dd8 – c7

In Frage kommt 14. ... Db8.

15. Se3 – d5! Le6 × d5

Eigentlich verdiente 15. ... Dd8 den Vorzug.

16. e4 × d5 Sc6 – a5
17. Sf3 – d4! ...

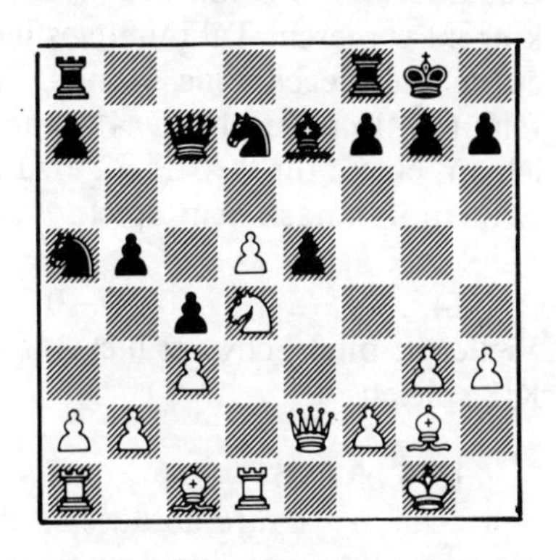

Es droht sowohl 18. d6 als auch 18. S × b5.

17. ... e5 × d4

Auf 17. ... Tb8 kommt 18. Sf5!, Lf6 (18. ... Ld6 19. Lh6!) 19. d6, Dd8 20. Le3, Sb6 21. Dg4, Kh8 22. b4!, c × b3 i.V. 23. a × b3, S × b3 24. T × a7, und Weiß hat die Stellung in seiner Gewalt.

18. De2 × e7 Ta8 – e8
19. Lc1 – f4! ...

Die Pointe der Kombination von Weiß: 19. ... T × e7 20. L × c7, Sb7 21. d6 und 19. ... Dc8 20. Db4 macht Schwarz nun völlig chancenlos.

19. ... Dc7 × f4
20. De7 × d7! ...

Viel stärker und zwingender als 20. D × f8†, K × f8 21. g × f4, d3.

20. ... Df4 – f6
21. Td1 × d4 Te8 – e2
22. Td4 – f4 Df6 – b6
23. b2 – b4! ...

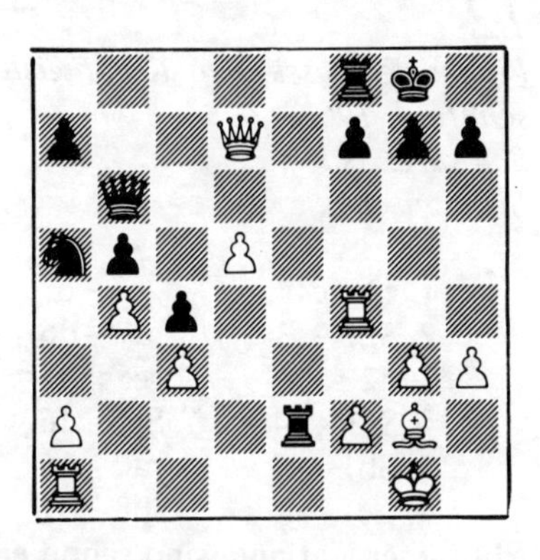

Nicht gleich 23. a4 wegen 23. ... b4.

23. ... Sa5 – b7

Ein hübscher Schluß wäre 23. ...

c×b3 i.V. 24. a×b3, S×b3 25. T×a7, Sc5 26. D×f7†! gewesen.

24. a2 – a4 Sb7 – d6
25. a4×b5 Sd6×b5
26. Dd7 – c6 Te2 – c2
27. Dc6×b6 a7×b6
28. Tf4×c4 Tc2×c3
29. Tc4 – c6! ...

Stein spielt die ganze Partie elegant und stark.

29. ... f7 – f5
30. Lg2 – f1 Tc3×c6
31. d5×c6 Sb5 – d6
32. Ta1 – d1 Sd6 – c8
33. Lf1 – c4† Kg8 – h8
34. c6 – c7 g7 – g6
35. Td1 – d8 Kh8 – g7
36. Lc4 – e6

Schwarz gibt auf.
Diese Partie wurde zur besten dieser Meisterschaft ausgerufen.

## *12*

*Finale der russischen Klubmeisterschaften, 1962*
*Schwarz: Tal*
*Sizilianisch*

1. e2 – e4 c7 – c5
2. Sg1 – f3 d7 – d6
3. d2 – d4 c5×d4
4. Sf3×d4 Sg8 – f6
5. Sb1 – c3 a7 – a6
6. Lc1 – g5 Sb8 – d7

Mit dieser Variante sind schon eine Menge Unglücke passiert.

7. Lf1 – c4 Dd8 – a5
8. Dd1 – d2 e7 – e6
9. 0 – 0 – 0 b7 – b5
10. Lc4 – b3 ...

Die Erfahrung hat gelehrt, daß 10. L×e6, f×e6 11. S×e6 hier ungenügend ist. Auf 10. Ld5 ist die richtige Reaktion 10. ... b4.

10. ... Lc8 – b7
11. Th1 – e1 ...

Hält f2 – f4 in der Stellung.

11. ... Sd7 – c5

Ein Kapital für sich ist 11. ... Tc8.

12. Lg5×f6 ...

Also nicht das Scheinopfer 12. e5, d×e5 13. L×e6, woran sich Ivkov ein halbes Jahr vorher (Bled, 1961) gegen Petrosjan gewagt hatte.

12. ... g7×f6
13. Dd2 – f4 Lf8 – e7

Und ganz sicher nicht 13. ... e5 14. D×f6, e×d4 15. L×f7†, Kd7 16. Sd5 mit siegreichem Angriff.

14. Df4 – g4! ...

Das Opfer 14. Sd5 hat sich als nicht korrekt erwiesen. Tal mußte es hier aufnehmen gegen seine eigene Empfehlung. 'Den Zug 14. Dg4! kannte ich aus einem Ihrer Artikel', erzählte Stein ihm nach dem Spiel.

14. ... 0 – 0 – 0

Vielleicht muß Schwarz hier 14. ... Kf8 spielen.

15. Lb3 – d5 ...

Um durch Läuferabtausch die schwarze Königsstellung zu schwächen.

15. ... b5 – b4

Erwägung verdiente 15. ... Dc7, oder auch 15. ... Td7. Tal steigert die Spannung gern bis zum Äußersten; hier bekommt ihm das aber schlecht.

16. Ld5 × b7† Kc8 × b7
17. Sc3 – d5!! ...

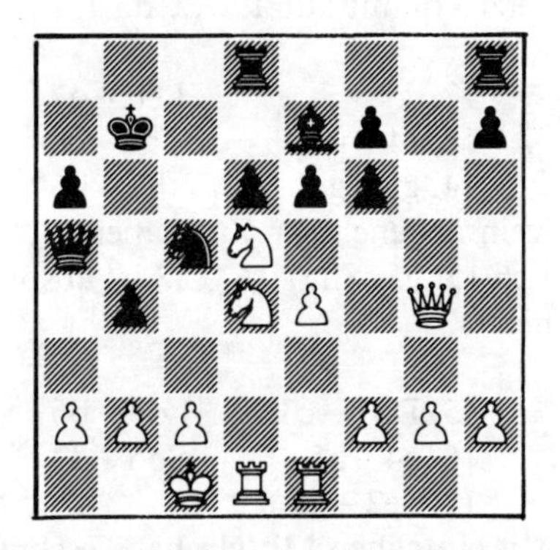

Läßt das Schachbrett förmlich vibrieren.

17. ... e6 × d5

Schwarz hat nichts Besseres. Das Turnierbulletin zeigt dies wie folgt:

*1* 17. ... Thg8 18. Sc6!!
*2* 17. ... h5 18. Dg7, e×d5 19. e×d5, The8 20. D×f7, Dc7 21. Sc6, Lf8 22. T×e8!!
*3* 17. ... Lf8 18. Dh5, e×d5 19. D×f7†, Td7 20. D×d5† mit starkem Angriff.
*4* 17. ... b3 18. a×b3, Da1† 19. Kd2, D×b2 20. Sc3, d5 21. e×d5, f5 22. Df3! (nicht 22. S×f5, Lf6!) und nun:
*a* 22. ... Lg5† 23. Ke2
*b* 22. ... Se4† 23. T×e4!
*c* 22. ... Lf6 23. d6†, Kb8 24. Tb1 und 25. Sc6†.

Fürwahr glänzend! Die letzte Variante kann Schwarz jedoch mit 20. .. Tc8 21. Df3, Sd7 verstärken (Keene).

18. e4 × d5 Td8 – d7

Oder 18. ... Lf8 19. Sc6, Dc7 20. S×d8†, D×d8 21. D×b4†, und Weiß steht sehr günstig. Auch 18. ... Lf8 19. Sc6, Db6 20. Dh5!, Td7 21. Kb1, mit Drohung Te8, ist für Weiß gut.

19. Sd4 – c6 Da5 × a2

Oder 19. ... Dc7 20. D×b4†, Ka8 21. Dg4!, Kb7 22. b4, Sa4 23. D×d7!, D×d7 24. T×e7, D×e7 25. S×e7, Sc3 26. Td3, S×a2† 27. Kb2, S×b4 28. Tb3, und Weiß gewinnt (Variante von Raymond Keene in 'Leonid Stein, Master of Attack').

20. Dg4 × b4† Kb7 – c7
21. Sc6 × e7 Th8 – b8
22. Db4 – a3 Da2 – c4
23. Se7 – c6 ...

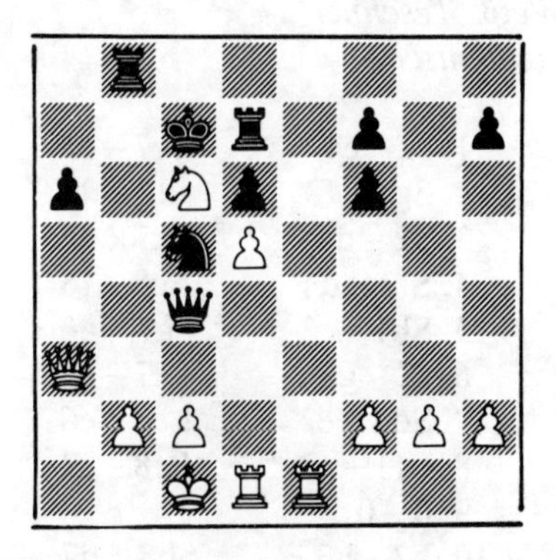

Weiß steht bereit um der letzten Verzweiflungsoffensive von Schwarz entgegenzutreten.

| | |
|---|---|
| 23. ... | Tb8 – b3 |
| 24. Da3 – a5† | Tb3 – b6 |
| 25. Kc1 – b1 | ... |

Es drohte 25. ... Sb3†.

| | |
|---|---|
| 25. ... | Sc5 – a4 |
| 26. Td1 – d4! | ... |

Kaltblütige Verteidigung.

| | |
|---|---|
| 26. | ...Sa4 × b2 |
| 27. Kb1 – c1! | ... |

Jetzt kommt der schwarze Springer nicht mehr heraus.

| | |
|---|---|
| 27. ... | Dc4 – c5 |
| 28. Te1 – e3! | Kc7 – b7 |
| 29. Te3 – c3 | Tb6 – b5 |
| 30. Da5 – a3! | Dc5 × a3 |
| 31. Tc3 × a3 | Tb5 × d5 |

Wer weiß. gelingt es!

32. Sc6 – a5†

Schwarz gibt auf. Ein aufregender Kampf.

# 13

*Interzonenturnier, Stockholm 1962*
*Weiß: Teschner*
*Sizilianisch*

| | |
|---|---|
| 1. e2 – e4 | c7 – c5 |
| 2. Sg1 – f3 | d7 – d6 |
| 3. d2 – d4 | c5 × d4 |
| 4. Sf3 × d4 | Sg8 – f6 |
| 5. Sb1 – c3 | a7 – a6 |
| 6. g2 – g3 | e7 – e5 |
| 7. Sd4 – e2 | Lc8 – e6 |
| 8. Lf1 – g2 | Lf8 – e7 |
| 9. 0 – 0 | 0 – 0 |
| 10. h2 – h3 | Sb8 – d7 |

Elastischer 10. ... Dc7, um die Wahl zwischen Sbd7 und Sc6 noch ein wenig hinauszuschieben.

| | |
|---|---|
| 11. a2 – a4 | Sd7 – b6 |

Mit der Abischt 12. a5, Sc4. Besser erscheint 11. ... Tc8.

Schamkowitsch schlägt vor 11. ... b5 12. a × b5, a × b5 13. T × a8, D × a8, um nach 14. S × b5 mit 14. ... S × e4 fortzusetzen.

| | |
|---|---|
| 12. f2 – f4! | ... |

Jetzt kommt auf 12. ... d5 13. f5!

| | |
|---|---|
| 12. ... | Le6 – d7 |
| 13. f4 – f5 | Ta8 – c8 |
| 14. g3 – g4 | h7 – h6 |

Kein angenehmer Zug, aber 14. ... Lc6 15. g5, Sh5? 16. Lf3 ist absolut nichts.

| | |
|---|---|
| 15. Dd1 – c3 | Ld7 – b6 |
| 16. a4 – a5 | Sb6 – d7 |
| 17. Se2 – g3 | ... |

Mit einfachen Mitteln hat Teschner eine prächtige Stellung aufgebaut. Statt sich mit 17. ... Sh7 zur Wehr zu setzen versucht Stein auf Komplikationen zu spielen.

| | |
|---|---|
| 17. ... | b7 – b5 |
| 18. a5 × b6 i.V. | Dd8 × b6† |
| 19. Lc1 – e3 | Sd7 – c5 |
| 20. Dd3 – d2 | Db6 – b7 |

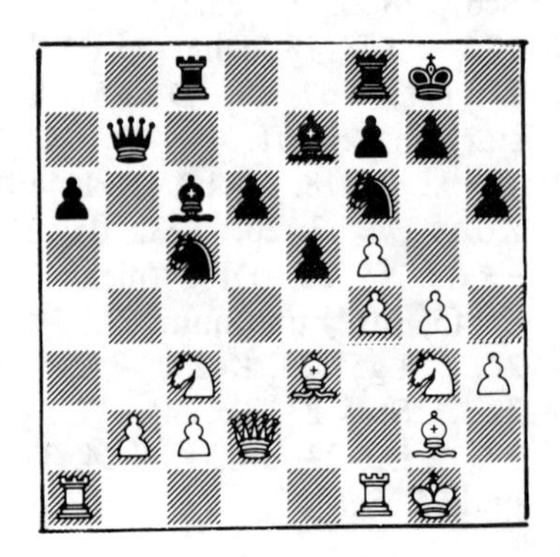

Systematisch setzt Schwarz Bauer e4 unter Druck, aber der weiße Angriff ist schon zu weit fortgeschritten. Teschner hat seine Steine meisterhaft konzentriert und schlägt nun zu.

21. Le3×h6!! g7×h6

Schwarz hat keine Wahl: 21. ... Sc×e4 22. Sc×e4, S×e4 23. L×e4, L×e4 wird widerlegt mit 24. L×g7!, K×g7 25. f6†!

22. Dd2×h6 Tf8–d8
23. g4–g5 Le7–f8!

Ein überraschender Nachhieb: 24. D×f6? scheitert an 24. ... Lg7.

24. Dh6–h4 Sf6–e8
25. f5–f6 Sc5–e6

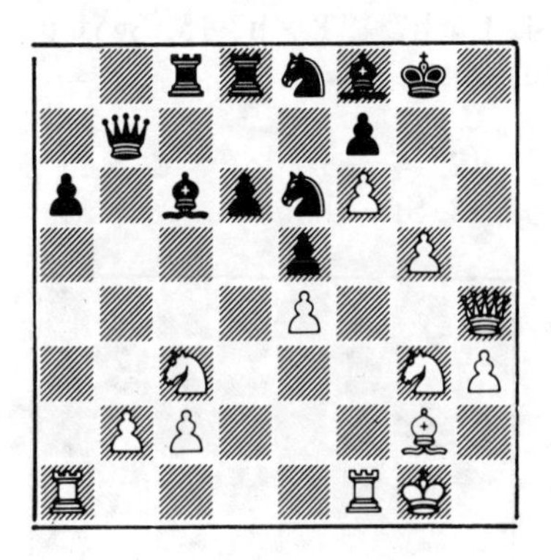

Nach seiner mißlungenen Eröffnung hat Stein sich wie ein Löwe verteidigt. Trotzdem hätte er die Partie verloren, wenn Teschner hier die richtige Fortsetzung gefunden hätte. Schamkowitsch gibt im russischen Turnierbulletin die folgenden Varianten:

*1* 26. Lf3, Sd4 27. Lh5, Tc7
*2* 26. Tf3, Sf4
*3* 26. Sd5! (der gewinnende Zug) und nun:
*a* 26. ... S×d5 27. e×d5, Sf4 28. T×f4!, e×f4 29. Le4
*b* 26. ... Sf4 27. S×f4, e×f4 28. T×f4, D×b2 29. Taf1, De5 30. Dh5 und 31. Th4.

26. g5–g6? f7×g6
27. f6–f7† Kg8–g7
28. Sg3–h5†? ...

Er unterschätzt die Hilfsquellen der schwarzen Verteidigung. Angezeigt war das prosaische 28. f×e8D.

28. ... g6×h5
29. Dh4–g3† Kg7–h6
30. f7×e8D Lc6×e8!

Vielleicht hatte Weiß mit 30. ... T×e8 31. Tf6†, Kh7 32. Dg6† gerechnet.

31. Tf1–f6† Kh6–h7
32. Tf6×e6 ...

Nach 32. Taf1 hält 32. ... Dg7! alles aufrecht.

32. ... Db7–f7!

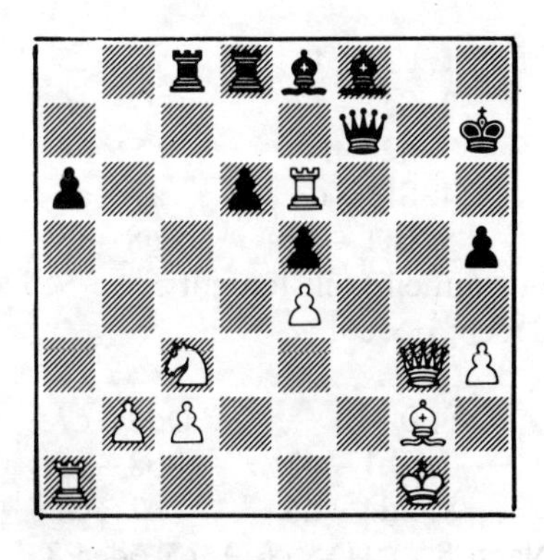

Diese Wendung muß Weiß bei seinem 28. Zug übersehen haben. Er zappelt zwar noch verzweifelt, aber das Los ist unabwendbar.

33. Te6 × e8 Td8 × e8
34. Sc3 – d5 Df7 – g6
35. Dg3 – f2 Lf8 – g7
36. Df2 – e2 Kh7 – h8
37. Ta1 × a6 Tc8 – a8
38. Sd5 – e7 ...

Notsprung in Zeitnot.

38. ... Dg6 – g5
39. Se7 – d5 ...

Oder 39. Sf5, T × a6 40. D × a6, Tg8.

39. ... Lg7 – h6
40. h3 – h4 Dg5 – c1†
41. Kg1 – h2 Ta8 × a6
42. De2 × a6 Lh6 – f4†

Weiß gibt auf.

## *14*

*Interzonenturnier, Stockholm 1962*
*Schwarz: Portisch*
*Sizilianisch*

1. e2 – e4 c7 – c5
2. Sg1 – f3 e7 – e6
3. d2 – d4 c5 × d4
4. Sf3 × d4 a7 – a6
5. Lf1 – d3 Sg8 – f6

Für am einfachsten gilt 5. ... Sc6 6. S × c6, d × c6!

6. 0 – 0 Dd8 – c7
7. Sb1 – d2 Sb8 – c6
8. Sd4 × d6 b7 × c6

Nach 8. ... D × c6 9. e5 oder 8. ... d × c6 9. f4, Lc5† 10. Kh1, 0 – 0 11. e5, Sd5 12. Se4 kommt Weiß auf besseren Stand.

9. f2 – f4 Lf8 – c5†

Dieses Schach hätte Schwarz besser bleiben laßen. Ljubljinsky gibt als das Beste 9. ... d5, z.B. 10. e5, Sd7 11. c3, Sc5 12. Lc2, a5 oder 12. ... Le7.

10. Kg1 – h1 d7 – d6

Nun folgt auf 10. ... d5 sehr stark 11. e5, Sd7 12. Dg4. Auch 10. ... e5 11. f × e5, D × e5 12. Tf5, Dc7 13. e5 ist günstig für Weiß.

11. Sd2 – f3 e6 – e5

Schwarz muß schon äußerst behutsam zu Werke gehen, wie 11. ... 0 – 0? 12. e5, d × e5 13. f × e5, Sd5 14. L × h7†!, K × h7 15. Sg5† usw. ausweist.

12. f4 × e5 d6 × e5
13. Sf3 – h4! ...

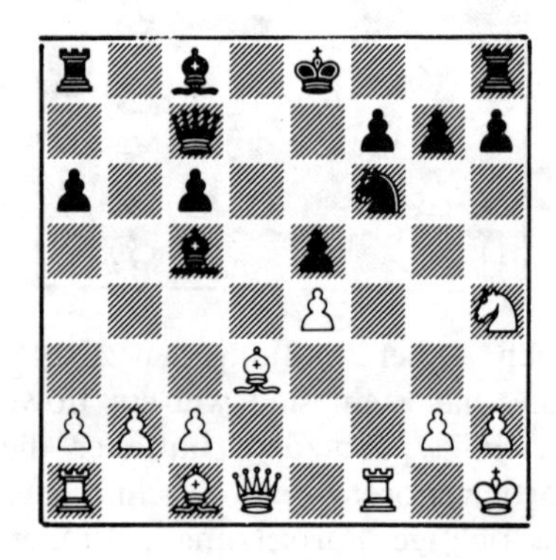

Unterwegs zum idealen Feld f5.

13. ... 0 – 0

Nach 13. ... Lg4 kommt 14. De1 und Dg3. Den Ausfall 13. ... Sg4, der gefährlich aussieht, hätte Stein mit 14. Df3, Da7 15. Sf5!, L×f5 16. e×f5, Sf2† 17. T×f2, L×f2 18. f6! beantwortet.

14. Sh4 – f5 Lc8 – e6

Notwendig war 14. ... L×f5 15. T×f5, Se8. Weiß setzt darauf am stärksten fort mit 16. Dg4, z.B. 16. ... f6 17. Lc4†, Kh8 18. Th5! oder 16. ... De7 17. Lc4, Sd6 18. Lh6!, S×f5 19. e×f5, Df6 20. Lg5, Dd6 21. Td1, Ld4 22. c3 (Gufeld und Lazarev).

15. Dd1 – e2 a6 – a5
16. Ld3 – c4 Kg8 – h8
17. Lc1 – g5! ...

Natürlich tauscht Weiß nicht ab auf e6.

17. ... Sf6 – d7

Richtig wäre 17. ... Sg8 und eventuell L×f5, f6 oder g6.

18. Ta1 – d1 ...

Dieser einfache Entwicklungszug birgt einen raffinierten Fallstrick: Weiß sieht voraus, daß Schwarz mit seinem nächsten Zug Lc4 Abtausch erzwingen will.

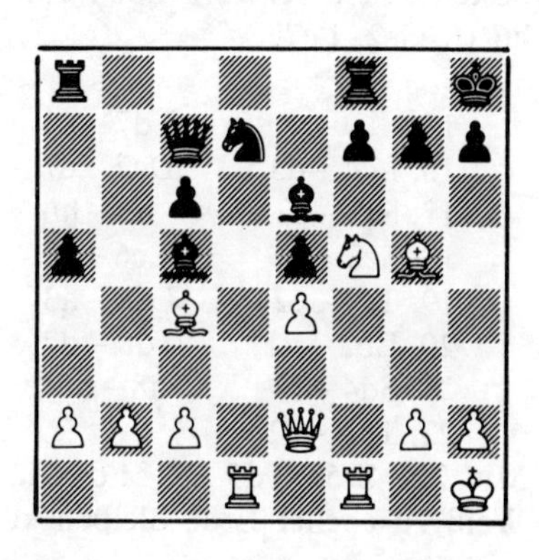

18. ... Sb7 – b6?

Geboten war 18. ... L×c4 19. D×c4, f6, wonach 20. S×g7 nicht durchdringt: 20. ... K×g7 (20. ... f×g5? 21. Se6!, T×f1† 22. D×f1) 21. De6, Tad8 (Panov). Weiß behält jedoch mit 20. Lh4 (droht T×d7) 20. ... Lb6 21. Td6 eine überlegene Stellung.
Außerordentlich günstig für Weiß wäre auch 18. ... L×f5 19. e×f5, f6 20. Lc1, in Anbetracht der großen Kraft, die sein Königsläufer, der klassische 'Angriffsläufer', in dieser Stellung mit Stützpunkt e6 entfesseln würde.

19. Sf5×g7!! ...

Genial, korrekt und entscheidend.

19. ... Le6×c4

Andere Möglichkeiten:

*1* 19. ... K×g7 20. Lf6†, Kg8 (20. ... Kg6 21. Td3) 21. Dd2, Tfd8 22. Dh6, Lf8 23. Dg5† und matt.

*2* 19. ... S×c4 20. Lf6! (es droht 21. Sf5†, Kg8 22. Sh6 matt) 20. ... Kg8 21. S×e6, f×e6 22. Dg4†, Kf7 23. Dg7†, Ke8 24. D×c7.

20. Lg5 – f6!! ...

Die Bekrönung des Werks: 20. ... L×e2 21. Sf5†, Kg8 22. Sh6 matt.

20. ... Lc5 – e7
21. De2 – f3! ...

Schwarz gibt auf.
Es droht 22. Se8†; auf 21. ... Kg8 kommt 22. Sh5, und 21. ... Sd7 nützt nichts wegen T×d7!
Für diese Partie à la Morphy wurde

Stein mit dem ersten Schönheitspreis ausgezeichnet.

## *15*

*Interzonenturnier, Stockholm 1962*
*Weiß: Bisguier*
*Englisch*

| | |
|---|---|
| 1. d2 – d4 | Sg8 – f6 |
| 2. Sg1 – f3 | c7 – c5 |
| 3. c2 – c4 | ... |

Mehr Chancen auf Initiative bietet 3. d5.

| | |
|---|---|
| 3. ... | c5 × d4 |
| 4. Sf3 × d4 | e7 – e6 |
| 5. e2 – e3 | ... |

Nur immer mit der Ruhe, ist offensichtlich Bisguiers Absicht.

| | |
|---|---|
| 5. ... | d7 – d5 |
| 6. Sb1 – c3 | Sb8 – c6 |
| 7. Lf1 – e2 | Lf8 – d6 |

Vorsichtiger 7. ... Le7, aber Stein will eben gerade komplizieren.

| | |
|---|---|
| 8. 0 – 0 | 0 – 0 |
| 9. b2 – b3 | ... |

Ruhige Entwicklung. Er hat wenig übrig für 9. c × d5, e × d5, wonach Schwarz für seinen isolierten Damenbauern ein flottes Figurenspiel erhält.

| | |
|---|---|
| 9. ... | a7 – a6 |
| 10. Lc1 – b2 | Sc6 × d4 |
| 11. Dd1 × d4 | DD8 – c7 |
| 12. Dd4 – h4 | d5 × c4 |
| 13. Le2 × c4 | Tf8 – d8 |
| 14. Tf1 – d1 | ... |

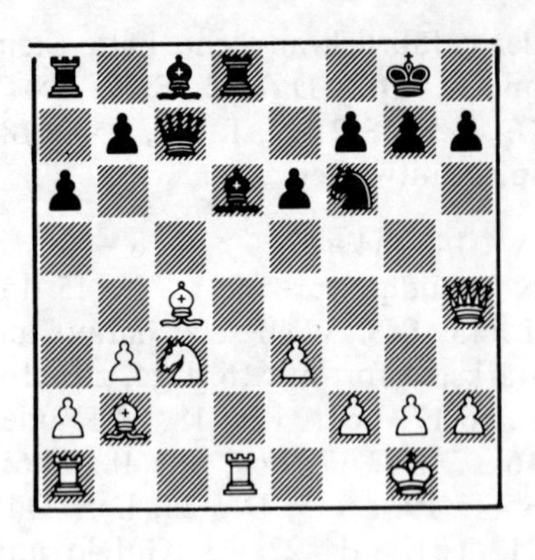

| | |
|---|---|
| 14. ... | Lc8 – d7 |

Schwarz muß sorgfältig sein. Nach 14. ... b5? siegt Weiß mit 15. L × b5, a × b5 16. S × b5 und nun:

*1* 16. ... Dc2 17. L × f6, L × h2† 18. K × h2, T × d1 19. Dg5†, Dg6 20. T × d1

*2* 16. ... De7 17. L × f6, g × f6 18. S × d6, T × d6 19. Dg3†.

| | |
|---|---|
| 15. Ta1 – c1 | ... |

Dank seines erfinderischen Damemanövers stand Weiß eigentlich ein Tüpfelchen besser. Stark wäre hier 15. Ld3!, Lc6 16. Se2, wonach 16. ... Le5 mit 17. L × e5, D × e5 18. L × h7†! abgestraft wird. Am besten spielt Schwarz noch 15. ... h6 16. Se2, Le7.

| | |
|---|---|
| 15. ... | Ld7 – c6 |
| 16. Lc4 – d3 | Dc7 – e7 |
| 17. Sc3 – e2 | h7 – h6 |
| 18. Se2 – d4 | Lc6 – e8 |
| 19. Tc1 – c2 | Ld6 – a3 |
| 20. Lb2 – a1 | Td8 – d7 |
| 21. Sd4 – f3 | Ta8 – d8! |
| 22. Tc2 – d2 | ... |

Mit 22. Se5, Td5 23. Ld4 hätte Weiß zu ebener Erde bleiben kön-

nen. Aber warum sollte er? Die Armee seiner Steine richtet sich ja doch drohend gegen den schwarzen König.

22. ... La3 – b4!

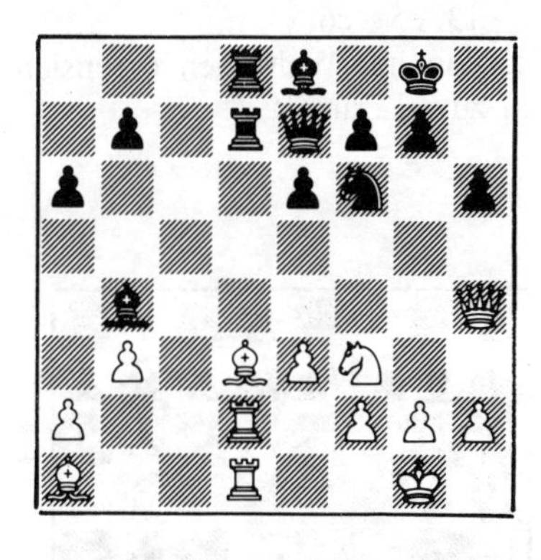

Die Pointe des vorigen Zuges von Schwarz. Stein ist davon überzeugt, daß sein Druck auf der d-Linie den weißen Angriffsmöglichkeiten auf dem Königsflügel gewachsen ist.

23. La1 × f6 g7 × f6
24. Dh4 × h6 ...

Oder 24. Dg4†, Kh8 (24. ... Kf8? 25. Lh7) 25. Df4, f5 26. D × h6†, und der Partieablauf ist erreicht.

24. ... f6 – f5
25. Sf3 – g5! ...

Nach 25. Se5, L × d2! verblutet der weiße Angriff rasch: 26. T × d2 (26. S × d7, L × d7 27. T × d2, Lb5!) 26. ... Td5 27. Sg4, T × d3 28. Sf6†, D × f6 29. D × f6, T × d2.

25. ... Lb4 – c3!

Eine wichtige Finesse. Nach 25. ... f6? 26. Lc4 würde Weiß gewinnen: 26. ... f × g5 (26. ... T × d2 27. L × e6†, D × e6 28. Dh7†, Kf8 29. S × e6 matt) 27. L × e6†, Lf7 28. T × d7, T × d7 29. T × d7, D × e6 30. Td8†.

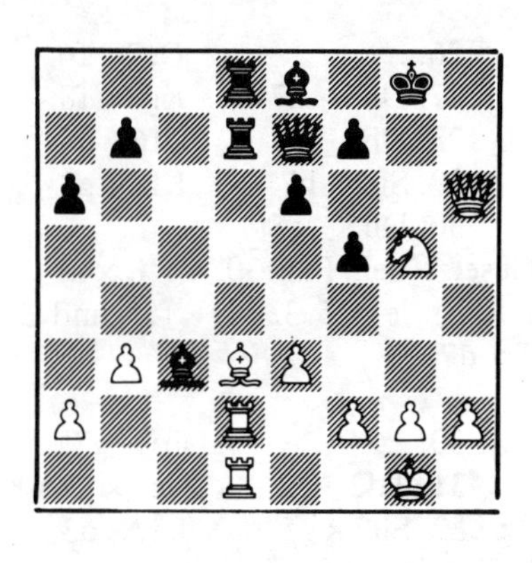

26. h2 – h4? ...

Der verlustbringende Zug. Im Turnierbulletin gibt Watnikov die folgende Variante: 26. Dh7†, Kf8 27. Dh6†, Lg7 28. Dh4, Da3 (droht 29. ... T × d3) 29. h3, Lc3 30. Dh6†, Ke7 31. Dh4, Db4, und Schwarz gewinnt. Im Schachmaty-Jahrbuch weist Moiseyev jedoch auf 31. Sh7! hin mit der Drohung 32. Df8 matt. Jetzt ist 31. ... Kd6 32. Df8†, Te7 33. Tc2 gefährlich für Schwarz: sein König wird über das offene Feld gejagt. Er muß also nicht 30. ... Ke7 spielen sondern mit 30. ... Lg7 Remis akzeptieren. Ein Versuch Watnikovs Variante zu verstärken bestünde aus 28. ... Dc5 (anstatt 28. ... Da3). Auch dann droht 29. ... T × d3, während auf 29. h3 stark folgen kann 29. ... Dc3!

Aber Weiß hat etwas Besseres: 28. ... Dc5 29. Dg3†, T × d3 30. Sh7†, Kg8 31. Sf6†, Kf8 32. Sh7† mit Remis, denn 32. ... Ke7? scheitert an

33. Dg5†, f6 34. D×g7†, Lf7 35. T×d3, T×d3 36. Df8†. Folglich hätte Weiß mit 26. Dh7† Remis machen können.

| | |
|---|---|
| 26. ... | De7 – f6 |
| 27. Dh6 – h7† | Kg8 – f8 |
| 28. Dh7 – h5 | Df6 – h8 |
| 29. Sg5 – h7† | Kf8 – g8 |
| 30. Dh5 – g5† | ... |

Gesetzt den Fall 30. ... K×h7 31. L×f5†, e×f5 32. D×f5† und 33. T×d7.

| | |
|---|---|
| 30. ... | Dh8 – g7! |
| 31. Td2 – c2 | Dg7×g5 |
| 32. Sh7×g5 | Td7×d3 |

Weiß gibt auf.

# *16*

*Meisterschaft der Ukraine, 1962.*
*Weiß: Sacharow*
*Sizilianisch*

| | |
|---|---|
| 1. e2 – e4 | c7 – c5 |
| 2. Sg1 – f3 | d7 – d6 |
| 3. d2 – d4 | c5×d4 |
| 4. Sf3×d4 | Sg8 – f6 |
| 5. Sb1 – c3 | a7 – a6 |
| 6. Lc1 – g5 | Sb8 – d7 |
| 7. f2 – f4 | ... |

Chancenreicher ist 7. Lc4.

| | |
|---|---|
| 7. ... | g7 – g6 |
| 8. Dd1 – d2 | Lf8 – g7 |
| 9. Sd4 – f3 | ... |

Sacharow hat die Absicht, mit großer Kraft e4 – e5 durchzusetzen.

| | |
|---|---|
| 9. ... | b7 – b5 |
| 10. Lf1 – d3 | Lc8 – b7 |
| 11. e4 – e5?! | ... |

Es ist erreicht; aber die Wirkung ist schwer enttäuschend.

| | |
|---|---|
| 11. ... | d6×e5 |
| 12. f4×e5 | Sf6 – g4 |
| 13. e5 – e6 | ... |

Hiervon hat Weiß sich offensichtlich zuviel erhofft.

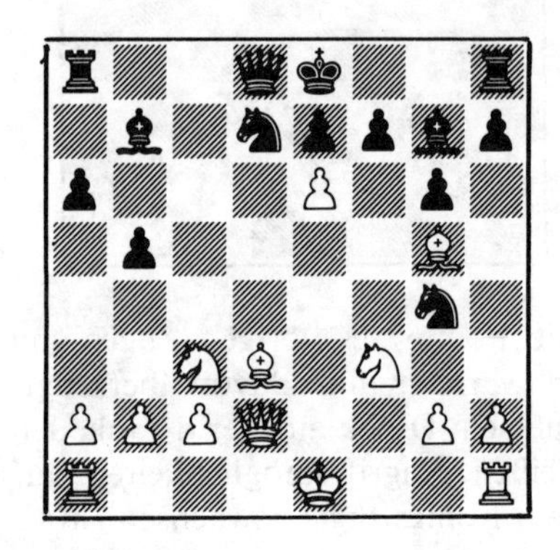

| | |
|---|---|
| 13. ... | f7×e6 |
| 14. 0 – 0 – 0 | Dd8 – c7 |
| 15. Th1 – e1 | Sd7 – c5 |
| 16. Sc3 – e4 | Sc5 – a4! |

Und schon ist Schwarz der Angreifer.

| | |
|---|---|
| 17. c2 – c3 | 0 – 0 |
| 18. Ld3 – c2 | Lb7 – d5 |
| 19. Lc2 – b3 | Ta8 – d8 |
| 20. Dd2 – c2 | Sa4 – b6 |
| 21. h2 – h3 | Sg4 – f6 |
| 22. Se4 – d2 | Sb6 – c4 |
| 23. Sd2×c4 | b5×c4 |
| 24. Lb3 – a4 | Sf6 – h5 |

Zielbewußt handelnd hat Stein seinen Gegner nach und nach überspielt.

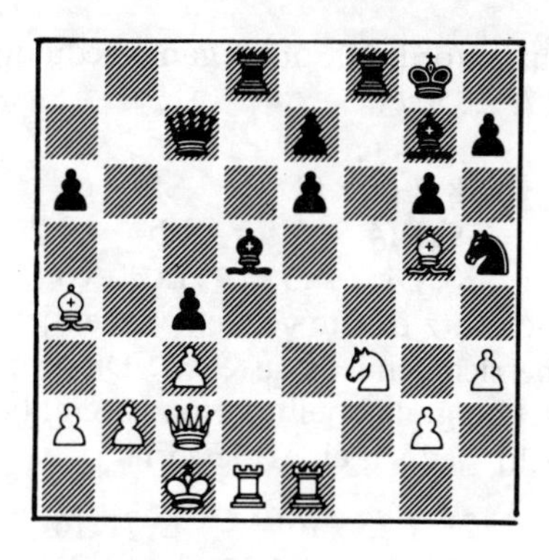

25. Td1 × d5?! ...
Ein Versuch die Angelegenheit zu forcieren, die aber am delikaten Gegenspiel scheitert.

25. ... Td8 × d5
Nicht 25. ... e × d5 26. L × e7.

26. Dc2 – e4 Sh5 – f4
Beruhend auf 27. L × f4, D × f4† 28. D × f4, T × f4 29. T × e6, Ta5 und gewinnend.

27. La4 – c2 Td5 – d6!
Ein kleiner taktischer Scherz: 28. L × f4, T × f4 29. D × f4, Td1†.

28. Sf3 – d2 Sf4 – d3†
29. Lc2 × d3 c4 × d3
30. Lg5 – f4 ...
Endlich eine Drohung.

30. ... Tf8 × f4!
Schneller und eleganter als 30. ... e5.

31. De4 × f4 Lg7 × c3!
32. Kc1 – b1 ...
Auf 32. b × c3 gewinnt 32. ... D × c3† 33. Kb1, Tb6† 34. Sb3, D × e1†.

32. ... Lc3 × b2!
Schwarz macht 'einfach' weiter.

33. Sd2 – c4 Lb2 – f6
34. a2 – a3 ...
Eigentlich wäre 34. S × d6, Dc2 matt mindestens so hübsch gewesen.

34. ... Td6 – b6†
Weiß gibt auf.

## *17*

*Länderwettkampf UdSSR – Jugoslawien, Lwow 1962*
*Schwarz: Parma*
*Sizilianisch*

1. e2 – e4 c7 – c5
2. Sg1 – f3 d7 – d6
3. d2 – d4 c5 × d4
4. Sf3 × d4 Sg8 – f6
5. Sb1 – c3 a7 – a6
6. Lc1 – g5 e7 – e6
7. f2 – f4 Dd8 – b6
8. Sd4 – b3 ...

So spielte Stein auch gegen Gligorić in Stockholm 1962. Dort folgte 8. ... De3† 9. De2, D × e2† 10. L × e2, Sc6 11. Lf3, Ld7 12. 0 – 0 – 0, Le7 13. Sa4!, 0 – 0 – 0 14. L × f6, g × f6 15. Sb6†, Kb8 16. S × d7†, T × d7 17. Lh5, Ld8 18. Thf1, und das Endspiel stand für Weiß etwas besser.

8. ... Sb8 – d7
9. Dd1 – f3 Db6 – c7
10. a2 – a4 ...

Um b7 – b5 zu verhindern. Chancenreicher ist jedoch 10. 0 – 0 – 0, b5 11. a3, Lb7 12. Ld3 und, wenn 12. ... Le7, dann 13. L×f6!, S×f6 14. f5!

10. ... b7 – b6?

Das richtige Gegenspiel für Schwarz besteht aus 10. ... Le7! 11. Ld3, h6! mit der Pointe 12. Lh4, S×e4! Weiß muß darum fortfahren mit 12. Dh3, Tg8 13. L×f6, L×f6 14. 0 – 0, Sc5 15. Sd2.

11. Lf1 – d3 Lc8 – b7
12. 0 – 0 Lf8 – e7
13. Df3 – h3! e6 – e5

Nicht 13. ... 0 – 0? wegen 14. e5, d×e5 15. f×e5, D×e5 16. L×f6, S×f6 17. T×f6!, und Weiß gewinnt einen Stein.

14. Ta1 – e1 0 – 0
15. Kg1 – h1 ...

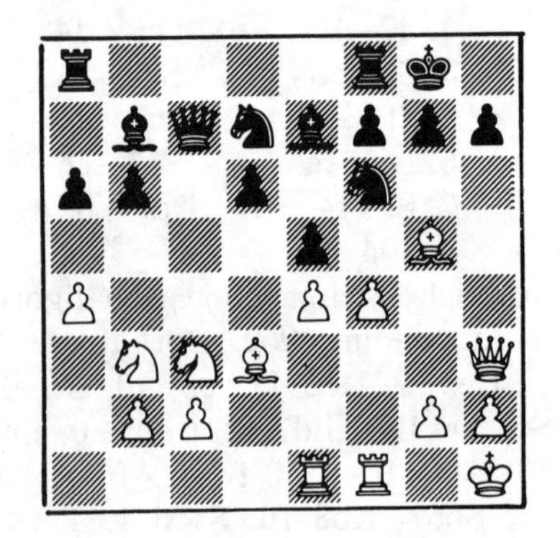

15. ... Tf8 – e8

Nach 15. ... e×f4 16. L×f4, Se5 17. Sd4 steht Weiß etwas besser.

16. Sb3 – d2 Sd7 – f8
17. Ld3 – c4! e5×f4?

Besser 17. ... Sg6, um f4 – f5 herauszufordern, oder ganz geduldig 17. ... Lc6.

18. Lg5×f4 Sf8 – g6
19. Lf4 – g5 Lb7 – c8
20. Dh3 – g3 Lc8 – e6

Schwarz dürfte gedacht haben jetzt befriedigend dazustehen. Die Fortsetzung, daß heißt Leonid Stein, belehrt jedoch eines Bessern.

21. Lg5×f6! Le7×f6

Auf 21. ... L×c4 22. S×c4, D×c4 folgt 23. L×e7 und 24. D×d6.

22. Sc3 – d5 Le6×d5
23. Lc4×d5 Ta8 – d8
24. c2 – c3 Kg8 – h8

Aktiver 24. ... b5 25. a×b5, a×b5 26. Sf3, b4, obwohl nach 27. Sd4, b×c3 28. b×c3, Tc8 29. Sf5! der weiße Angriff am empfindlichsten trifft.

25. Sd2 – f3 Dc7 – e7
26. Te1 – d1 De7 – c7

Ein bißchen am Ort treten.

27. Sf3 – d4! ...

Nützt die günstige Gelegenheit: 27. ... L×d4 28. T×f7.

27. ... Te8 – f8

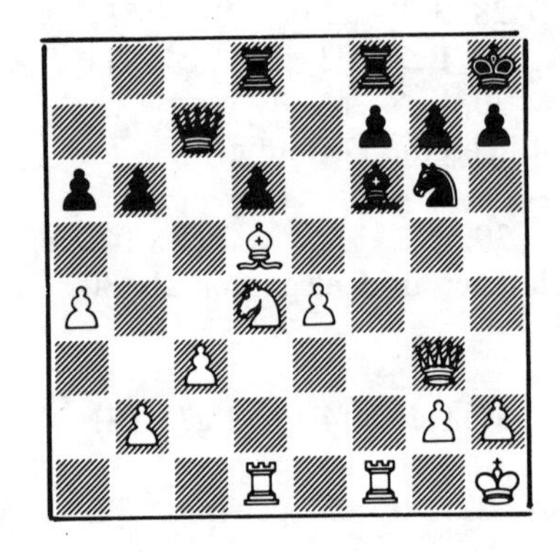

| | |
|---|---|
| 28. Tf1×f6! | g7×f6 |
| 29. Dg3–f2 | Kh8–g8 |
| 30. Td1–f1! | Td8–e8 |
| 31. Sd4–f5 | Dc7–d8 |
| 32. Df2–g3 | Kg8–h8 |

Sonst h2–h4 usw.

| | |
|---|---|
| 33. Sf5×d6 | Te8–e7 |
| 34. Tf1×f6 | Te7×e4 |

Das Einzige, was Schwarz noch probieren kann.

| | |
|---|---|
| 35. Sd6×f7† | ... |

Nicht 35. L×e4?, D×f6! oder 35. S×e4?, D×d5.

| | |
|---|---|
| 35. ... | Tf8×f7 |
| 36. Tf6×f7 | ... |

Nach dem Qualitätsopfer stimmt alles schönstens: 36. ... D×d5? 37. Db8†.

| | |
|---|---|
| 36. ... | Te4–e5 |
| 37. c3–c4 | Dd7–e8 |

In der Hoffnung auf 38. h3?, T×d5!

| | |
|---|---|
| 38. Tf7–f1 | De8×a4 |
| 39. Dg3–c3 | Da4–e8 |
| 40. Ld5–f7 | De8–f8 |
| 41. Tf1–f5 | Df8–d6 |
| 42. h2–h3 | ... |

Schwarz gibt auf.

## *18*

*Länderwettkampf Jugoslawien – UdSSR, Rijeka 1963*
*Schwarz: Matanović*
*Bogo-Indisch*

| | |
|---|---|
| 1. d2–d4 | ... |

Etwas Seltenes bei Stein.

| | |
|---|---|
| 1. ... | Sg8–f6 |
| 2. c2–c4 | e7–e6 |
| 3. Sg1–f3 | Lf8–b4† |
| 4. Sb1–d2 | ... |

Nicht stärker jedoch bedeutend weniger durchanalysiert als 4. Ld2.

| | |
|---|---|
| 4. ... | d7–d5 |
| 5. Dd1–b3 | ... |

Freie Improvisation.

| | |
|---|---|
| 5. ... | a7–a5 |

Von zweifelhaftem Wert. Am allereinfachsten wäre 5. ... Le7.

| | |
|---|---|
| 6. e2–e3 | 0–0 |
| 7. Lf1–e2 | Sb8–d7 |
| 8. 0–0 | c7–c6 |
| 9. Db3–c2 | b7–b6 |

Wiederum fragwürdig. Möglicherweise ist 9. ... Ld6 brauchbar.

| | |
|---|---|
| 10. e3–e4 | Lb4×d2 |

Anstatt 10. ... d×e4 11. S×e4, S×e4 12. D×e4, Lb7.

| | |
|---|---|
| 11. Sf3×d2 | e6–e5 |

Die Pointe des vorigen Abtauschs.

| | |
|---|---|
| 12. c4×d5 | c6×d5 |

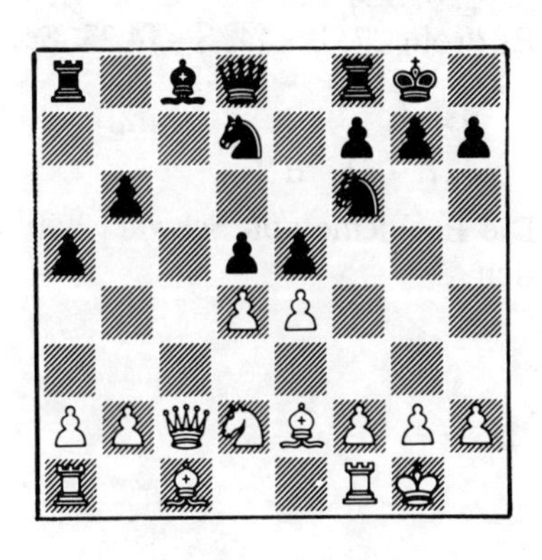

Weiß steht klar besser: Er besitzt ein Läuferpaar in offener Stellung, wogegen der schwarze Damenflügel geschwächt ist.

| | |
|---|---|
| 13. e4×d5 | Lc8–b7 |
| 14. Sd2–f3 | e5×d4 |

Pirc schlägt vor 14. ... e4 als das kleinste der Übel.

| | |
|---|---|
| 15. Sf3×d4 | Sf6×d5 |
| 16. Tf1–d1 | Dd8–f6 |
| 17. Dc2–f5! | ... |

Danach kann Schwarz Damenabtausch kaum mehr ausweichen.

| | |
|---|---|
| 17. ... | Sd7–e5 |
| 18. Df5×f6 | Sd5×f6 |
| 19. Lc1–f4 | Se5–g6 |
| 20. Lf4–c7! | Sf6–d5 |
| 21. Lc7–g3 | Sd5–f4 |
| 22. Le2–f1 | Tf8–e8 |
| 23. Ta1–c1 | Ta8–d8 |

Besser sofort 23. ... Tac8. Von dieser Art scheinbar simpler Stellungen ist inzwischen erwiesen, daß sie sehr schwierig sind in der Behandlung.

| | |
|---|---|
| 24. f2–f3 | Td8–c8 |
| 25. Tc1×c8 | Te8×c8 |
| 26. Sd4–f5 | ... |

Es droht 27. L×f4, S×f4 28. Se7†.

| | |
|---|---|
| 26. ... | Sf4–e6 |
| 27. Td1–d7! | ... |

Die Probleme von Schwarz häufen sich.

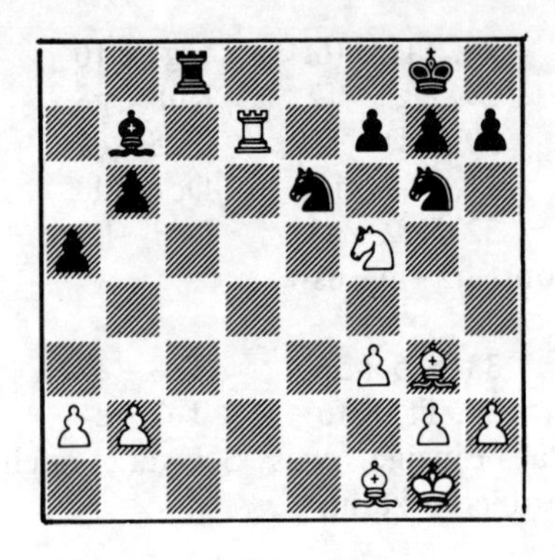

| | |
|---|---|
| 27. ... | Se6–c5? |

Seine einzige Verteidigung wäre 27. ... Lc6.

| | |
|---|---|
| 28. Td7–d6 | ... |

Gewinnt einen Bauern.

| | |
|---|---|
| 28. ... | Lb7–c6 |

Hiernach selbst eine Figur.

29. Td6×g6!

Schwarz gibt auf.

## *19*

*31. Meisterschaft der UdSSR, Leningrad 1963*
*Schwarz: Klowan*
*Königsindisch im Anzuge*

| | |
|---|---|
| 1. Sg1–f3 | d7–d5 |
| 2. g2–g3 | Sg8–f6 |
| 3. Lf1–g2 | e7–e6 |
| 4. 0–0 | c7–c5 |
| 5. d2–d3 | Sb8–c6 |
| 6. Sb1–d2 | Lf8–e7 |
| 7. e2–e4 | 0–0 |
| 8. Tf1–e1 | Dd8–c7 |
| 9. Sd2–f1 | d5×e4 |

| | |
|---|---|
| 10. d3 × e4 | Tf8 – d8 |
| 11. Dd1 – e2 | Sc6 – d4 |

Eine andere Möglichkeit ist 11. ... e5 12. c3, h6, was Kortschnoj gegen Stein in Stockholm 1962 spielte.

| | |
|---|---|
| 12. Sf3 × d4 | c5 × d4 |
| 13. e4 – e5 | Sf6 – d5 |
| 14. a2 – a3 | Lc8 – d7 |
| 15. De2 – d3 | Ld7 – a4 |
| 16. Lg2 – e4 | ... |

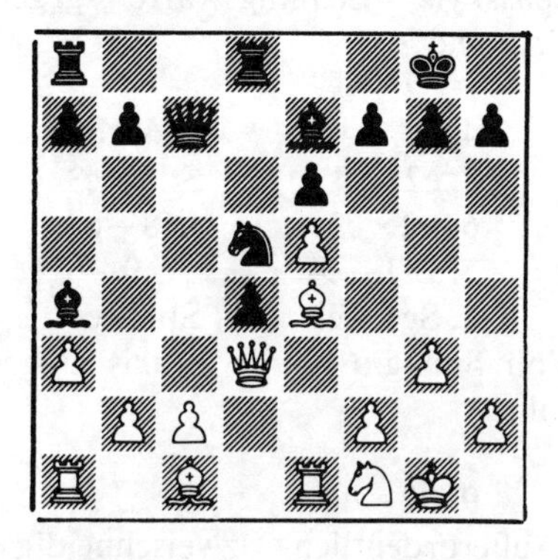

Ein fesselnder Kampf liegt auf Stapel: Weiß muß trachten, den Druck auf der c-Linie mit taktischen Manövern abzuschütteln.

| | |
|---|---|
| 16. ... | f7 – f5!? |

Ein nüchterner Zug wäre gewesen 16. ... h6.

| | |
|---|---|
| 17. e5 × f6 i.V. | Sd5 × f6 |
| 18. Lc1 – f4! | ... |

Ein raffiniertes Zwischenzug: 18. ... e5? 19. L × e5 und 18. ... Ld6 19. Lg5!

| | |
|---|---|
| 18. ... | Dc7 – b6 |
| 19. Dd3 – c4! | La4 – b5 |
| 20. Dc4 – b3 | Sf6 × e4 |
| 21. Te1 × e4 | Td8 – d5 |
| 22. Ta1 – e1 | Lb5 – d7 |

Dem Anschein nach genügend. Im Turnierbulletin geben Tal und Stein das chancenreiche Bauernopfer 22. ... Lc6! an: 23. D × b6, a × b6 24. T × e6, Lf6 mit den Drohungen Tc5 und Tb5. Weiß zieht am besten 23. Da2.

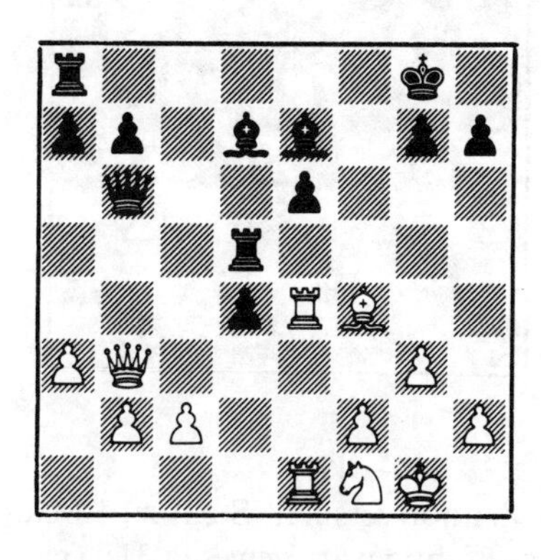

| | |
|---|---|
| 23. Db3 × d5! | ... |

Eine komplette Überraschung.

| | |
|---|---|
| 23. ... | e6 × d5 |
| 24. Te4 × e7 | Ld7 – f5 |
| 25. Lf4 – e5 | ... |

Stellt Schwarz vor schwere Probleme.

| | |
|---|---|
| 25. ... | Ta8 – c8? |

Denen er nicht gewachsen ist. Tal und Stein zeigen, daß 25. ... Lg6 ebenfalls unzureichend ist. Der jugoslawische Meister Vladimir Vukovic gibt in seinem prächtigen 'Buch vom Opfer' 25. ... L × c2! als die richtige Verteidigung, und als mögliche Fortsetzung 26. Sd2, Lg6 27. Sf3, d3 28. Ld4, Db3:. Die Verwicklungen sind nicht mehr überschaubar.

| | |
|---|---|
| 26. c2 – c3! | d4 × c3 |
| 27. b2 × c3 | Tc8 – c4 |
| 28. Te7 × g7† | Kg8 – f8 |
| 29. Sf1 – d2 | Tc4 – g4 |
| 30. Tg7 – c7 | Lf5 – e4 |

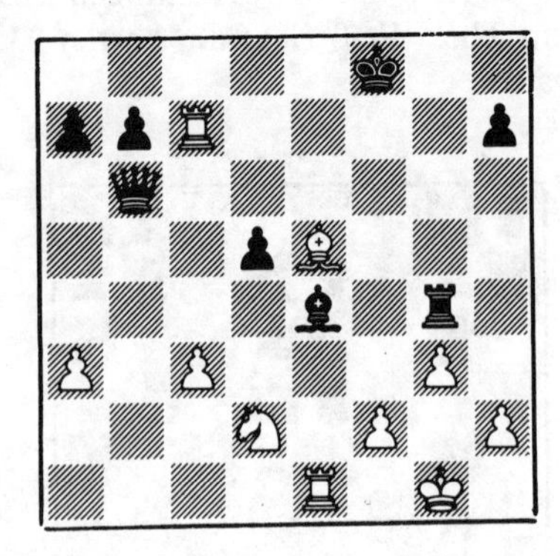

| | |
|---|---|
| 31. c3 – c4?! | ... |

In Zeitnot versucht Stein zu forcieren. Richtig wäre gewesen 31. Tc8†, Kf7 32. Ld4.

| | |
|---|---|
| 31. ... | Tg4 – g5 |
| 32. c4 – c5 | Db6 – a5 |
| 33. Le5 – d6† | Kf8 – g8 |
| 34. Te1 – e2 | Da5 × a3? |

Als das Fallblättchen schon fast herunterklappt, verfehlt Klowan den Rettungszug 34. ... Da4! mit den folgenden Pointen:

*1* 35. S × e4, d × e4 36. Td2, Dc4 37. Lf4, Td5

*2* 35. c6, b × c6 36. Te3, Dd1† 37. Sf1, Tf5 usw.

(Varianten von Vuković).

| | |
|---|---|
| 35. Sd2 × e4 | d5 × e4 |
| 36. Te2 × e4 | |

Hier verlor Schwarz ehrenvoll: er überschritt die Bedenkzeit.

## *20*

*Entscheidungsdreikampf um die 31. Meisterschaft der UdSSR, Leningrad 1964*
*Weiß: Spassky*
*Grünfeld-Indisch*

| | |
|---|---|
| 1. d2 – d4 | Sg8 – f6 |
| 2. c2 – c4 | g7 – g6 |
| 3. Sb1 – c3 | d7 – d5 |
| 4. c4 × d5 | ... |

Spasskyis Lieblingswaffe gegen Grünfeld.

| | |
|---|---|
| 4. ... | Sf6 × d5 |
| 5. e2 – e4 | Sd5 × c3 |
| 6. b2 × c3 | Lf8 – g7 |
| 7. Lf1 – c4 | 0 – 0 |
| 8. Sg1 – e2 | Sb8 – c6 |

Von Simagin in die Praxis eingeführt.

| | |
|---|---|
| 9. h2 – h4 | ... |

'Außerordentlich zweischneidig', meint Boleslavsky. Besser ist 9. Lg5, Sa5 10. Lb3, b6 11. Dd3, Dd7 12. 0 – 0, Lb7 13. Tad1, Tac8 14. c4, e6, und Weiß hat einen kleinen Vorteil (Portisch - Filip, Olympiade zu Leipzig 1960).

| | |
|---|---|
| 9. ... | Sc6 – a5! |
| 10. Lc4 – b3 | ... |

Gegen Sajtar (Bukarest 1953) kam Spassky mit 10. Ld3 zu Nachteil: 10. ... c5 11. Le3, c × d4 12. c × d4, Sc6 13. e5, Da5† 14. Kf1, Td8! 15. h5, Le6 16. h × g6, h × g6 17. Sf4, S × d4 18. L × d4, T × d4 19. S × e6, f × e6 20. Db3, D × e5 21. Te1, Dd5.

| | |
|---|---|
| 10. ... | c7 – c5 |

11. h4 – h5 Sa5 × b3
12. a2 × b3 c5 × d4
13. c3 × d4 Lc8 – d7!

Eine Verstärkung gegenüber 13. ... Lg4 14. f3, Ld7 15. h × g6, h × g6 16. Le3, Lb5 17. Sc3, und Weiß hat die besten Chancen: Spassky - Suetin, 25. Meisterschaft der UdSSR, Riga 1958.

14. h5 × g6 h7 × g6
15. Dd1 – d3? ...

Hier richtet 15. Lh6 nichts aus wegen 15. ... L × h6 16. T × h6, Kg7 und 17. ... Th8. Inbetrachtnahme verdiente jedoch das ruhige 15. Le3 mit ungefähr gleichwertigen Chancen.

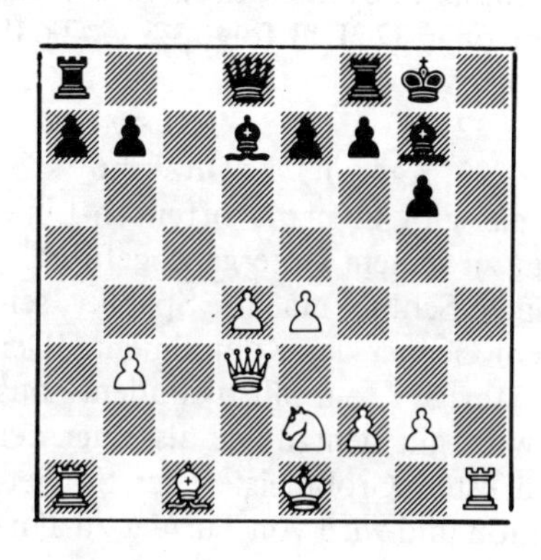

15. ... Db8 – b6!
16. Lc1 – d2 ...

Folgerichtiger und schärfer wäre 16. Dg3 mit Drohung 17. Dh4 oder 17. Dh2. Stein gibt jedoch die folgende Fortsetzung: 16. Dg3, Tfc8 17. Dh4, T × c1†! 18. T × c1, Db4† 19. Kf1, Lb5. Den schwarzen Drohungen ist danach kaum noch zu begegnen, urteilt Boleslavsky. Dazu kann noch bemerkt werden, daß Schwarz auch auf 19. Tc3 (anstatt 19. Kf1) mit 19. ... Lb5 fortfährt. 19. Tc3, L × d4 ist für ihn falsch wegen 20. S × d4, D × c3† 21. Ke2, D × d4 22. Dh7†, Kf8 23. Dh8†, D × h8 24. T × h8†, Kg7 25. T × a8.

16. ... Tf8 – c8
17. Ta1 – a5 a7 – a6
18. Ta5 – c5 Tc8 × c5
19. d4 × c5 Db6 – c7
20. Ld2 – c3 ...

In der Hoffnung auf 20. ... Lb5? 21. Dh3! Relativ am besten erscheint hier 20. Lf4, e5 21. Lg5.

20. ... e7 – e5!

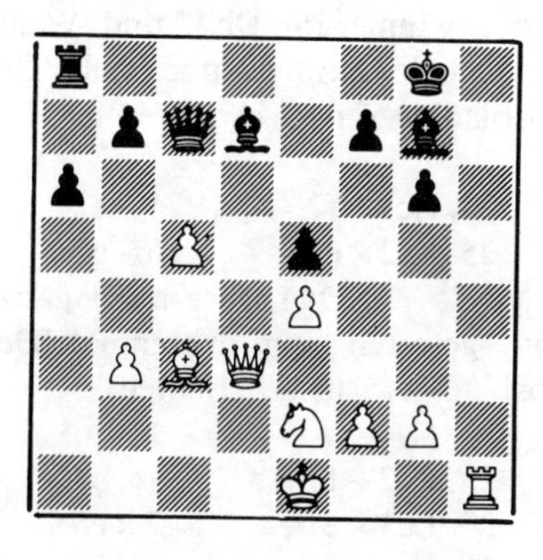

Der Augenzeuge Sacharow erzählte, daß er diese Stellung kurz vorher schon einmal auf dem Brett gesehen hatte: in einer Schnellpartie Geller - Stein! Geller glückte es ebensowenig wie Spassky, etwas Wirksames zu unternehmen.

21. b3 – b4 Ta8 – d8
22. Dd3 – g3 ...

Die beste Möglichkeit für Weiß wäre 22. Dc2 laut Simagin im Turnierbulletin; nach 22. ... Lb5 23. 0–0, Ld3 24. Db2, L×e4 25. Sg3 bekommt Weiß einiges Gegenspiel für seinen Bauern.

22. ... Ld7–b5

Verhindert die weiße Rochade.

23. f2–f4 ...

Auf 23. Dh3 folgt 23. ... Dc6 24. f3, L×e2 25. K×e2, Da4! mit unaufhaltbarem Angriff ('De Losbladige Schaakberichten').

23. ... Dc7–d7

Besser als 23. ... L×e2 24. K×e2, e×f4 25. L×g7, K×g7 (25. ... f×g3? 26. Lf6!, Td2† 27. Ke3!, und gewinnt) 26. Dh4, und Weiß kann noch kämpfen (nochmals 'De Losbladige Schaakberichten').

24. Ke1–f2 Lb5×e2
25. Kf2×e2 a6–a5

Auch 25. ... Da4 wäre nicht ganz ohne gewesen (zum drittenmal 'De Losbladige Schaakberichten).

26. Ke2–f2 a5×b4
27. Lc3×e5 Lg7×e5
28. f4×e5 ...

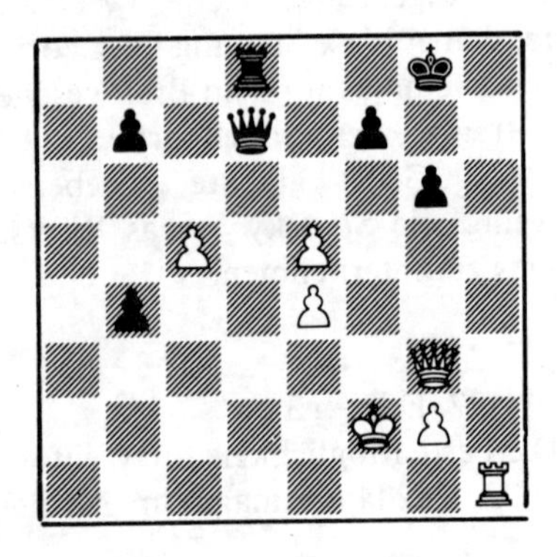

Endlich ist Lg7 vom Brett verschwunden und kann Weiß über einen Mattangriff längs der h-Linie nachzudenken beginnen. Aber erst ist Schwarz am Zug!

28. ... Dd7–d4†
29. Kf2–f3 ...

Oder 29. De3, Db2†!

29. ... Dd4–d3†
30. Kf3–f4 Dd2–d2†
31. Kf4–g4 ...

Oder 31. De3, g5†! 32. Kf3, Td3, und Weiß verliert die Dame.

31. ... Td8–d4!
32. Th1–f1 ...

Weiß kann e4 nicht decken: auf 32. Te1 oder 32. Df3 folgt 32. ... Td3!

32. ... Td4×e4†
33. Kg4–h3 Dd2–h6†

Weiß gibt auf: die offene h-Linie hat zu seinem Untergang geführt. Nach Schluß machte Spassky seinem Gegner das Kompliment: 'Der 29jährige Journalistikstudent aus Lwow gilt heutzutage als einer der stärksten Großmeister der Sowjetunion und wird von Turnier zu Turnier besser'.

## *21*

*Zonenturnier, Moskau 1964*
*Schwarz: Kortschnoj*
*Sizilianisch*

1. e2–e4 c7–c5
2. Sg1–f3 d7–d6
3. d2–d4 c5×d4

| | |
|---|---|
| 4. Sf3×d4 | Sg8–f6 |
| 5. Sb1–c3 | a7–a6 |
| 6. Lf1–e2 | e7–e6 |
| 7. 0–0 | Lf8–e7 |
| 8. f2–f4 | Dd8–c7 |
| 9. Dd1–e1 | 0–0 |
| 10. De1–g3 | Dc7–b6?! |

Kortschnoj ist auf Bauernraub aus! Sicherer wäre 10. ... Sc6.

| | |
|---|---|
| 11. Lc1–e3 | Db6×b2 |
| 12. Le3–f2! | Db2–b4 |

Nicht 12. ... Sc6? 13. S×c6, b×c6 14. Tab1, Da3 15. Sd5! und Weiß gewinnt einen Stein.

| | |
|---|---|
| 13. e4–e5! | d6×e5 |

Gezwungen, wie 'De Losbladige Schaakberichten' dartun:

*1* 13. ... Sd5? 14. Sf5! und gewinnt.

*2* 13. ... Sfd7? 14. Sf5!, e×f5 15. Sd5, Da5 16. S×e7†, Kh8 17. S×f5 und gewinnt.

*3* 13. ... Se8 14. Sf5!, Ld8 (14. ... d×e5 15. a3!) 15. a3, Da5 16. S×d6 mit großem Vorteil für Weiß.

| | |
|---|---|
| 14. f4×e5 | ... |

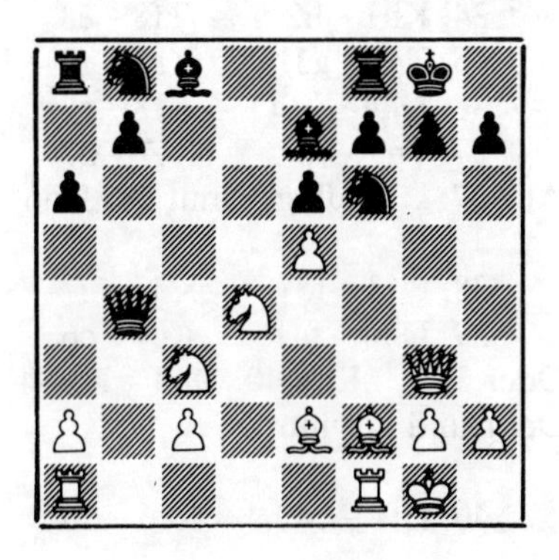

| | |
|---|---|
| 14. ... | Sf6–e8 |

Aufs Neue gezwungen; nach 14. ... Sfd7 wird Schwarz mit 15. Sd5!, e×d5 16. Sf5, g6 17. a3, Da5 18. S×e7† und 19. Ld4! ausgepunktet (De Losbladige Schaakberichten).

| | |
|---|---|
| 15. Le2–d3 | Db4–a5 |

Zu sicheren Ufern.

| | |
|---|---|
| 16. Sc3–e4 | Sb8–d7 |
| 17. Sd4–f3 | g7–g6(?) |

Besser 17. ... f5! Laut Schamkowitsch ('Das Opfer in der Schachpartie') sind nach 18. e×f6i.V., Sd×f6 19. Sfd2 die Chancen etwa gleich.

| | |
|---|---|
| 18. Lf2–d4 | Se8–g7 |

Herausfordernd gespielt.

| | |
|---|---|
| 19. Se4–f6†! | Le7×f6 |
| 20. e5×f6 | Sg7–h5 |

Nach 20. ... Sf5 21. L×f5 fällt die schwarze Stellung schnell in Scherben:

*1* 21. ... e×f5 22. Dg5, Kh8 23. Dh6, Tg8 24. Sg5

*2* 21. ... D×f5 22. Sg5, D×c2 (22. ... Dd5 23. Tad1) 23. S×h7! ('De Losbladige Schaakberichten').

| | |
|---|---|
| 21. Dg3–h4 | Da5–d8 |

Auf 21. ... e5 siegt 22. Dg5!, z.B. 22. ... Sh×f6 23. S×e5, S×e5 24. D×f6. Auch 22. ... h6 23. D×h6, e×d4 24. Sg5, Sh×f6 25. T×f6!, S×f6 26. Tf1, drohend 27. T×f6!, ist aussichtslos (De Losbladige Schaakberichten).

| | |
|---|---|
| 22. Ta1–e1 | ... |

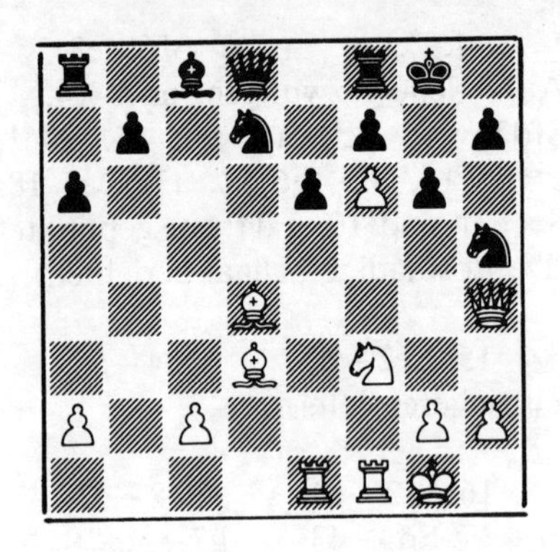

22. ... Sd7 × f6
23. Sf3 – g5 ...

Schwarz hat jetzt keine Verteidigung mehr. Sajtar zeigt dies in Šach wie folgt:

*1* 23. ... Te8 24. S × f7!, K × f7 25. L × f6, S × f6 26. D × h7†
*2* 23. ... h6 24. S × f7!, K × f7 (24. ... T × f7 25. L × g6) 25. L × f6, S × f6 26. D × h6.

23. ... e6 – e5
24. Ld4 × e5 h7 – h6
25. Le5 × f6 ...

Überflüssiger Umweg, wie schon unsere Großeltern in solch einem Falle sagten. Mit 25. T × f6! hätte Weiß die Partie kurz und bündig entscheiden können (Schamkowitsch): 25. ... h × g5 26. D × g5, S × f6 27. L × f6, und gewinnt.

25. ... h6 × g5
26. Dh4 × g5 Sh5 × f6
27. Tf1 × f6 Dd8 – d4†
28. Kg1 – h1 Dd4 – g4
29. Dg5 – h6 ...

Es droht 30. L × g6.

29. ... Lc8 – f5

Nicht 29. ... Dh5, wegen 30. T × g6†!, f × g6 31. Lc4†.

30. h2 – h3 ...

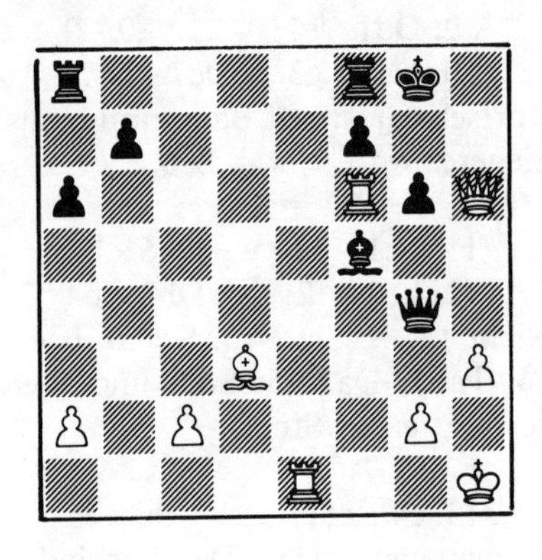

30. ... Dg4 – d4(?)

Mit 30. ... Db4 31. Tf1, L × d3 32. c × d3, De7! hätte Schwarz sich besser verteidigen können. Die stärkste weiße Fortsetzung ist dann 33. T1f5.

31. Tf6 × f5!! ...

Jetzt läuft alles wie geschmiert.

31. ... g6 × f5
32. Te1 – e3 Dd4 – g7
33. Dh6 – h4 Dg7 – a1†
34. Kh1 – h2 Tf8 – e8
35. Te3 – g3† Kg8 – f8
36. Dh4 – h6† Kf8 – e7
37. Tg3 – e3† Ke7 – d7

Auf 37. ... Kd8 gewinnt 38. Dd6†.

38. Ld3 × f5† Kd7 – c7
39. Dh6 – f4† Kc7 – c6

Oder 39. ... Kb6 40. Db4†, Ka7 41. Dc5† und gewinnt.

40. Df4 – c4† Kc6 – d6

41. Dc4 – b4† Kd6 – d5

Nach 41. ... Kc6 ist 42. Tc3† entscheidend.

42. Te3 – d3† Kd5 – e5
43. Db4 – d6†! Ke5 × f5
44. Td3 – f3† Kf5 – g5

Oder 44. ... Ke4 45. Dd3†, Ke5 46. Tf5†, Ke6 47. Dd5†, Ke7 48. T × f7 matt (Sajtar).

45. Dd6 – f4† Kg5 – h5

Wenn 45. ... Kg6, dann 46. Tg3†.

46. g2 – g4† Kh5 – g6
47. Df4 × f7†

Schwarz gibt auf.

## 22

*Zonenturnier, Moskau 1964.*
*Weiß: Suetin*
*Spanisch*

1. e2 – e4 e7 – e5
2. Sg1 – f3 Sb8 – c6
3. Lf1 – b5 a7 – a6
4. Lb5 – a4 Sg8 – f6
5. 0 – 0 b7 – b5
6. La4 – b3 d7 – d6

Für 7. Sg5, d5 8. e × d5, Sd4 ist Stein gerne zu haben.

7. Tf1 – e1 Lf8 – e7
8. c2 – c3 0 – 0
9. h2 – h3 Sc6 – a5
10. Lb3 – c2 c7 – c5
11. d2 – d4 Sf6 – d7

Von Paul Keres stammend.

12. Sb1 – d2 ...

Fischer hat in seiner Autobiographie 'My Sixty Memorable Games' hier 12. d × c5!, d × c5 13. Sbd2 als chancenreicher bezeichnet; auf Boleslavskys 13. ... f6 folgt dann 14. Sh4, Sb6 15. Sf5, Tf7 und nun nicht 16. S × e7†? (Fischer - Ivkov, Havanna 1965) sondern 16. Dg4!, Kh8 17. h4!, mit der Drohung h5 nebst Sd2-f3-h4-f5, z.B. 17. ... g6 18. Sh6, Tg7 19. Df3 usw.

12. ... c5 × d4
13. c3 × d4 Sa5 – c6
14. Sd2 – b3 a6 – a5
15. Lc2 – d3 ...

In Betracht kommt 15. Le3.

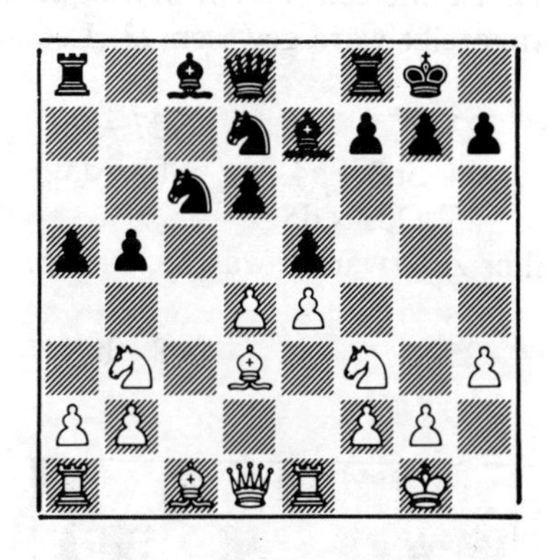

15. ... Ta8 – b8

Sofort 15. ... a4 wäre voreilig: 16. L × b5, a × b3 17. L × c6, T × a2 18. T × a2, b × a2 19. Da4.

16. Lc1 – e3 a5 – a4
17. d4 – d5 ...

Die Wirkung dieses Aufmarsches ist enttäuschend. Weiß hatte nichts Besseres als 17. Sbd2, e × d4 18. S × d4, S × d4 19. L × d4, Lf6 20. Sf3, Se5.

| | |
|---|---|
| 17. ... | Sc6 – b4 |
| 18. Sb3 – c1 | f7 – f5! |

Damit reißt Schwarz die Initiative an sich. Möglicherweise hatte Weiß auf Abtausch auf d3 gerechnet.

| | |
|---|---|
| 19. e4 × f5 | Sb4 × d5 |
| 20. Le3 – a7 | Tb8 – b7 |
| 21. Ld3 – e4 | Tb7 × a7 |
| 22. Le4 × d5† | ... |

Das ist besser als 22. D × d5†, Kh8 23. D × b5, Sc5!, und Schwarz erhält bildschöne Möglichkeiten für seinen Bauern.

| | |
|---|---|
| 22. ... | Kg8 – h8 |
| 23. Sc1 – d3 | ... |

Das ist allerdings nicht konsequent. Angezeigt wäre gewesen 23. Le6!

| | |
|---|---|
| 23. ... | Sd7 – f6 |
| 24. Sd3 – b4 | Sf6 × d5 |
| 25. Dd1 × d5 | ... |

Eher zu erwarten war 25. S × d5.

| | |
|---|---|
| 25. ... | Lc8 – b7! |

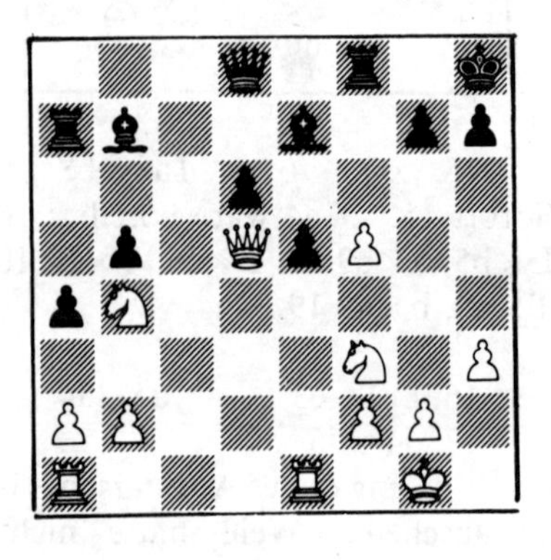

| | |
|---|---|
| 26. Dd5 – d3? | ... |

Mit Recht fühlt Weiß sich wenig hingezogen zu 26. D × b5, L × f3 usw. Stärker als dieser Rückzug wäre allerdings 26. Sc6, gefolgt von Tac1, um auf der c-Linie standzuhalten.

| | |
|---|---|
| 26. ... | a4 – a3! |

Mit 26. ... d5 27. D × b5 oder 26. ... e4 27. De3 käme Schwarz wenig weiter.

| | |
|---|---|
| 27. b2 × a3 | Dd8 – a8 |
| 28. Te1 – e3 | Lb7 × f3 |
| 29. g2 × f3 | Le7 – g5 |
| 30. Te3 – e4 | Ta7 × a3 |

Stein greift übers ganze Brett an. Die weiße Stellung ist dem Zusammenbruch nahe.

| | |
|---|---|
| 31. Dd3 × d6 | Ta3 × f3 |
| 32. Ta1 – e1 | Tf3 × f5 |
| 33. Te1 – e2 | Da8 – a7? |

Besser 33. ... Lf4 oder 33. ... Lf6. Der Textzug gibt Weiß die Möglichkeit sich herauszuarbeiten.

| | |
|---|---|
| 34. Sb4 – d3 | Lg5 – e7 |
| 35. Dd6 – d5 | De7 – f6 |
| 36. Dd5 × b5 | Fa7 – f7 |
| 37. Db5 – b4 | ... |

Nicht 37. f4?, e × f4 38. D × f5, Ld4† sondern 37. Db3 wäre stärker gewesen.

| | |
|---|---|
| 37. ... | Lf6 – e7 |
| 38. Db4 – b3 | Tf5 – g5† |
| 39. Kg1 – h2 | Df7 – g6 |

Welch eine Stellung, bei dieser drängenden Zeitnot!

| | |
|---|---|
| 40. f2 – f4 | ... |

Einfacher wäre 40. f3, z.B. 40. ... T × f3 41. S × e5 oder 40. ... Tg1 41. Tg4.

40. ... e5×f4

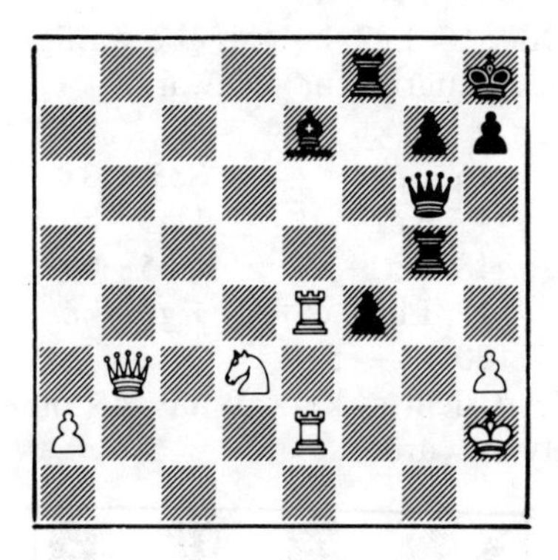

41. Sd3 – e5? ...

Weiß entgeht die verborgene Rettung: 41. T×e7, f3 (sieht tödlich aus) 42. Sf4!!, Dd6 43. D×f3, T×f4 und nun nicht 44. Te8†?, Tf8† 45. Kh1, Dd1† mit Sieg für Schwarz sondern 44. T7e6! mit Remis danksei dem anhaltenden Angriff auf die schwarze Dame.

41. ... Tg5×e5
42. Te4×e5 ...

Hier wurde die Partie abgebrochen. Bei der Analyse entdeckte Suetin die oben erwähnte versäumte Gelegenheit.

42. ... Le7 – d6

Jetzt geht Weiß der Niederlage entgegen. Ein Trost: es war ein spannender Kampf.

43. Db3 – f3 ...

Der gefährliche f-Bauer gehört hinter Schloß und Riegel.

43. ... Ld6×e5
44. Te2×e5 h7 – h6
45. Te5 – e2 Dg6 – b1
46. Te2 – f2 Tf8 – f6
47. Df3 – a8† Kh8 – h7
48. Da8 – f3 Db1 – f5
49. a2 – a4 Tf6 – f7
50. Tf2 – d2 Tf7 – a7
51. Df3 – d1 Ta7 – c7
52. Dd1 – b3 ...

Sonst 52. ... Tc3.

52. ... Df5 – e4
53. Td2 – f2 Tc7 – c4

Wechselbäder für die schwachen Stellen von Weiß.

54. a4 – a5 Tc4 – a4
55. Db3 – b6 Ta4 – a1

Droht ein wenig.

56. Tf2 – g2 De4 – e5

Nun wird der f-Bauer wieder lästig.

57. Db6 – g6† Kh7 – h8
58. h3 – h4 f4 – f3†
59. Tg2 – g3 f3 – f2

Weiß gibt auf.

## 23

*Interzonenturnier, Amsterdam 1964*
*Weiß: Porath*
*Benoni*

1. d2 – d4 c7 – c5

Um den Gegner zu scharfem Spiel zu verführen.

2. d4 – d5 Sg8 – f6
3. Sb1 – c3 d7 – d6
4. e2 – e4 g7 – g6
5. Sg1 – f3 Lf8 – g7

| | |
|---|---|
| 6. Lc1 – f4 | 0 – 0 |
| 7. Dd1 – d2 | ... |

Sicherer, dazu auch besser wäre 6. Le2 und dann 7. 0 – 0 gewesen. Psychologisch hat Schwarz sein Ziel schon erreicht.

| | |
|---|---|
| 7. ... | Dd8 – a5 |
| 8. Lf1 – d3 | ... |

Auf 8. a4 ist 8. ... Db4 lästig.

| | |
|---|---|
| 8. ... | Lc8 – g4 |
| 9. Lf4 – h6 | ... |

Weiß spielt unbefangen auf Angriff. Gescheiter wäre jedoch 9. Sb5!

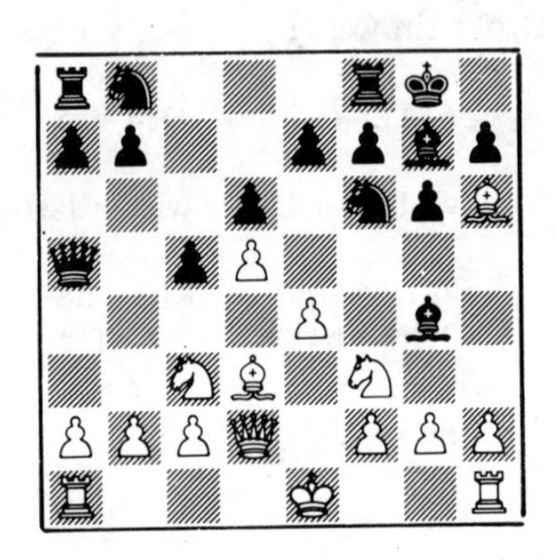

| | |
|---|---|
| 9. ... | Lg7 × h6 |
| 10. Dd2 × h6 | Lg4 × f3 |
| 11. g2 × f3 | Sb8 – d7 |
| 12. h2 – h4 | b7 – b5! |
| 13. h4 – h5 | ... |

Mit 13. L × b5, Tab8 14. a4, T × b5! würde Weiß übel anlaufen.

| | |
|---|---|
| 13. ... | c5 – c4 |
| 14. h5 × g6 | f7 × g6 |

Schwarz läßt sich seinerseits nicht von 14. ... c × d3? 15. g × h7†, Kh8 16. Tg1 überraschen.

| | |
|---|---|
| 15. Ld3 – f1 | Sd7 – e5 |
| 16. Lf1 – h3 | ... |

Oder 16. Lg2, b4! mit überwaltigendem Angriff für Schwarz.

| | |
|---|---|
| 16. ... | Se5 × f3† |
| 17. Ke1 – d1 | Da5 – b6 |
| 18. Kd1 – e2 | b5 – b4 |
| 19. Lh3 – e6† | Kg8 – h8 |
| 20. e4 – e5 | ... |

Jetzt sieht es kurz so aus, als ob es etwas würde.

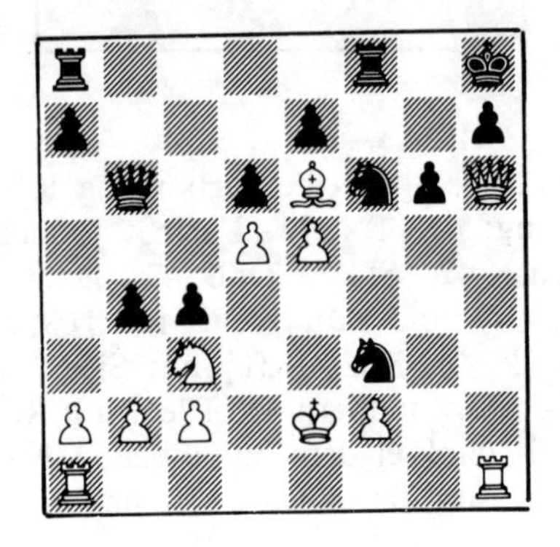

| | |
|---|---|
| 20. ... | Sf6 – h5! |
| 21. Sc3 – e4 | Db6 – d4 |
| 22. Dh6 – e3 | Sh5 – f4† |

Weiß gibt auf zur großen Unzufriedenheit einiger sensationslüsterner Zuschauer, welche 23. K × f3, S × d5† 24. Sf6, S × e3?? 25. Th7 matt gesehen hatten. In dieser Variante gewinnt Schwarz natürlich mit 24. ... T × f6† 25. e × f6, D × f6†. Weiter verliert Weiß nach 23. Kf1, D × e4 24. D × e4, Sd2† eine Figur. Daher die Kapitulation.

# 24

*Interzonenturnier, Amsterdam 1964*
*Schwarz: Evans*
*Spanisch*

| | |
|---|---|
| 1. e2 – e4 | e7 – e5 |
| 2. Sg1 – f3 | Sb8 – c6 |
| 3. Lf1 – b5 | a7 – a6 |
| 4. Lb5 – a4 | Sg8 – f6 |
| 5. 0 – 0 | Lf8 – e7 |
| 6. Tf1 – e1 | b7 – b5 |
| 7. La4 – b3 | d7 – d6 |
| 8. c2 – c3 | 0 – 0 |
| 9. h2 – h3 | Sc6 – b8 |
| 10. d2 – d3 | ... |

Ein weniger oft gespielter, zurückhaltender Plan, der Schwarz leicht zu Voreiligkeiten verleiten kann.

| | |
|---|---|
| 10. ... | c7 – c5 |
| 11. Sb1 – d2 | Dd8 – c7 |
| 12. Lb3 – c2 | Sb8 – c6 |

Mit 12. ... Sbd7 hätte die Variante ein eigenes Gesicht bekommen.

13. Sd2 – f1 d6 – d5(?)

Zu früh! Besser wäre die Aufstellung mit Td8, g6 und Lf8.

14. Sf1 – e3 d5 × e4

Auf 14. ... d4 ist 15. Sf5 stark.

15. d3 × e4 ...

Aber nun spielt Weiß die allbekannte Abtauschvariante mit einem Tempo mehr!

15. ... Tf8 – d8

Eine bessere Aufstellung wäre 15. ... Le6 16. Se3, Tad8! (nun bleibt die Deckung von f7 erhalten) 17. De2, c4!, und Weiß muß mit Sc6 – d4 rechnen. Die beste Reaktion auf 15. ... Le6 ist wahrscheinlich 16. Sf5, 16. Sh2 oder 16. Sg5.

16. Dd1 – e2 g7 – g6

Oder 16. ... c4 (Zweck 17. ... Lc5) 17. Sf5, Lc5 18. Lg5! (Flohr).

| | |
|---|---|
| 17. a2 – a4 | Ta8 – b8 |
| 18. a4 × b5 | a6 × b5 |
| 19. Sf3 – g5 | h7 – h6 |

Ansonsten käme eigentlich bloß 19. ... Le6 in Betracht.

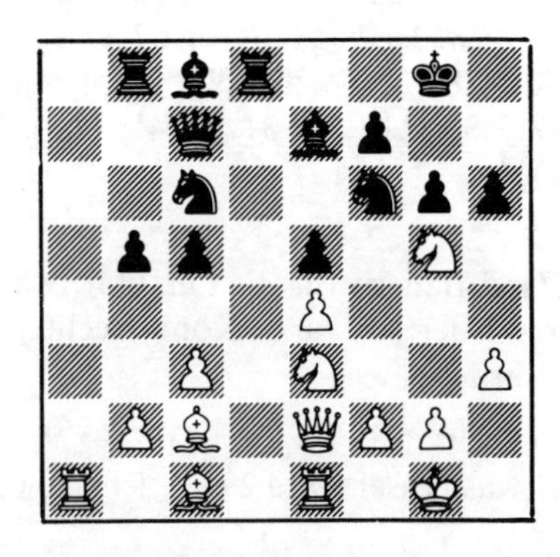

| | |
|---|---|
| 20. Se3 – d5! | Sf6 × d5 |
| 21. e4 × d5 | h6 × g5 |

Auf 21. ... T × d5? ist 22. Df3 das einfachste.

| | |
|---|---|
| 22. d5 × c6 | Dc7 × c6 |
| 23. De2 × e5 | Lc8 – b7 |
| 24. De5 – g3 | Dc6 – f6(?) |

Nach der Partie war man sich schnell darüber einig, daß 24. ... Ld6 bessere Möglichkeiten für Verteidigung geboten hätte trotz des damit verbundenen Bauernopfers.

25. Te1 × e7! ...

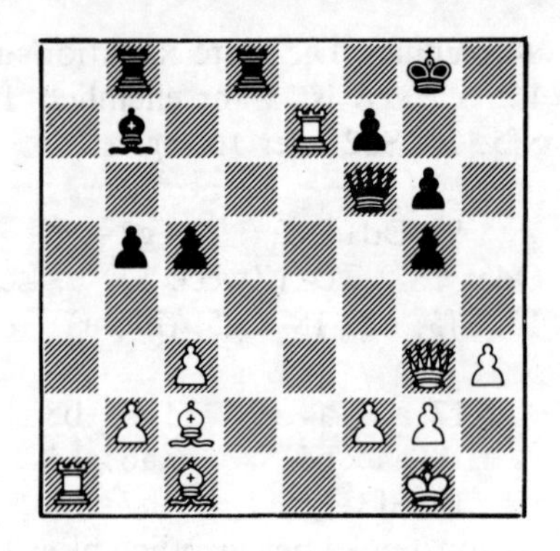

25. ... Df6×e7
26. Lc1×g5 f7–f6
27. Lg5–f4 Tb8–a8
28. Ta1×a8 Lb7×a8

Auf 28. ... T×a8 folgt 29. L×g6, Dg7 30. Le3, c4 31. Dg4!, Lc8 32. De4.

29. Lc2×g6 ...

Zwei Bauern für die Qualität, während der schwarze König recht gefährdet ist.

29. ... De7–g7

Etwas besser wäre 29. ... Kh8 gewesen.

30. Lf4–e3 c5–c4

Auf 30. ... Tc8 ist 31. Lh6!, D×h6 32. Lf5† entscheidend (Orbaan).

31. Lg6–f7† ...

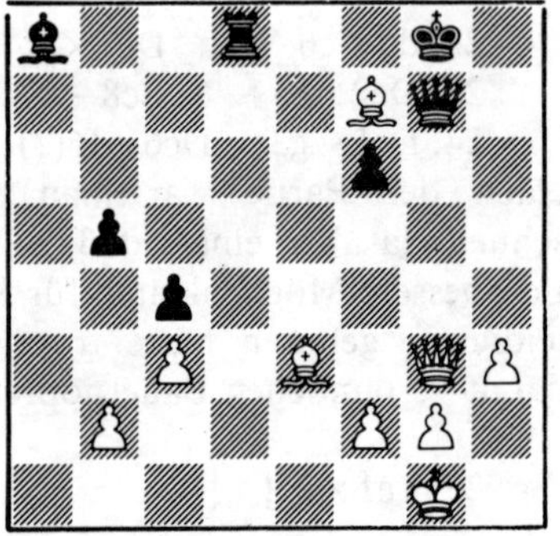

Stein spielt die gesamte Partie nicht nur stark sondern auch besonders elegant.

31. ... Kg8×f7

Er hat keine Wahl: 31. ... Kf8 32. Lc5† beziehungsweise 31. ... Kh8 32. Dh4†.

32. Dg3–c7† Kf7–g6
33. Dc7×d8 La8–c6
34. Le3–d4 Dg7–f7
35. Dd8–d6 ...

Schwarz gibt auf.
Der friesische Meister Kramer gibt als mögliche Fortsetzung noch: 35. ... Le8 36. Dg3†, Kh6 37. Dh4†, Kg6 38. Dg4†, Kh6 39. Df5, Kg7 40. Dg5†, Dg6 41. L×f6†. Besonders lehrreich!

## *25*

*Interzonenturnier, Amsterdam 1964*
*Weiß: Vranesić*
*Königsindisch*

1. d2–d4 Sg8–f6
2. c2–c4 g7–g6
3. Sb1–c3 Lf8–g7
4. e2–e4 0–0
5. f2–f3 d7–d6
6. Lc1–e3 b7–b6
7. Lf1–d3 Lc8–b7
8. Sg1–e2 c7–c5
9. d4–d5 e7–e6
10. Dd1–d2 e6×d5
11. c4×d5 ...

Ziemlich anspruchsvoll. Besser erscheint 11. e×d5 mit beiderseitigen Möglichkeiten.

11. ... Sb8 – d7
12. Se2 – g3 Tf8 – e8
13. Ld3 – e2 ...

Weiß muß schon achtgeben: 13. 0 – 0? wird beantwortet mit 13. ... S×d5! 14. S×d5, L×d5 15. e×d5, T×e3! 16. D×e3?, Ld4.

13. ... a7 – a6

Scheinbewegung, die Weiß aufs falsche Bein stellt.

14. a2 – a4 h7 – h5!

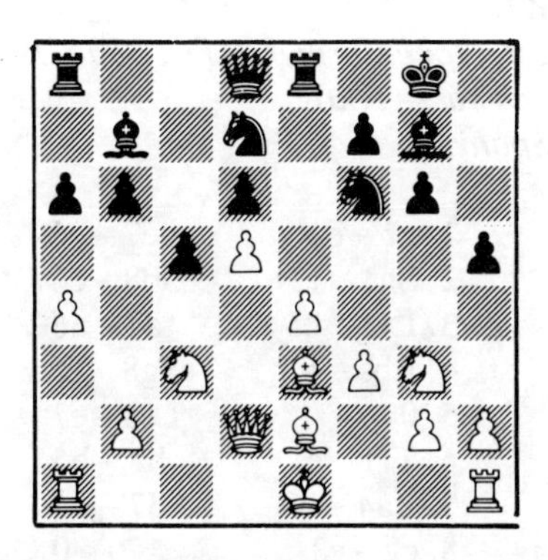

15. Le3 – g5 ...

Unbefangen 15. 0 – 0! verdiente den Vorzug: nach 15. ... h4 16. Sh1 kommt der weiße Springer über f2 wieder sehr gut ins Spiel.

15. ... h5 – h4!

Und dies hatte Weiß zu verhindern gemeint. Auf 16. L×h4 folgt 16. ... S×e4! 17. Sc×e4 (17. L×d8, S×d2) 17. ... D×h4 18. S×d6, Le5! 19. Se4, Lf4 und ... T×e4 (Flohr).

16. Sg3 – f1 Sd7 – f8
17. Dd2 – c2 ...

Um taktische Spässchen von Sf6 aus der Stellung zu eliminieren.

17. ... h4 – h3!
18. g2 – g4 ...

Nach 18. g×h3 ist der weiße Königsflügel sehr verwundbar. Es könnte folgen: 18. ... S8h7 19. Lh4, Lh6 mit besserem Spiel für Schwarz.

18. ... Sf8 – h7
19. Lg5 – e3 ...

Auf 19. Lh4 ist 19. ... Lh6 stark.

19. ... Ta8 – b8

Jetzt kommt der Damenflügel an die Reihe.

20. Ta1 – d1 ...

Besser 20. Kf2.

20. ... Lb7 – c8
21. Sf1 – g3 Sf6 – d7
22. 0 – 0 ...

Taktisch besehen steht der König hier verletzlicher als er auf f2 gestanden hätte.

22. ... Sd7 – e5
23. Td1 – b1 b6 – b5!

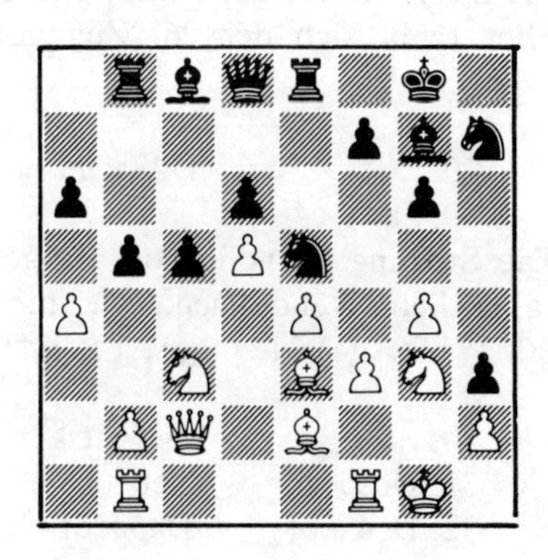

Ein starkes positionelles Bauernopfer.

24. a4×b5 a6×b5
25. Sc3×b5 ...
Auf 25. L×b5 kommt 25. ... T×b5! 26. S×b5, La6 27. Da4, Db6 (Euwe).

25. ... Lc8–a6
26. Sb5–a3 ...
In der Hoffnung auf eine saftige Weide auf c4. Besser wäre aber 26. Sc3.

26. ... La6×e2
27. Dc2×e2 ...
Nach 27. S×e2 ist 27. ... Sg5! störend, weil auf 28. f4 dann 28. ... S×g4! folgt.

27. ... Tb8–b3!
Es droht 28. ... S×g4! 29. f×g4, T×e3! 30. D×e3?, Ld4.

28. Le3–d2 Sh7–g5!
29. Ld2×g5 ...
Traurige Notwendigkeit. Auf 29. Lc3 gibt Euwe die folgende Variante: 29. ... Sg×f3† 30. T×f3, S×f3† 31. D×f3, L×c3 32. b×c3, T×a3. Hier rächt sich der 26. Zug von Weiß.

29. ... Dd8×g5
30. Sa3–c4 ...
Die Stellung ist volle von giftigen taktischen Wendungen, wie hier: 30. f4, D×g4! 31. f×e5, T×g3†!.

30. ... Se5×c4
31. De2×c4 Te8–b8
32. Dc4–c1 Dg5×c1
33. Tb1×c1 ...
Wenn 33. Tf×c1, dann 33. ... T×f3.

33. ... Tb3×b2
34. Tf1–d1 Tb2–g2†
Weiß gibt auf wegen 35. Kh1, Tbb2 36. Sf1, Ld4 mit technischem Knock-out.

## 26

*Interzonenturnier, Amsterdam 1964*
*Schwarz: Ivkov*
*Spanisch*

1. e2–e4 e7–e5
2. Sg1–f3 Sb8–c6
3. Lf1–b5 a7–a6
4. Lb5–a4 Sg8–f6
5. 0–0 Lf8–e7
6. Tf1–e1 b7–b5
7. La4–b3 d7–d6
8. c2–c3 0–0
9. h2–h3 Sc6–a5
10. Lb3–c2 c7–c5
11. d2–d4 Dd8–c7
12. Sb1–d2 Sa5–c6
Üblich 12. ... Te8 oder 12. ... Ld7.

13. d4–d5 Sc6–d8
Laut Stein ist 13. ... Sa5 stärker.

14. a2–a4 Ta8–b8
15. c3–c4 Lc8–d7
Flohr hält es mit 15. ... b4, wonach Schwarz sich nur an einer Front, nämlich dem Königsflügel, zu verteidigen braucht.

16. a4×b5 a6×b5

17. c4×b5 Ld7×b5
18. Lc2–a4! ...

Das bedeutet Abtausch des 'guten' schwarzen Läufers gegen den 'schlechten' weißen.

18. ... Tb8–a8
19. Te1–e3 Sd8–b7
20. Te3–a3 Lb5×a4

Gezwungen: 20. ... La6 21. Lc6!

21. Ta3×a4 Ta8×a4
22. Dd1×a4 Tf8–c8
23. b2–b3 ...

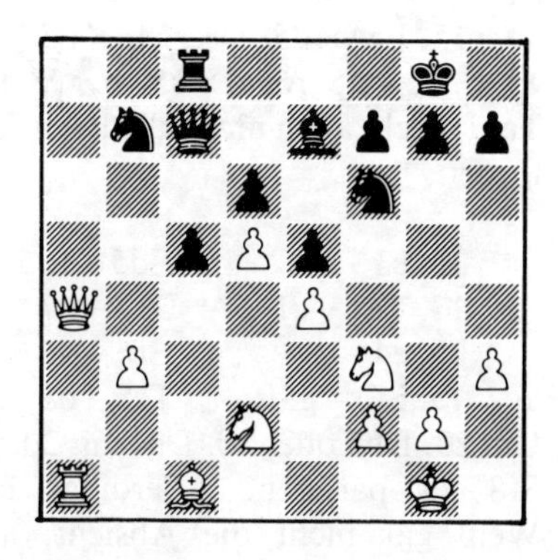

23. ... Sb7–d8

Schwarz läßt sich einschnüren. Euwe gibt als besser 23. ... c4 24. b×c4, Sc5 mit einigem Gegenspiel für den Bauern.

24. Lc1–b2 h7–h6
25. Lb2–c3 Dc7–b7
26. Sf3–e1! Tc8–b8
27. Se1–c2 Sf6–d7
28. Sc2–e3 ...

Ausgezeichnete Kavalleriemanöver. Schwarz hätte jetzt wahrscheinlich am besten zu 28. ... g6 gegriffen.

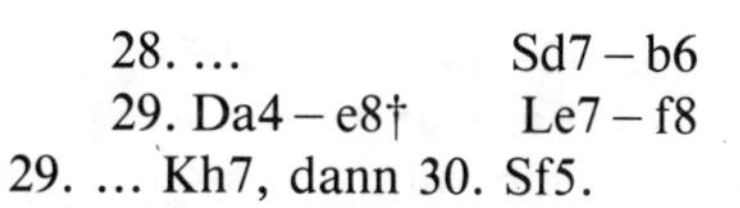

28. ... Sd7–b6
29. Da4–e8† Le7–f8

29. ... Kh7, dann 30. Sf5.

30. Se3–f5! ...

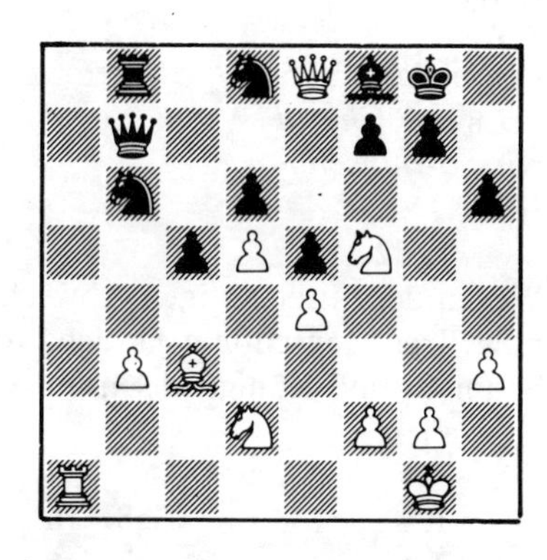

30. ... Db7–d7

Nach 30. ... Dc7 kommt 31. L×e5!, d×e5 32. d6 und 33. Se7† laut Euwe.

31. Sf5×d6! Dd7×e8

Die Pointe der Kombination von Weiß lautete: 31. ... D×d6 32. L×e5, Dd7 33. D×d7, S×d7 34. L×b8, S×b8 35. Ta8 und gewinnt (Flohr).

32. Sd6×e8 Tb8–b7
33. Lc3×e5 ...

Das ist klipp und klar: 33. ... Te7 34. Lc7!

33. ... f7–f6
34. Le5–g3 Sd8–f7
35. Se8–c7 Lf8–d6
36. Lg3×d6 Sf7×d6
37. Sc7–e6 c5–c4
38. b3×c4 Sb6×c4
39. Sd2×c4 Sd6×c4

| | |
|---|---|
| 40. f2 – f4 | Tb7 – b2 |
| 41. Ta1 – a8† | |

Schwarz gibt auf.

## 27

*Kislowodsk, 1964*
*Schwarz: Chasin*
*Nimzo-Indisch*

| | |
|---|---|
| 1. d2 – d4 | ... |

Wegen der bitter nötigen Abwechslung: Der Mensch lebt ja nicht von Spanisch und Königsndisch im Anzuge allein.

| | |
|---|---|
| 1. ... | Sg8 – f6 |
| 2. c2 – c4 | e7 – e6 |
| 3. Sb1 – c3 | Lf8 – b4 |
| 4. e2 – e3 | c7 – c5 |
| 5. Sg1 – f3 | 0 – 0 |
| 6. Lf1 – e2 | d7 – d5 |
| 7. 0 – 0 | d5 × c4 |
| 8. Le2 × c4 | a7 – a6 |

Weniger üblich als 8. ... Sbd7 oder 8. ... b6.

| | |
|---|---|
| 9. a2 – a4 | b7 – b6 |
| 10. Dd1 – e2 | Lc8 – b7 |
| 11. Tf1 – d1 | Dd8 – c7?! |

Die Idee von Schwarz, die Sache ohne Abtausch auf Lc3 und, beziehungsweise oder d4 zu erledigen, scheint beim ersten Augenaufschlag nicht einmal so übel.

| | |
|---|---|
| 12. Sc3 – a2! | ... |

Doch schon kommen die Einwände: Der Läufer wird auf ein ungünstiges Feld gejagt.

| | |
|---|---|
| 12. ... | Lb4 – a5 |
| 13. b2 – b3 | Sb8 – d7 |
| 14. Lc1 – b2 | Lb7 – d5?! |

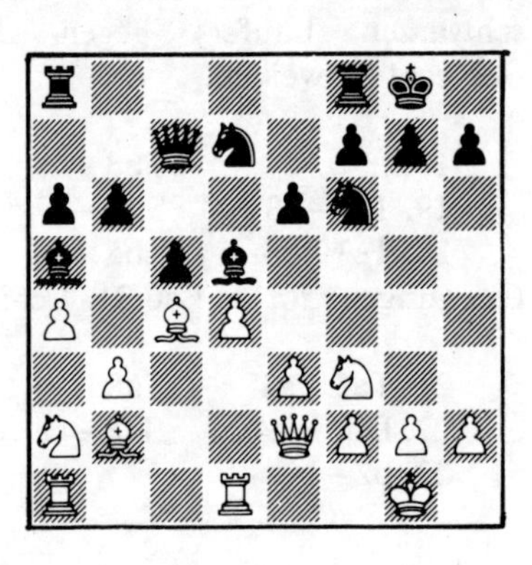

| | |
|---|---|
| 15. Lc4 × d5 | Sf6 × d5 |

15. ... e × d5 16. d × c5, b × c5 17. Tac1 weckt auch nicht allzuviel Vertrauen.

| | |
|---|---|
| 16. e3 – e4 | Sd5 – f6 |
| 17. Ta1 – c1 | Dc7 – b7 |
| 18. e4 – e5 | Sf6 – d5 |
| 19. Sf3 – g5! | Tf8 – b8 |

Um 20. Dh5 oder 20. De4 mit 20. ... Sf8 zu parieren. Allerdings hat Weiß gar nicht die Absicht, auf Schäfermatt zu spielen.

| | |
|---|---|
| 20. Sg5 – e4! | Sd5 – f4 |
| 21. De2 – e3 | Sf4 – g6 |
| 22. Se4 – d6 | Db7 – a7 |
| 23. d4 – d5! | Sd7 – f8 |
| 24. Lb2 – c3! | ... |

Stein kennt keine Schablonen: Er tauscht den schlechtpostierten Läufer von Schwarz ab, um seinen Damenspringer an die Front schaffen zu können.

| | |
|---|---|
| 24. ... | La5 × c3 |
| 25. Sa2 × c3 | Sg6 – e7 |

26. d5×e6 f7×e6

So behält Schwarz wenigstens d5 und f5 unter Feuer.

27. Sc3–e4 Se7–d5
28. De3–g3 Da7–e7
29. h2–h4 Sf8–d7
30. f2–f4 Tb8–f8
31. Td1–f1 Kg8–h8
32. Tc1–e1 ...

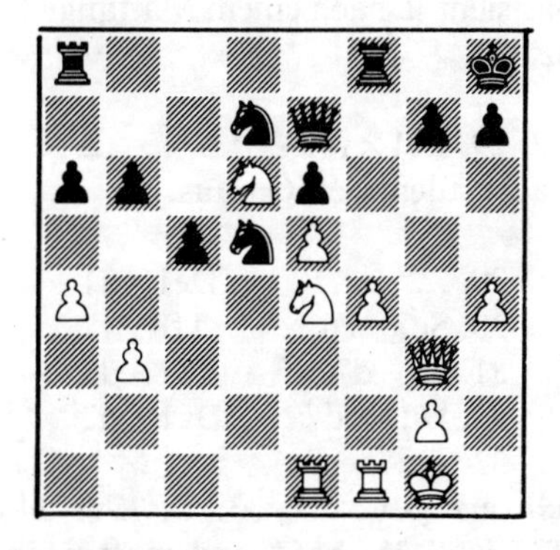

Alles wird in Stellung gebracht für die Schlußoffensive.

32. ... g7–g6
33. Se4–g5 h7–h6
34. Sg5–e4 Kh8–h7
35. Dg3–g4 b6–b5
36. Tf1–f3 ...

Alles läuft wie geschmiert.

36. ... b5×a4
37. b3×a4 Ta8–b8
38. Te1–f1 Tf8–g8
39. h4–h5! ...

Dies bedeutet die Entscheidung: 39. ... g×h5 40. D×h5, Tg6 41. f5!

39. ... g6–g5
40. f4×g5 Sd7×e5
41. g5–g6†

Schwarz gibt auf: 41. ... Kg7 42. Tf7† oder 41. ... Kh8 42. Sf7†.

## 28

*Kislowodsk, 1964*
*Schwarz: Bradvarević*
*Königsindisch im Anzuge*

1. Sg1–f3 d7–d5
2. g2–g3 e7–e6
3. Lf1–g2 c7–c5
4. 0–0 Sb8–c6
5. d2–d3 Lf8–d6
6. e2–e4 Sg8–e7
7. Dd1–e2 b7–b6
8. h2–h4 Ld6–c7
9. h4–h5 h7–h6
10. c2–c4! ...

Stein folgt mit Vorliebe der Partie Smyslov - Gligorić, Amsterdam 1964, die von Weiß gewonnen wurde.

10. ... 0–0

Das auf der Hand liegende 10. ... d4 liefert Weiß den Knotenpunkt e4 aus.

11. Tf1–d1 f7–f5?

Zu scharf. Besser 11. ... Lb7 und dann Dc8.

12. e4×d5 e6×d5
13. d3–d4! ...

Bricht die Stellung auf zu einem für Schwarz äußerst ungelegenen Moment.

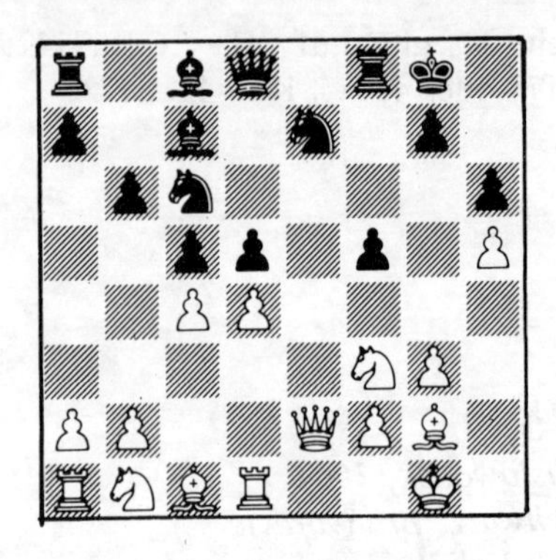

| | |
|---|---|
| 13. ... | c5 × d4 |
| 14. c4 × d5 | d4 – d3 |

Ein verzweifelter Versuch, die Löcher zu stopfen.

| | |
|---|---|
| 15. De2 × d3 | Sc6 – b4 |
| 16. Dd3 – b3 | Le7 – d6 |
| 17. Sb1 – c3 | a7 – a5 |
| 18. Sc3 – b5 | a5 – a4 |

Schwarz will keinesfalls wegen Mangel an Aktivität verlieren.

| | |
|---|---|
| 19. Db3 – c3 | Ld6 – c5 |
| 20. d5 – d6! | Se7 – d5 |
| 21. Td1 × d5!! | ... |

Auf diese Weise wird die schwarze Verteidigung gesprengt.

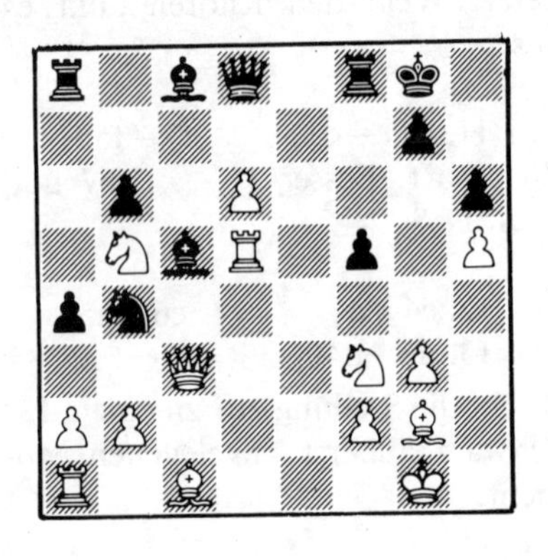

| | |
|---|---|
| 21. ... | Sb4 × d5 |
| 22. Dc3 – c4 | Lc8 – e6 |
| 23. Sf3 – d4 | Lc5 × d4 |
| 24. Dc4 × d4 | Dd8 – d7 |

Noch ärger ist 24. ... Sf6 25. Sc7.

| | |
|---|---|
| 25. Lg2 × d5 | Ta8 – a5 |
| 26. Ld5 × e6† | Dd7 × e6 |
| 27. Sb5 – c7 | De6 – e1† |
| 28. Kg1 – h2 | f5 – f4 |

Das sieht ja nach einem Mattangriff aus.

| | |
|---|---|
| 29. Lc1 × f4!! | ... |

Macht allem den Garaus.

| | |
|---|---|
| 29. ... | De1 × a1 |
| 30. Sc7 – e6 | Tf8 – f7 |
| 31. d6 – d7 | Tf7 × d7 |
| 32. Dd4 × d7 | Da1 × b2 |
| 33. Dd7 – e8† | |

Schwarz gibt auf: 33. ... Kh7 34. Sf8† Kh8 35. Sg6† und matt nach dem folgenden Zug.

## *29*

*Kislowodsk, 1964*
*Schwarz: Kluger*
*Spanisch*

| | |
|---|---|
| 1. e2 – e4 | e7 – e5 |
| 2. Sg1 – f3 | Sb8 – c6 |
| 3. Lf1 – b5 | a7 – a6 |
| 4. Lb5 – a4 | Sg8 – f6 |
| 5. 0 – 0 | Lf8 – e7 |
| 6. Tf1 – e1 | b7 – b5 |
| 7. La4 – b3 | d7 – d6 |
| 8. c2 – c3 | 0 – 0 |
| 9. h2 – h3 | Sc6 – a5 |
| 10. Lb3 – c2 | c7 – c5 |

| | |
|---|---|
| 11. d2 – d4 | Lc8 – b7 |
| 12. Sb1 – d2 | c5 × d4 |
| 13. c3 × d4 | Ta8 – c8 |
| 14. d4 – d5 | Sf6 – h5 |
| 15. Sd2 – f1 | Sa5 – c4 |
| 16. b2 – b3 | Sc4 – b6 |
| 17. Sf1 – e3 | g7 – g6 |

Bis hierher Darga - Tal, Amsterdam 1964, wo Weiß mit 18. a4 fortsetzte. Stein rückt nun mit einer Verstärkung heraus.

| | |
|---|---|
| 18. Lc1 – d2! | ... |

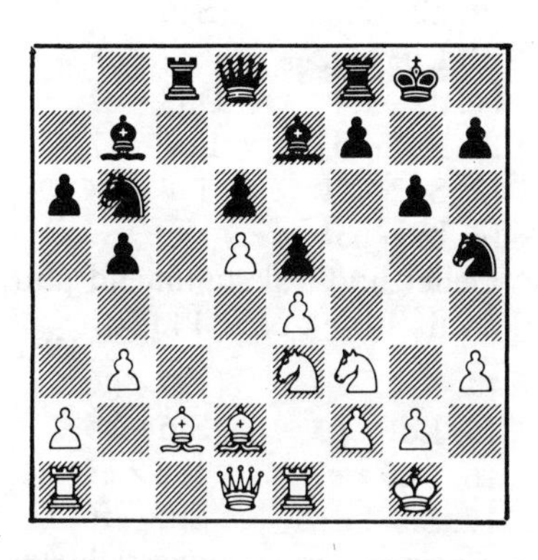

Es droht 19. La5 mit lästiger Fesselung.

| | |
|---|---|
| 18. .. | Sb6 – d7 |

Unter dem Motto: Ich bin ja schon weg. In 'Schach' gibt Fuchs das unbefangene 18. ... Dc7 19. La5, Ld8! als die richtige Verteidigung an.

| | |
|---|---|
| 19. a2 – a4! | Tc8 – a8 |
| 20. b3 – b4! | Sd7 – b6 |
| 21. a4 × b5 | a6 × b5 |
| 22. Lc2 – d3 | Dd8 – d7 |
| 23. Ta1 – a5! | ... |

Der geschwächte schwarze Damenflügel wird einem Kraftzug nach dem anderen ausgesetzt.

| | |
|---|---|
| 23. ... | Ta8 × a5 |
| 24. b4 × a5 | Sb6 – a4 |
| 25. Dd1 – b1 | Lb7 – a6 |
| 26. Se3 – c2! | ... |

Mit Adlerblick entdeckt Stein die Schwachpunkte in der schwarzen Stellung.

| | |
|---|---|
| 26. ... | Sa4 – c5 |
| 27. Ld3 – f1 | f7 – f5 |

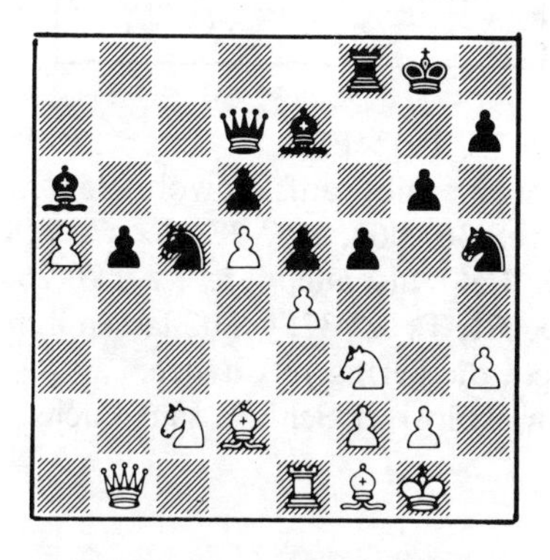

Um zu verhindern, daß Weiß allein spielt, wird Schwarz aktiv und kreiert damit eine zweite Front, allerdings für seinen Gegner.

| | |
|---|---|
| 28. e4 × f5 | Dd7 × f5 |
| 29. Sc2 – b4! | Sh5 – f4 |
| 30. Db1 × f5 | Tf8 × f5 |
| 31. Sb4 × a6 | Sc5 × a6 |
| 32. Lf1 × b5 | Sa6 – c7 |
| 33. Lb5 – c4 | Sf4 × h3† |

Erobert den Bauern mit Schach zueück, aber die Freude ist von kurzer Dauer.

| | |
|---|---|
| 34. Kg1 – f1 | g6 – g5 |

Schwarz muß das Feuer schüren,

sonst entscheidet der freie weiße a-Bauer.

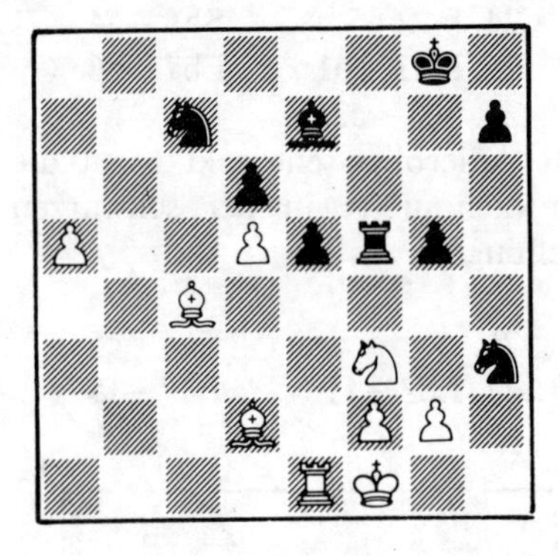

| | |
|---|---|
| 35. Te1×e5!! | ... |

Schwarz gibt auf: sowohl 35. ... d×e5 36. d6†, Kg7 37. d×c7, Tf8 38. Le6! als auch 35. ... Tf7 26. T×e7!, T×e7 37. g×h3 lassen ihm nicht die geringste Chance.
Ein explosiver Schluß, sagt Fuchs.

# 30

*16. Olympiade, Tel Aviv 1964*
*Schwarz: Matanović*
*Spanisch*

| | |
|---|---|
| 1. e2 – e4 | e7 – e5 |
| 2. Sg1 – f3 | Sb8 – c6 |
| 3. Lf1 – b5 | a7 – a6 |
| 4. Lb5 – a4 | Sg8 – f6 |

In einer früheren Runde versuchte Zuidema gegen Stein sein Glück mit 4. ... b5 5. Lb3, Sa5!? 6. 0 – 0 (6. L×f7† ist doch nicht so stark, wie es aussieht) 6. ... d6 7. d4, e×d4 8. S×d4, Lb7! 9. Ld2!, c5?! (sicherer 9. ... S×b3) 10. Ld5!, L×d5 11. e×d5, c×d4 12. De1, Dc7 13. L×a5, D×e1 14. T×e1†, Kd7 15. a4! und stand dann sehr schwierig. Der überraschende 10. Zug von Weiß wurde übrigens schon früher praktiziert, und zwar von Smyslov gegen Evans, Havanna 1964. Evans spielte 14. ... Se7, wonach 15. Te4! stark gewesen wäre.

| | |
|---|---|
| 5. 0 – 0 | Lf8 – e7 |
| 6. Tf1 – e1 | b7 – b5 |
| 7. La4 – b3 | d7 – d6 |
| 8. c2 – c3 | 0 – 0 |
| 9. h2 – h3 | Sc6 – a5 |
| 10. Lb3 – c2 | c7 – c5 |
| 11. d2 – d4 | Dd8 – c7 |
| 12. Sb1 – d2 | Lc8 – d7 |
| 13. Sd2 – f1 | Tf8 – e8 |
| 14. b2 – b3! | ... |

Von Geller und Tal stammend und stärker als 14. a4 oder 14. Se3.

| | |
|---|---|
| 14. ... | g7 – g6 |
| 15. Lc1 – g5 | Sf6 – h5 |
| 16. Lg5 × e7 | Te8 × e7 |
| 17. Sf1 – e3 | Sh5 – f6 |

Der Springer muß unverrichteter Dinge wieder heimkehren: 17. ... Sf4? 18. g3!, S×h3†? scheitert an 19. Kg2.

| | |
|---|---|
| 18. Ta1 – c1! | ... |

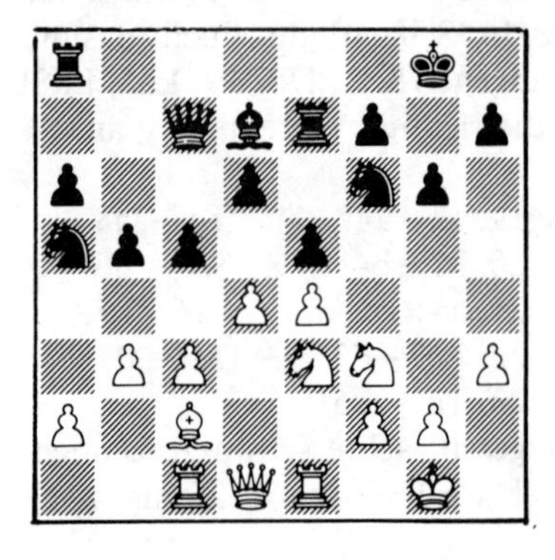

Steins erster 'eigener' Zug in dieser Partie, und gleich ein besonders guter. Er droht 19. b4!

18. ... Sa5 – b7

Der 'natürliche' Rückzug 18. ... Sc6 kostet nach 19. d×c5, d×c5 20. Sd5!, S×d5 21. e×d5 eine Figur. Sehr wohl in Betracht käme jedoch 18. ... Db6 19. b4, c×b4 20. c×b4, Sc4.

19. b3 – b4! c5 – c4

Gegen 20. b×c5, d×c5 21. d×e5 gerichtet. Nach 19. ... c×b4 20. d×e5, d×e5 21. c×b4, Db8 22. Lb3 stünde Schwarz ohne weiteres schlecht.

20. a2 – a4 Ta8 – e8?

Spielt Weiß ohne Kampf die a-Linie zu. Kampflustiger wäre 20. ... a5, worauf Stein 21. Tb1! hatte antworten wollen.

21. a4×b5 a6×b5
22. Tc1 – a1 Lb7 – c6

Versucht d4 – d5 herauszufordern, um Se3 – d5 unmöglich zu machen.

23. Ta1 – a6! ...

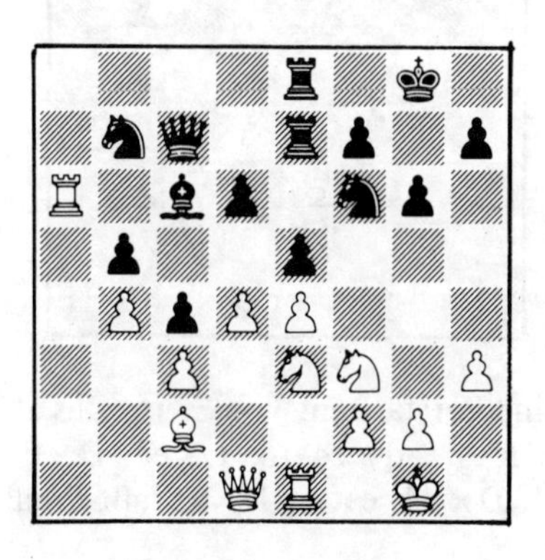

Basiert auf zwei taktischen Scherzen: 23. ... L×e4? 24. L×e4, S×e4 25. Sd5 und 23. ... S×e4? 24. T×c6!, D×c6 25. d5.

23. ... Dc7 – c8
24. d4 – d5 Lc6 – d7
25. Sf3 – h2 ...

Es sieht aus, als ob Weiß 25. ... Sc5 übersieht; aber der Schein trügt. Folgen würde nämlich: 26. Ta5, Sc×e4 27. Df3!, Lf5 28. S×f5, g×f5 29. T×b5 mit Vorteil für Weiß (Analyse von Furman).

25. ... Kg8 – g7
26. Dd1 – f3 Te8 – f8
27. Te1 – a1 Sf6 – g8
28. Df3 – g3 ...

Gegen f7 – f5 gerichtet.

28. ... Kg7 – h8
29. f2 – f4 e5×f4?

Offensichtlich in der Überzeugung, rasch mit f7 – f5 zu Gegenspiel zu gelangen. Geboten wäre 29. ... f6, um die Stellung geschlossen zu halten.

30. Dg3×f4 Tf8 – e8
31. Sh2 – f3 Kh8 – g7

Sofort 31. ... f5, dann 32. Sg5.

32. Sf3 – d4 f7 – f5?

In der Meinung, daß Schlagen auf f5 Weiß einen Springer kosten würde.

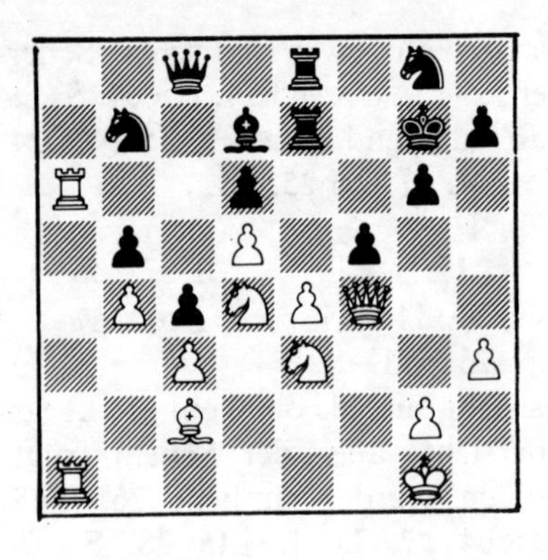

| | |
|---|---|
| 33. Ta6 – a8! | Dc8 × a8 |
| 34. Ta1 × a8 | Te8 × a8 |
| 35. e4 × f5 | Te7 – e5 |
| 36. Se3 – g4 | Ta8 – e8 |
| 37. f5 – f6† | ... |

Natürlich nicht 37. S × e5?, d × e5.

| | |
|---|---|
| 37. ... | Kg7 – f7 |
| 38. Sg4 – h6† | Sg8 × h6 |
| 39. Df4 × h6 | Kf7 × f6 |
| 40. Dh6 × h7 | |

Schwarz gibt auf.
Eine von Stein sehr erfinderisch durchgefürhrte Partie.

# 31

*16. Olympiade, Tel Aviv 1964.*
*Weiß: Bisguier*
*Sizilianisch*

| | |
|---|---|
| 1. c2 – c4 | g7 – g6 |
| 2. e2 – e4 | c7 – c5 |
| 3. Sg1 – f3 | Lf8 – g7 |
| 4. d2 – d4 | c5 × d4 |
| 5. Sf3 × d4 | Sb8 – c6 |
| 6. Lc1 – e3 | Sg8 – f6 |
| 7. Sb1 – c3 | Sf6 – g4 |
| 8. Dd1 × g4 | Sc6 × d4 |
| 9. Dg4 – d1 | e7 – e5 |
| 10. Sc3 – b5 | 0 – 0 |
| 11. Dd1 – d2 | ... |

Allzu gewagt ist 11. S × d4, e × d4 12. L × d4, Da5† 13. Ke2, Te8 14. f3, d5! (Penrose).

| | |
|---|---|
| 11. ... | Dd8 – h4 |
| 12. Lf1 – d3 | d7 – d5 |

Alles schon längst zu Buche gebracht. 13. e × d5, S × b5 14. c × b5, e4 bietet Schwarz gute Möglichkeiten.

| | |
|---|---|
| 13. Le3 – g5 | ... |

Nach dem damaligen Stand der Dinge vorteilhaft für Weiß. In Betracht kommt aber eher 13. S × d4, d × e4 14. Lg5 (Filip) oder 13. c × d5, S × b5 14. L × b5, D × e4 15. 0 – 0 (Kavalek).

| | |
|---|---|
| 13. ... | Dh4 – g4 |
| 14. f2 – f3 | Dg4 – d7 |
| 15. Sb5 × d4 | d5 × c4! |

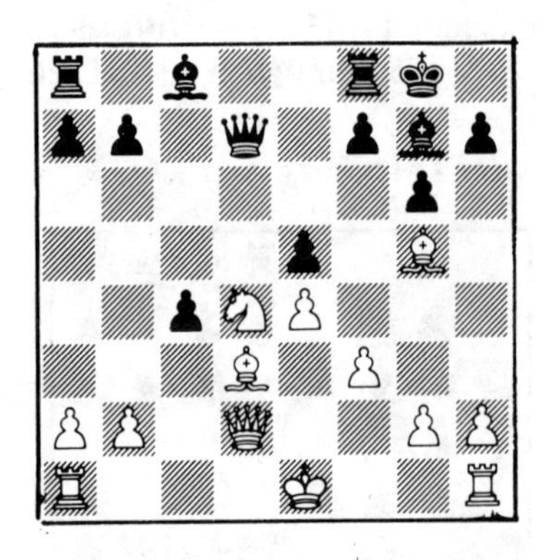

Eine Verstärkung von Stein. Das alte 15. ... d × e4 16. L × e4, D × d4 17. D × d4, e × d4 18. b3 läßt Weiß einen kleinen Endspielvorteil.

16. Ld3 × c4 ...

Erwägung verdiente Sd4 – e2 – c3 – d5.

16. ... e5 × d4

17. Lc4 – d5? ...

Weiß hätte rochieren müssen.

17. ... Dd7 – b5!

18. a2 – a4 ...

Bisguier bleibt ein Optimist. Hier und nach dem folgenden Zug hätte er mit Kf2, Thf1 und Kg1 die künstliche Rochade durchsetzen müssen.

18. ... Db5 – a6

19. Dd2 – b4 Lc8 – e6!

20. Ld5 × e6 ...

Schlagen auf b7 ist noch weniger attraktiv: 20. L × b7, Tab8 21. L × a6, T × b4, und Weiß wird in die Defensive gedrängt.

20. ... f7 × e6

21. Ta1 – c1 h7 – h6

22. Lg5 – d2 Tf8 – c8!

Um, wenn notwendig, Lf8 zur Hand zu haben.

23. Ke1 – f2 Da6 – d3!

Stein sorgt für Fahrgeschwindigkeit: Er ist jetzt bereit für a5 und Tc2.

24. Tc1 × c8† Ta8 × c8

25. Th1 – c1 Tc8 × c1

26. Ld2 × c1 Dd3 – c2†

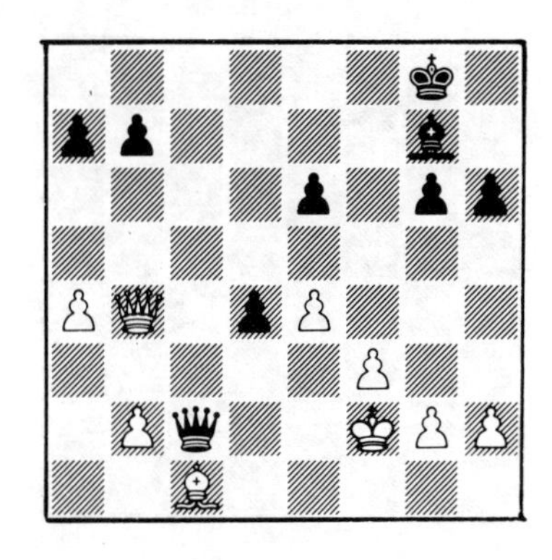

27. Db4 – d2 ...

Wenn Weiß seinen Bauern mit 27. Ld2? retten will, verliert er eine Figur wie folgt: 27. ... Lf8! 28. Da5, b6 oder 28. D × d4?, Lc5.

27. ... Dc2 × a4

28. Dd2 – d3 h6 – h5

29. b2 – b3 Da4 – c6

30. Lc1 – d2 e6 – e5

31. g2 – g4 b7 – b5

32. g4 × h5 g6 × h5

33. Kf2 – e2 a7 – a6

34. f3 – f4? ...

Danach gibt es für Weiß kein Halten mehr. Sorgfältiges Nichtstun wäre angezeigt gewesen. Nun bekommt das schwarze Übergewicht eine zweite Front.

34. ... e5 × f4

35. Ld2 × f4 Dc6 – e6!

Weist auf drei Schwachstellen in der weißen Stellung: Bauer b3, Bauer e4 und Feld g4. Ursache für die beiden letzteren ist der ungeduldige 34. Zug von Weiß.

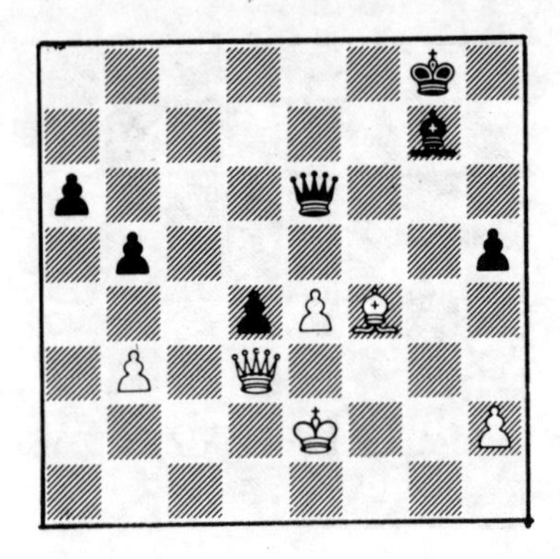

| | |
|---|---|
| 36. h2 – h3 | a6 – a5! |
| 37. e4 – e5 | Lg7 × e5! |

Eine scharf berechnete Schlußkombination.

| | |
|---|---|
| 38. Dd3 – e4 | d4 – d3†! |
| 39. Ke2 – f2 | De6 – b6† |
| 40. Kf2 – f3 | Le5 × f4 |
| 41. De4 – e8† | ... |

Auf der Suche nach ewigem Schach.

| | |
|---|---|
| 41. ... | Kg8 – g7 |
| 42. De8 – e7† | Kg7 – h6 |
| 43. De7 – f8† | Kh6 – g6 |
| 44. Df8 – e8† | Kg6 – g5 |
| 45. h3 – h4† | Kg5 × h4 |
| 46. De8 – e7† | ... |

Letzte Möglichkeit: 46. ... Lg5?? 47. De1†, Kh3 48. Dh1 matt.

| | |
|---|---|
| 46. ... | Kh4 – h3 |
| 47. De7 – d7† | Kh3 – h2 |

Weiß gibt auf.

# 32

*32. Meisterschaft der UdSSR, Kiew 1965*
*Weiß: Lutikov*
*Spanisch*

| | |
|---|---|
| 1. e2 – e4 | e7 – e5 |
| 2. Sg1 – f3 | Sb8 – c6 |
| 3. Lf1 – b5 | a7 – a6 |
| 4. Lb5 – a4 | Sg8 – f6 |
| 5. 0 – 0 | Lf8 – e7 |
| 6. Tf1 – e1 | b7 – b5 |
| 7. La4 – b3 | 0 – 0 |
| 8. c2 – c3 | d7 – d6 |
| 9. h2 – h3 | Sf6 – d7 |
| 10. d2 – d4 | Lc8 – b7 |

An dem älteren 10. ... Lf6 erlebte Stein wenig Freude in einer Partie gegen Tal, der mit 11. a4, Lb7 12. a × b5, a × b5 13. T × a8, D × a8 14. d5, Sa5 15. Lc2, Le7 16. Sa3 klar die Führung nahm.

| | |
|---|---|
| 11. Sb1 – d2 | Sc6 – a5 |
| 12. Lb3 – c2 | c7 – c5 |
| 13. Sd2 – f1 | c5 × d4 |
| 14. c3 × d4 | Ta8 – c8 |
| 15. Sf1 – e3 | g7 – g6 |
| 16. Se3 – g4? | ... |

Besser einfach 16. b3.

| | |
|---|---|
| 16. ... | h7 – h5! |

Offensichtlich sah Weiß dies als eine Schwächung, die herausgefordert werden mußte.

| | |
|---|---|
| 17. Sg4 – e3 | e5 × d4 |
| 18. Sf3 × d4 | Le7 – f6 |

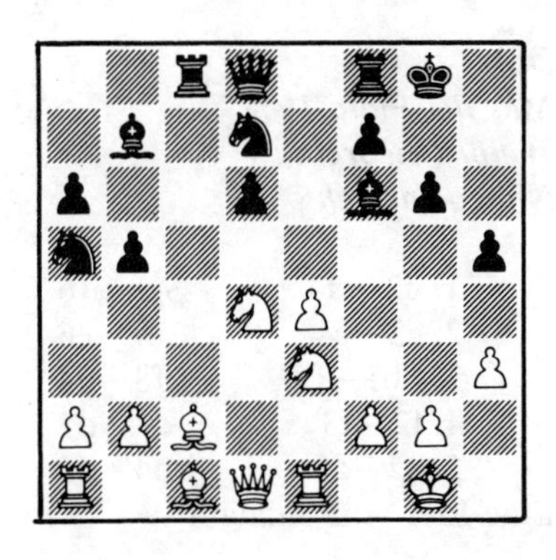

19. Sd4 – b3? ...

Weiß hatte vermutlich die Abischt, hier mit 19. Sdf5?! fortzusetzen und schreckte im kritischen Moment vor seinem eigenen Mut züruck. Stein hätte geantwortet mit 19. ... g×f5 20. S×f5, Tc5! 21. D×h5, T×f5 und wäre sowohl nach 22. D×f5, Se5 als auch nach 22. e×f5, Te8 im Vorteil geblieben.
Für Weiß wäre der beste Zug gewesen 19. b3, ohne sich nach 19. ... Te8 20. Lb2! zu bekümmern um Bauer e4. Auf 20. ... L×e4 21. L×e4, T×e4 22. Sd5! kann Schwarz sich doch nicht einlassen.

19. ... Sa5 – c4
20. Se3×c4 b5×c4
21. Sb3 – d4 Tf8 – e8
22. b2 – b4 d6 – d5

In seinem Streben, die Spannung soviel wie nur möglich zu erhöhen, verschmäht Stein das einfache und gute 22. ... c×b3 i.V. 23. L×b3, Sc5.

23. Ta1 – b1 ...

Natürlich nicht 23. e×d5??, T×e1† 24. D×e1, L×d4.

23. ... d5×e4
24. Lc2 – a4 ...

Droht plötzlich 25. Se6!

24. ... Te8 – e7
25. Lc1 – e3 Sd7 – e5

Schwarz muß sorgfältig zu Werke gehen; nach 25. ... Sb6? würde Weiß mit 26. Sc6, D×d1 27. S×e7†, L×e7 28. L×d1 die Qualität gewinnen.

26. b4 – b5 a6×b5
27. Sd4×b5 Se5 – d3
28. Te1 – e2 Tc8 – a8

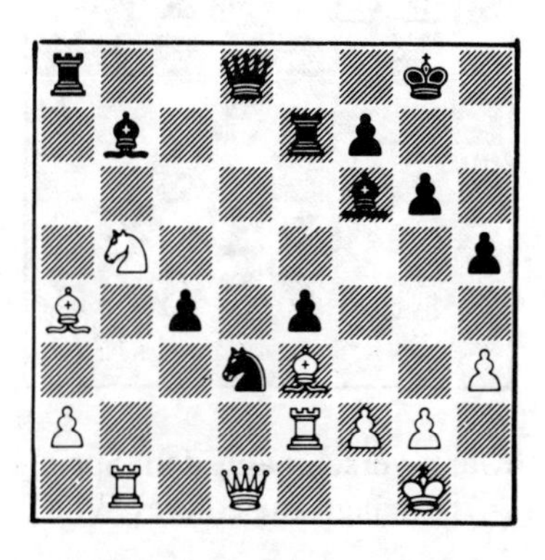

29. Sb5 – a7 ...

Neuerlich sucht Lutikov das Abenteuer. Nun, Stein hat nichts dagegen!

29. ... Dd8 – c7

Macht 30. Sc6 unmöglich.

30. Tb1 – b6 ...

Er läßt nicht locker. Möglich wäre 30. Sb5, denn auf 30. ... Da5 geht 31. Lc2 (31. ... D×a2? 32. L×d3).

30. ... Te7 – e6

| | |
|---|---|
| 31. Sa7 – b5? | ... |

Angezeigt wäre 31. T × e6.

| | |
|---|---|
| 31. ... | Dc7 × b6!! |
| 32. Le3 × b6 | Te6 × b6 |
| 33. Sb5 – c7 | ... |

Oder 33. Sa3, Tba6!

| | |
|---|---|
| 33. ... | Ta8 × a4! |
| 34. Dd1 × a4 | Tb6 – b1† |
| 35. Kg1 – h2 | Lf6 – e5† |
| 36. g2 – g3 | e4 – e3! |

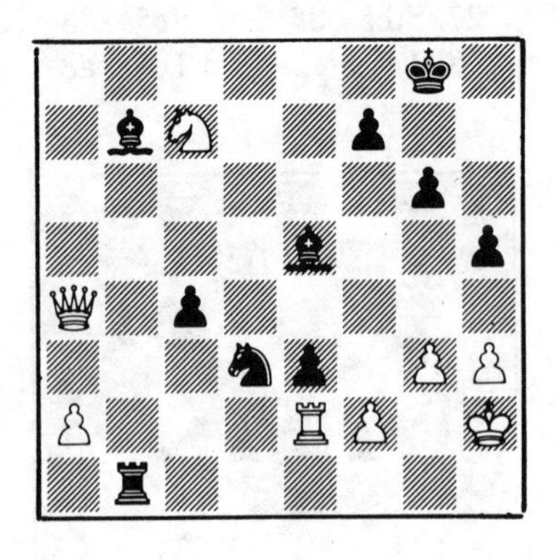

Schwarz verschmäht den Springer auf c7: Er jagt auf edleres Wild.

| | |
|---|---|
| 37. f2 – f3 | Lb7 × f3 |
| 38. Da4 – e8† | Kg8 – g7 |
| 39. Sc7 – e6† | Kg7 – f6! |
| 40. Te2 – g2 | Sd3 – f2! |
| 41. De8 – d8† | ... |

Abgebrochen und nicht wieder aufgenommen. Weiß gibt auf: nach 41. ... K × e6 42. De8†, Kf6 43. Dh8†, Kf5 44. Dc8†, Kg5 45. Dd8†, Kh6! 46. Tg1, Sg4†! 47. h × g4, Tb2† wird er mattgesetzt.

# 33

*Mar del Plata 1965*
*Weiß: Gheorghiu*
*Nimzo-Indisch*

| | |
|---|---|
| 1. d2 – d4 | Sg8 – f6 |
| 2. c2 – c4 | e7 – e6 |
| 3. Sb1 – c3 | Lf8 – b4 |
| 4. f2 – f3 | d7 – d5 |
| 5. a2 – a3 | Lb4 – d6 |

Eine Idee von Simagin.

| | |
|---|---|
| 6. e2 – e4 | ... |

Konsequent aber besonders riskant. Das Beste ist 6. Lg5.

| | |
|---|---|
| 6. ... | c7 – c5! |

Die Pointe der Variante von Schwarz. Nach 7. e5, c × d4! bekommt er auf jeden Fall gutes Spiel.

| | |
|---|---|
| 7. c4 × d5 | e6 × d5 |
| 8. e4 – e5? | ... |

Besser 8. d × c5, L × c5 9. Lg5!, Db6! 10. Dd2! (nicht 10. L × f6, Lf2†! 11. Kd2, D × b2† 12. Kd3, b6 mit gewinnendem Angriff) 10. ... L × g1 11. L × f6, D × f6 12. S × d5, Dd6 13. T × g1, 0 – 0, und die Stellung ist unklar.

| | |
|---|---|
| 8. ... | c5 × d4 |
| 9. Dd1 × d4 | Dd8 – e7! |

Nicht 9. ... Sc6 wegen 10. Lb5.

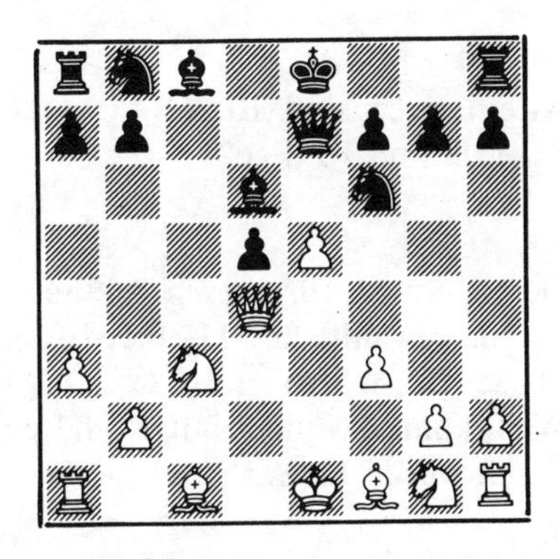

10. Lc1 – f4? ...

Die letzte Chance für Weiß wäre 10. f4, wenn Schwarz auch nach 10. ... Sc6! 11. Dd3, 0 – 0 bereit steht für ein vielversprechendes Figurenopfer auf e5.

10. ... Sb8 – c6
11. Lf1 – b5 ...

Sonst geht e5 verloren.

11. ... 0 – 0
12. Lb5 × c6 Ld6 – c5!

Nach 12. ... b × c6? 13. 0 – 0 – 0! stiege Weiß prächtig heraus.

13. Sc3 × d5 ...

Weiß muß wohl versuchen im Trüben zu fischen: nach 13. Dd2, b × c6 14. Sge2, Sd7 15. Sa4, Lb6 16. S × b6, a × b6 17. Dc3, La6 (Bouwmeester) steht Schwarz überwiegend.

13. ... Sf6 × d5
14. Dd4 × d5 Tf8 – d8

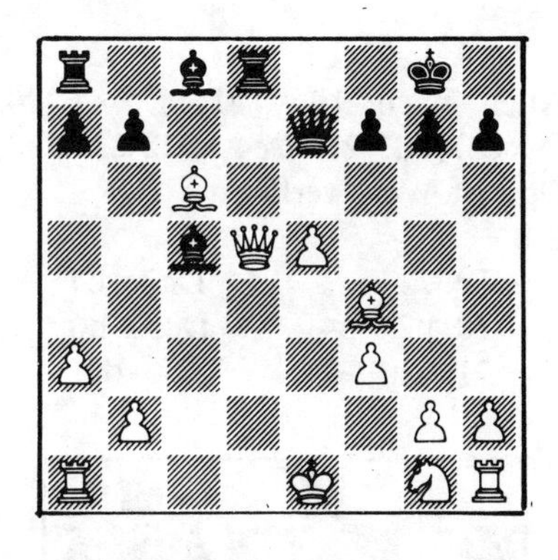

15. Dd5 – e4 ...

In 'Schakend Nederland' gibt Bouwmeester als Alternativen:

*1* 15. Lg5, D × g5 16. D × c5, D × g2
*2* 15. 0 – 0 – 0, T × d5 16. L × d5, Lf5!

15. ... b7 × c6
16. Sg1 – e2 ...

Oder 16. D × c6, Tb8, und Weiß steht vor einem Zusammenbruch.

16. ... Lc8 – a6
17. Lf4 – e3 ...

Weiß kämpft für eine verlorene Sache. Die folgenden Varianten sind von Bouwmeester:

*1* 17. b4?, Ld3
*2* 17. Td1, T × d1† 18. K × d1, Td8† 19. Kc1 (19. Ke1, Dd7) 19. ... L × a3!

17. ... Td8 – d5
18. f3 – f4 ...

Oder 18. L × c5, D × c5 19. Tc1, Db5!

18. ... Ta8 – d8

19. Le3 × c5 ...

Auch nach 19. Tc1, L × e3 20. D × e3, Td3 21. De4, Td2 22. Sg3, Dd7 ist Weiß verloren.

19. ... De7 × c5
20. b2 – b4 Dc5 – b6
21. Th1 – f1 Td5 – d2!

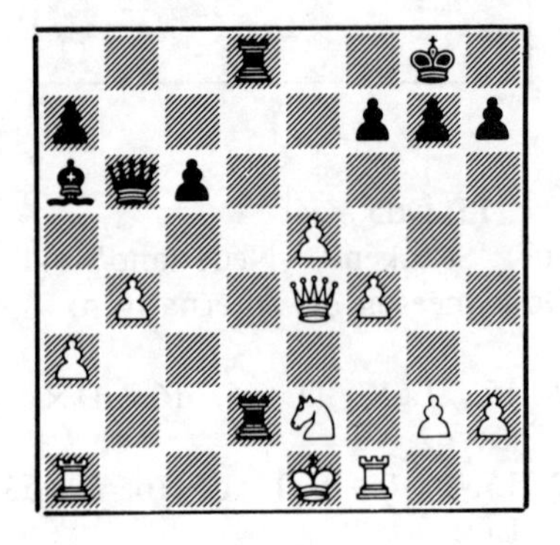

Weiß gibt auf: 22. Tf2, T × e2†! Eine Metzelpartie auf hohem Niveau und von hoher Qualität.

## 34

*33. Meisterschaft der UdSSR, Tallinn 1965*
*Weiß: Kortschnoj*
*Königsindisch*

1. d2 – d4 Sg8 – f6
2. c2 – c4 g7 – g6
3. Sb1 – c3 Lf8 – g7
4. e2 – e4 d7 – d6
5. f2 – f3 0 – 0
6. Lc1 – e3 e7 – e5
7. d4 – d5 Sf6 – h5
8. Dd1 – d2 f7 – f5
9. 0 – 0 – 0 Sb8 – d7

Elastischer als 9. ... f4.

10. Lf1 – d3 ...

Alternativen sind 10. e × f5, g × f5 11. Ld3 und 10. Sge2.

10. ... f5 × e4!

Der Moment für diesen Abtausch ist gut gewählt: auf 11. f × e4 folgt 11. ... Sdf6, drohend 12. ... Sg4. Weiß kann das nicht mit 12. h3 parieren wegen 12. ... Sg3.

11. Sc3 × e4 Sh5 – f4
12. Ld3 – c2 Sd7 – f6
13. Se4 – c3 b7 – b5!

Das Losungswort in solch einer superscharfen Stellung lautet selbstverständlich: Initiative.

14. Sc3 × b5 ...

Nach 14. c × b5, a6! bekommt Schwarz herrliche Angriffsmöglichkeiten. In Betracht kommt 14. g3.

14. ... Lc8 – a6
15. Sb5 – a3 Ta8 – b8
16. g2 – g3 Sf4 – h5

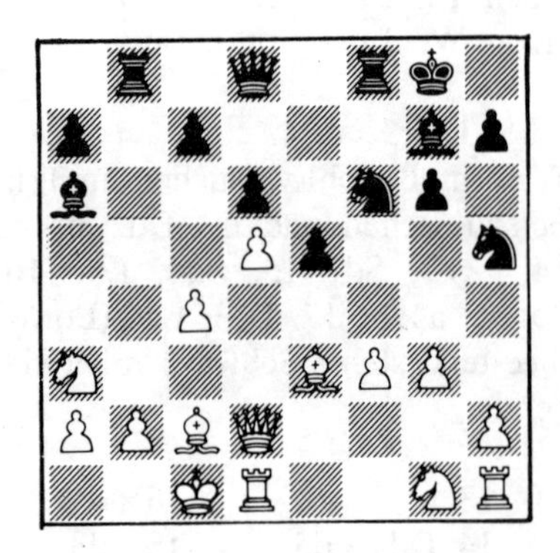

17. b2 – b3? ...

Sieht ausgezeichnet aus, erweist sich aber als zu langsam: eigentlich einzig und allein durch das nun folgende erfinderische Spiel von Stein. Weiß hätte 17. Sge2 spielen müssen, und auf 17. ... e4 nicht 18. f×e4?, T×b2! sondern 18. Sd4, mit besonders kompliziertem Spiel.

| | |
|---|---|
| 17. ... | La6 – b7 |
| 18. Sa3 – b1 | c7 – c6! |
| 19. d5×c6 | Lb7×c6 |
| 20. Dd2×d6 | Dd8 – e8! |
| 21. Td1 – e1 | Tf8 – f7! |
| 22. Le3 – d2 | Lg7 – f8! |

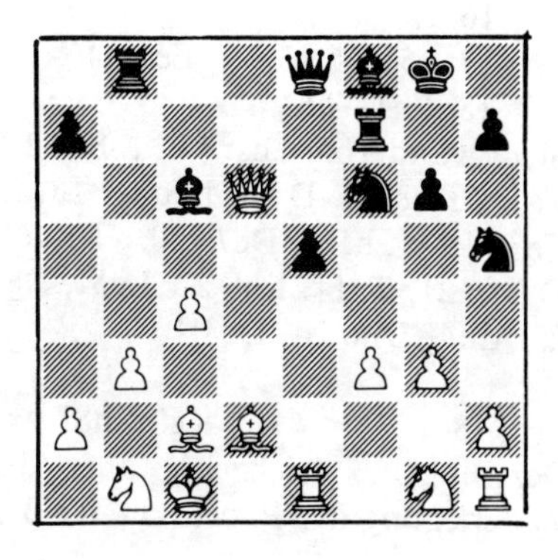

Alles außerordentlich raffiniert: nach 23. D×e5, Te7! 24. Dc3, Lg7 harren des Weißen grauenvolle Dinge.

| | |
|---|---|
| 23. Dd6 – d3 | e5 – e4! |

Jeder Hieb sitzt: mit 24. f×e4, Sg4! darf Weiß sich nicht abgeben.

| | |
|---|---|
| 24. Dd3 – c3 | Lf8 – g7 |
| 25. Sg1 – h3 | Sf6 – g4! |
| 26. f3×g4! | ... |

Oder 26. Da5, T×f3 27. Sg5 (27. D×a7, e3 28. Lc3, Tf7) 27. ... Tf5 28. D×a7, T×g5! 29. L×g5, De5 30. Ld2, Db2† 31. Kd1, Ta8 32. Db6, T×a2 (Keene), und Schwarz gewinnt mit Leichtigkeit.

| | |
|---|---|
| 26. ... | Lg7×c3 |
| 27. Sb1×c3 | Sh5 – f6 |
| 28. g4 – g5 | Sf6 – d7 |
| 29. Sc3×e4 | De8 – f8 |
| 30. Ld2 – c3 | Tf7 – f3! |

Immer so energisch wie möglich.

| | |
|---|---|
| 31. Lc3 – b2 | Tb8 – e8 |

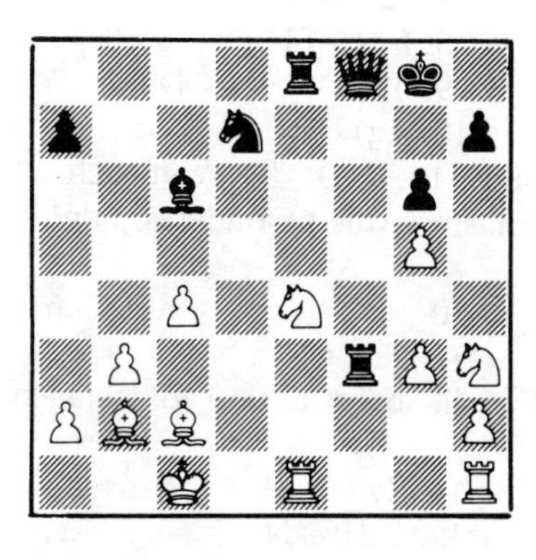

| | |
|---|---|
| 32. Kc1 – b1? | ... |

Stellt Schwarz in die Gelegenheit zu einer entscheidenden Abwicklung.

| | |
|---|---|
| 32. ... | Lc6×e4 |
| 33. Lc2×e4 | Te8×e4! |
| 34. Te1×e4 | Tf3 – f1† |
| 35. Te4 – e1 | Df8 – f5†! |
| 36. Kb1 – a1 | Tf1×h1 |
| 37. Te1×h1 | Df5×h3 |

Und nach letzten Ende 61 Zügen gab Weiß die Partie auf.

# 35

*33. Meisterschaft der UdSSR,*
*Tallin 1965*
*Weiß: Chasin*
*Sizilianisch*

| | |
|---|---|
| 1. e2 – e4 | c7 – c5 |
| 2. Sg1 – f3 | d7 – d6 |
| 3. d2 – d4 | c5 × d4 |
| 4. Sf3 × d4 | Sg8 – f6 |
| 5. Sb1 – c3 | a7 – a6 |
| 6. Lf1 – e2 | e7 – e6 |
| 7. f2 – f4 | Lf8 – e7 |
| 8. Le2 – f3 | 0 – 0 |
| 9. 0 – 0 | Dd8 – c7 |
| 10. Kg1 – h1 | ... |

Statt 10. Le3. Es zeigt sich, daß Chasin etwas besonderes plant.

| | |
|---|---|
| 10. ... | Sb8 – c6 |
| 11. g2 – g4 | ... |

Er will sofort darauf losschlagen.

| | |
|---|---|
| 11. ... | Sc6 × d4 |
| 12. Dd1 × d4 | ... |

Mit dem König noch auf Feld g1 würde jetzt 12. ... d5, drohend 13. ... Lc5, folgen.

| | |
|---|---|
| 12. ... | Sf6 – d7 |
| 13. g4 – g5 | b7 – b5! |
| 14. f4 – f5 | Lc8 – b7 |
| 15. Lc1 – e3 | Sd7 – e5 |
| 16. f5 – f6 | ... |

Die Pointe des haarscharfen Planes von Weiß; Besser wäre jedoch 16. Lg2.

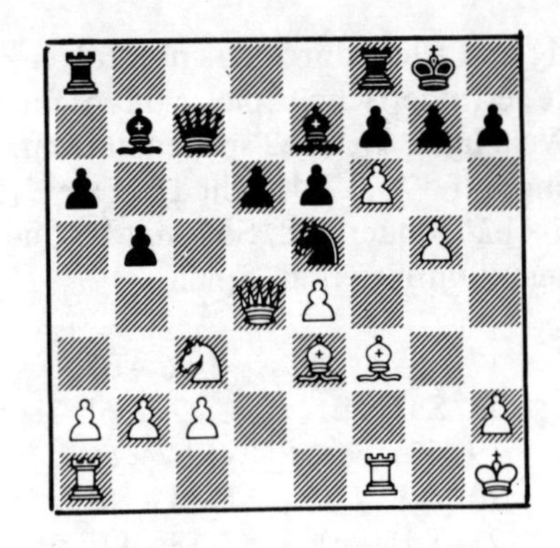

| | |
|---|---|
| 16. ... | g7 × f6 |
| 17. g5 × f6 | Le7 × f6 |
| 18. Le3 – h6 | ... |

Sieht wunderbar aus: 18. ... Sd7 19. Tg1†, Kh8 20. D × f6†! oder 18. ... Te8 19. Lh5!, De7 20. T × f6!, D × f6 21. Tg1†, Kh8 22. Lg5!, Dg7 23. Lh4, Dh6 24. De3!!

| | |
|---|---|
| 18. .. | Kg8 – h8! |

Gezwungen, gleichzeitig aber die Widerlegung der Pläne von Weiß.

| | |
|---|---|
| 19. Lh6 × f8 | Ta8 × f8 |
| 20. Ta1 – d1 | Tf8 – d8 |
| 21. Lf3 – g2 | Lf6 – g7 |

Es droht 22. ... Sc4. Die schwarzen Figuren finden sich zu prächtigem Zusammenspiel.

| | |
|---|---|
| 22. Dd2 – f2 | Td8 – g8 |
| 23. Df2 – h4? | ... |

Weiß denkt wahrscheinlich, daß er noch Angriffsmöglichkeiten hat. Stärker wäre 23. a3, oder 23. Td2, Sc4 24. D × f7!

| | |
|---|---|
| 23. ... | f7 – f5! |

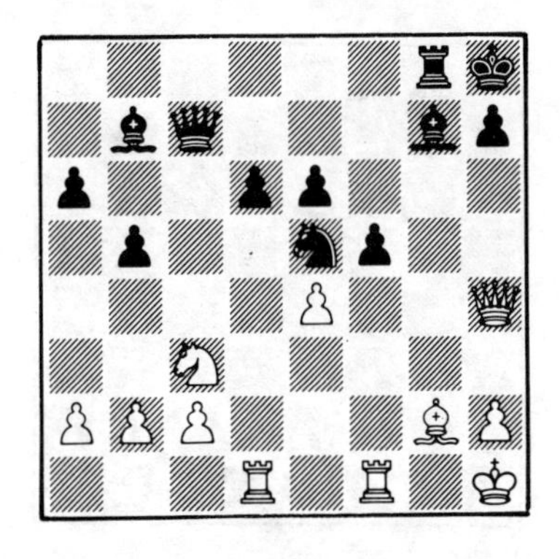

Unterminierung des weißen Zentrums, die auf einem taktischen Witz, ermöglicht durch den vorigen Zug von Weiß, beruht, nämlich 24. e×f5??, L×g2† 25. K×g2, Lf6† mit Damegewinn.

24. Td1 – e1 Se5 – c4

Droht mit 25. ... Sd2 den Druck gegen e4 entscheidend zu verstärken.

25. Tf1 – f2 ...

Gegen 25. ... b4 26. Sd1, Sd2! berichtet.

25. ... Lg7 – d4
26., Tf2 – f3 Sc4×b2
27. Sc3 – e2 Ld4 – e5

Verhindert 28. Tg3.

28. Se2 – g3 f5×e4
29. Sg3×e4 Dc7 – g7
30. Tf3 – f2 Le5 – d4
31. Tf2 – e2 Sb2 – c4
·32. Se4 – g5 ...

Besser 32. Sg3! Der Textzug spekuliert auf 32. ... Lf6 33. D×h7†!, D×h7 34. S×h7, T×g2 35. T×g2, K×h7 36. T×e6.

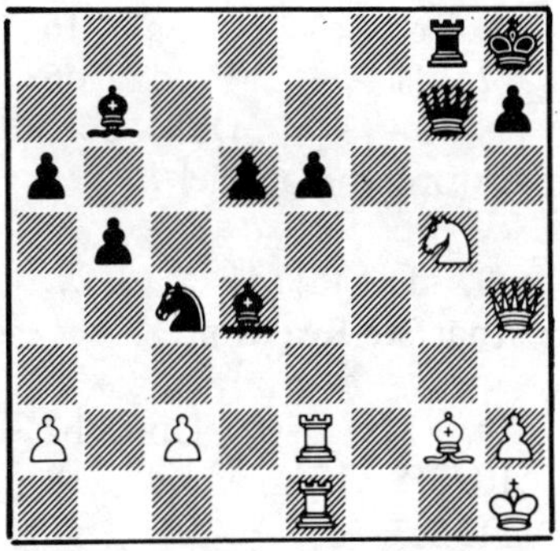

32. ... Ld4 – e3!
33. Lg2×b7 ...

Er hat keinen besseren Zug: 33. Se4, Sd2! beziehungsweise 33. Sf3, L×f3 34. L×f3, Dg1†! und matt.

33. ... Le3×g5!
34. Dh4 – e4 d6 – d5
35.De4×e6 Dg7×b7
36. Te1 – g1 d5 – d4†
37. Tg1 – g2 ...

Oder 37. Teg2, Se3.

37. ... Tg8 – f8
38. h2 – h4 Tf8 – f1†
39. Kh1 – h2 Lg5 – f4†

Weiß gibt auf.

## *36*

*Mar del Plata 1966.*
*Schwarz: Pelikan*
*Sizilianisch*

1. e2 – e4 c7 – c5
2. Sg1 – f3 Sb8 – c6
3. d2 – d4 c5×d4
4. Sf3×d4 g7 – g6
5. Sb1 – c3 Lf8 – g7

6. Lc1 – e3　　Sg8 – f6
7. Lf1 – c4　　d7 – d6
8. f2 – f3　　Dd8 – b6!?

Herausfordernd gespielt.

9. Sd4 – f5!?　　...

Die schärfste Reaktion.

9. ...　　Db6 × b2
10. Sf5 × g7†　　Ke8 – f8
11. Sc3 – d5　　...

Oder 11. Ld2, K × g7 12. 0 – 0, ein Vorschlag von Suetin.

11. ...　　Kf8 × g7

Auf 11. ... S × d5 folgt am vielversprechendsten 12. L × d5.

12. Ta1 – b1　　Db2 – a3

Nicht 12. ... De5 13. Dd2!, und die schwarze Dame kommt in die Patsche.

13. Dd1 – d2　　...

Bis hierher Bronstein - Stein, Tallinn 1965.

13. ...　　h7 – h5

Stein spielte stärker, nämlich 13. ... Td8 14. Tb3, Da5 15. Lh6†, Kh8 (15. ... Kg8 16. S × e7†!) 16. S × f6, D × d2 17. L × d2, e × f6 18. L × f7, und es gelang ihm nach 36 Zügen Remis herauszuholen.

14. 0 – 0　　Ta8 – b8?

Angezeigt wäre 14. ... Se5 oder 14. ... Le6! 15. T × b7, Sa5 (Becker), jedoch nicht 14. ... Sa5? wegen 15. Ld4!, S × c4 16. Dg5, Se5 17. f4, S × e4 18. D × e7.

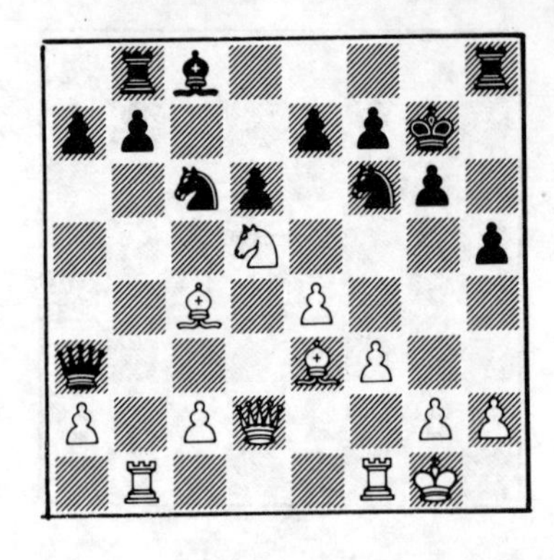

15. Sd5 × e7!!　　Lc8 – e6

Schwarz hat es überrissen, leider einen Zug zu spät. Die wichtigste Variante lautet: 15. ... S × e7 16. Tb3, Da4 17. Lb5, D × a2 18. Ld4!, z.B. 18. ... Le6 19. L × f6†, K × f6 20. Dc3†, Kg5 21. Ta3! und gewinnt (angegeben in 'De Losbladige Schaakberichten').

16. Se7 – d5　　Sc6 – a5

Schwarz kann nicht mehr entkommen: 16. .. L × d5 17. L × d5, S × d5 18. e × d5, Se5 19. Ld4, f6 20. f4 und dann

*1*　20. ... Sd7 21. Tb3 und eventuell Tg3
*2*　20. ... Sg4 21. h3, Sh6 22. f5!

17. Le3 – d4!　　Sa5 × c4
18. De3 – g5　　...

Schwarz steht vor der Katastrophe.

18. ...　　Sc4 – e5
19. Dg5 × f6†　　Kg7 – h6
20. f3 – f4　　Th8 – e8
21. Df6 – g5†

Schwarz gibt auf.

## 37

*Kislowodsk 1966*
*Schwarz: Lutikov*
*Rétisystem*

| | |
|---|---|
| 1. Sg1 – f3 | d7 – d5 |
| 2. g2 – g3 | Sb8 – c6 |
| 3. Lf1 – g2 | Lc8 – g4 |
| 4. c2 – c4 | d5 × c4 |

Eher in Übereinstimmung mit dem unbefangenen Beginn von Schwarz wäre 4. ... d4 gewesen.

| | |
|---|---|
| 5. Sb1 – a3! | g7 – g6 |
| 6. Sa3 × c4 | Lf8 – g7 |
| 7. d2 – d3 | e7 – e5 |
| 8. Lc1 – d2 | Sg8 – e7 |
| 9. Ta1 – c1 | a7 – a5 |

Auf 9. .. 0 – 0 hat er wohl 10. b4 befürchtet.

| | |
|---|---|
| 10. Sc4 – e3 | Lg4 – d7 |
| 11. h2 – h4 | h7 – h6 |
| 12. Se3 – c4 | ... |

Kennzeichnend für den Aufbau von Weiß: er kann es beliebig links und rechts versuchen.

| | |
|---|---|
| 12. ... | Ld7 – e6 |
| 13. Ld2 – c3 | ... |

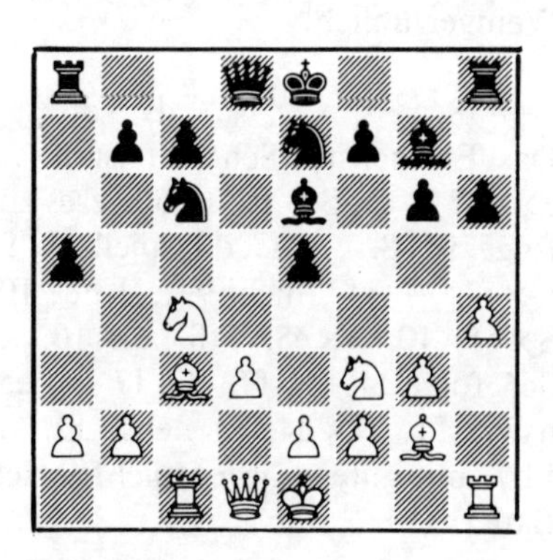

| | |
|---|---|
| 13. ... | f7 – f6 |

Macht einen sehr passiven Eindruck. In Frage kommt vielleicht eher 13. .. Ld5 14. e4, L × c4 (14. ... Le6 15. Sc × e5) 15. d × c4, D × d1† 16. T × d1, Td8 17. Ke2, 0 – 0.

| | |
|---|---|
| 14. b2 – b3 | Se7 – d5 |
| 15. Lc3 – b2 | Dd8 – d7 |
| 16. a2 – a3 | Sd5 – e7 |
| 17. Dd1 – c2 | Se7 – f5 |
| 18. Sc4 – d2! | Ta8 – d8 |
| 19. Sd2 – e4! | ... |

Zügelt das Streben von Schwarz, einen Springer auf d4 zu postieren.

| | |
|---|---|
| 19. ... | Dd7 – f7 |
| 20. b3 – b4! | Sf5 – d6 |

Oder 20. ... a × b4 21. a × b4, S × b4 22. Da4†, Sc6 23. Sc5, Lc8 24. Sd2, mit ähnlichen Folgen wie in der Partie.

| | |
|---|---|
| 21. Se4 – c5 | Le6 – c8 |
| 22. b4 × a5 | Sc6 × a5 |
| 23. Dc2 – a4† | Sa5 – c6 |
| 24. Sf3 – d2 | 0 – 0 |

Die Frage ist berechtigt, ob das Tempo Sf5 – d6 den weißen a-Bauern wert gewesen ist.

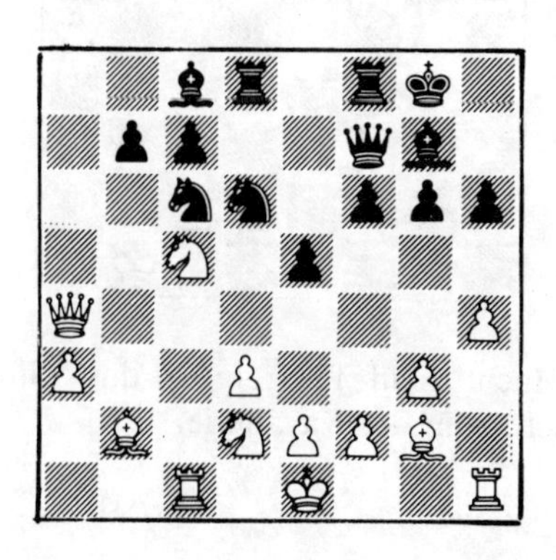

| | |
|---|---|
| 25. Sc5 × b7! | Lc8 × b7 |
| 26. Lg2 × c6 | Td8 – b8 |
| 27. Lc6 × b7 | Tb8 × b7 |
| 28. Lb2 – c3 | Sd6 – b5 |
| 29. 0 – 0 | ... |

Endlich hat er dafür Zeit.

| | |
|---|---|
| 29. ... | Tf8 – b8 |
| 30. Lc3 – b4 | Tb7 – a7 |
| 31. Da4 – c2 | Sb5 × a3 |
| 32. Lb4 × a3 | Ta7 × a3 |
| 33. Dc2 × c7 | Df7 × c7 |
| 34. Tc1 × c7 | Ta3 – a2 |
| 35. Sd2 – c4! | Ta2 × e2 |
| 36. Tf1 – a1 | ... |

Schwarz hat nach mühsamen Schuften seinen Bauern wieder, gegen die Invasion der weißen Türme auf der siebenten Reihe ist er jedoch machtlos.

| | |
|---|---|
| 36. ... | Tb8 – d8 |
| 37. Ta1 – a7 | Lg7 – f8 |
| 38. Ta7 – a6 | Lf8 – g7 |
| 39. h4 – h5! | ... |

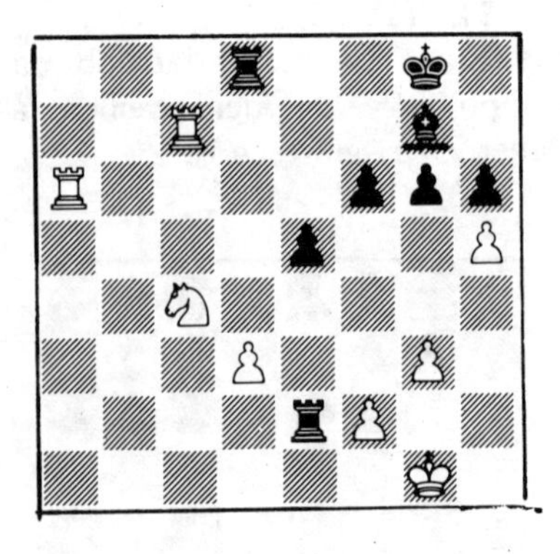

Macht Feld f5 frei für das Einschreiten der Kavallerie.

| | |
|---|---|
| 39. ... | g6 × h5 |
| 40. Sc4 – e3 | Te2 – d2 |
| 41. Se3 – f5 | Lg7 – f8 |
| 42. Ta6 × f6 | Td2 × d3 |
| 43. Sf5 × h6† | Lf8 × h6 |
| 44. Tf6 – g6† | Kg8 – f8 |
| 45. Tg6 × h6 | Td3 – d7 |
| 46. Tc7 × d7 | Td8 × d7 |
| 47. Th6 × h5 | Td7 – e7 |
| 48. Kg1 – f1 | Kf8 – g7 |
| 49. Th5 – f5 | Kg7 – g6 |
| 50. g3 – g4 | e5 – e4 |
| 51. Kf1 – e2 | Te7 – a7 |
| 52. Ke2 – e3 | Ta7 – a4 |
| 53. Tf5 – e5 | |

Schwarz gibt auf.

## 38

*17. Olympiade, Havanna 1966*
*Schwarz: Rodriguez (Kuba)*
*Spanisch*

| | |
|---|---|
| 1. e2 – e4 | e7 – e5 |
| 2. Sg1 – f3 | Sb8 – c6 |
| 3. Lf1 – b5 | a7 – a6 |
| 4. Lb5 – a4 | Sg8 – f6 |
| 5. 0 – 0 | Lf8 – e7 |
| 6. Tf1 – e1 | b7 – b5 |
| 7. La4 – b3 | 0 – 0 |
| 8. d2 – d4 | ... |

Weniger üblich.

| | |
|---|---|
| 8. ... | d7 – d6 |

Das Einfachste. Schlecht ist 8. ... e × d4? 9. e5, Se8 10. Ld5. Keres zufolge ist 8. ... S × d4 spielbar: 9. L × f7†, T × f7 (nicht 9. ... Kh8? 10. S × e5) 10. S × e5, Tf8 (auf 10. ... Sc6 folgt 11. S × f7, K × f7 12. e5, usw.) 11. D × d4, c5 nebst 12. ... Lb7, mit gutem Gegenspiel für den Bauern.

9. c2 – c3 Lc8 – g4
10. d4 – d5 ...

Das war die Absicht.

10. ... Sc6 – a5
11. Lb3 – c2 c7 – c6
12. h2 – h3!? ...

Zu einem Spiel mit gleichen Chancen führt 12. d×c6, Dc7 13. Sbd2, S×c6 14. Sf1, Tad8.

12. ... Lg4 – h5?

Hiernach ist die Spekulation von Weiß vollständig geglückt. Nach 12. ... L×f3! 13. D×f3, c×d5 14. e×d5, Sc4 15. Sd2, Tc8 wäre eher Schwarz besser gestanden: nota bene Stein - Geller, Kislowodsk 1966!

13. d5×c6 Dd8 – c7
14. Sb1 – d2 Sa5×c6
15. Sd2 – f1 ...

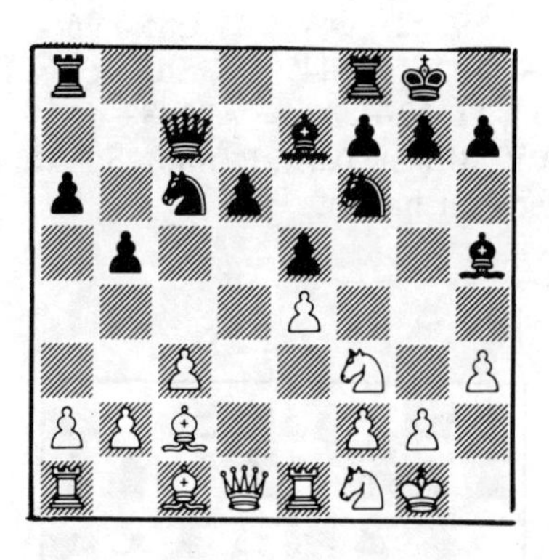

15. ... Ta8 – c8?

Nun wird Schwarz so ziemlich aufgerollt. Mit 15. ... Tad8! 16. Sg3, Lg6 17. Sh4, d5 hätte er immer noch ein Gefecht daraus machen können.

16. Sf1 – g3 Lh5 – g6
17. Sf3 – h4 Tf8 – d8
18. Sh4 – f5 d6 – d5
19. e4×d5 Sf6×d5
20. Dd1 – f3 Le7 – f8
21. Lc1 – g5 f7 – f6
22. Lc2 – b3! Lg6 – f7

Natürlich ist 22. ... f×g5 23. L×d5†, Kh8 schlecht für Schwarz: Weiß kann, wenn ihm nichts Besseres einfällt einstweilen zweimal auf c6 abtauschen und dann Bauer e5 kassieren.

23. Ta1 – d1! Sd5 – b6
24. Sf5 – h6†!! ...

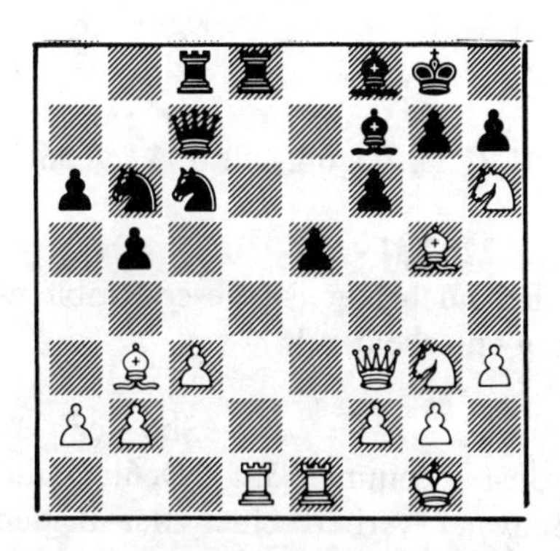

Dieses prachtvolle Springeropfer bricht die schwarze Stellung auf.

24. ... g7×h6
25. Lg5×f6 ...

Mit als Pointe 25. ... Sc4 26. Dg4†, Lg6 27. L×c4†, b×c4 28. L×d8 (28. D×c4†, Df7) 28. ... S×d8 29. Td7, Dc5 30. Ted1 usw.

25. ... Lf7×b3
26. Df3 – g4†! Lf8 – g7
27. Td1×d8†! Tc8×d8

Nach 27. ... S×d8 ist 28. a×b3! siegreich. Tal gibt die folgenden Varianten:

*1* 28. ... Kh8 29. T×e5, Sc6 30. Te7!, D×e7 31. L×e7, S×e7 32. Sh5

*2* 28. ... Df7 29. Sh5, De6 30. T×e5

*3* 28. ... Dd7 29. Sf5, Se6 30. T×e5, und es droht unter anderen 31. T×e6! oder 31. Se7†.

28. Lf6×d8 Dc7×d8
29. a2×b3 ...

Droht einstweilen 30. Sf5, gefolgt von 31. Td1.

29. ... Kg8–h8
30. Te1–d1 Dd8–e8
31. Sg3–h5 Lg7–f8

Auf 31. ... Dg6 gewinnt 32. Td6!!

32. Td1–d6! ...

Aber auch hier ist dieser Problemzug entscheidend.

32. ... Sb6–c8

Sonst kommt 33. De6!, und Schwarz verliert einen der beiden Springer.

33. Sh5–f6! ...

Das bedeutet matt oder Springerverlust.
Schwarz gibt auf.

## *39*

*Russische Klubmeisterschaften, Moskau 1966*
*Schwarz: Birbrager*
*Caro-Kann*

1. e2–e4 c7–c6
2. d2–d3 d7–d5
3. Sb1–d2 d5×e4

Keine Lust auf 3. ... e5 4. Sgf3, Sd7 5. d4.

4. d3×e4 Sg8–f6
5. Sg1–f3 Lc8–g4
6. h2–h3 Lg4–h5?

Richtig wäre 6. ... L×f3. Nun folgt eine schreckliche Widerlegung.

7. e4–e5 Sf6–d5
8. e5–e6! f7–f6

Nach 8. ... f×e6 9. g4, Lg6 10. Se5 steht Weiß überwältigend.

9. g2–g4 Lh5–g6
10. Sf3–d4 Sd5–c7
11. c2–c3 Dd8–d5

Auf diesen Ausfall muß Schwarz vertraut haben.

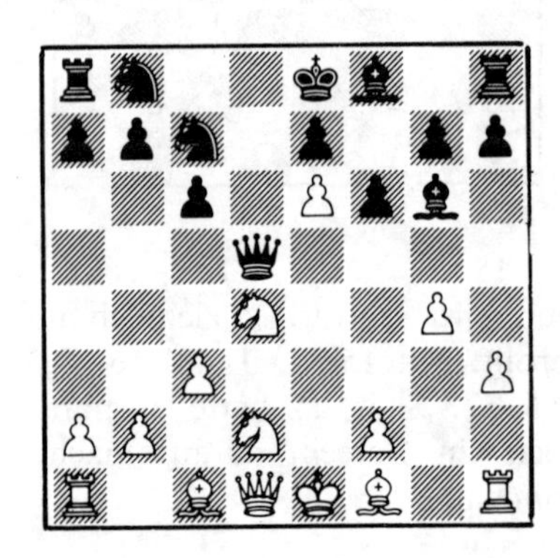

12. Dd1 – b3!! Dd5 × h1

Birbrager fragt um Beweise. Nach 12. ... D × b3 ist außer 13. S2 × b3 auch 13. a × b3 gut: 13. ... c5 14. Sb5, S × e6 15. Lc4.

13. Db3 × b7 Ke8 – d8
14. Sd2 – f3 Lg6 – d3

Dieser schon abgeschriebene Läufer erweist sich als Geheimwaffe von Schwarz.

15. Lc1 – f4! Dh1 × f1†
16. Ke1 – d2 Df1 × f2†

Er muß Weiß mit Schach hinhalten.

17. Kd2 × d3 ...

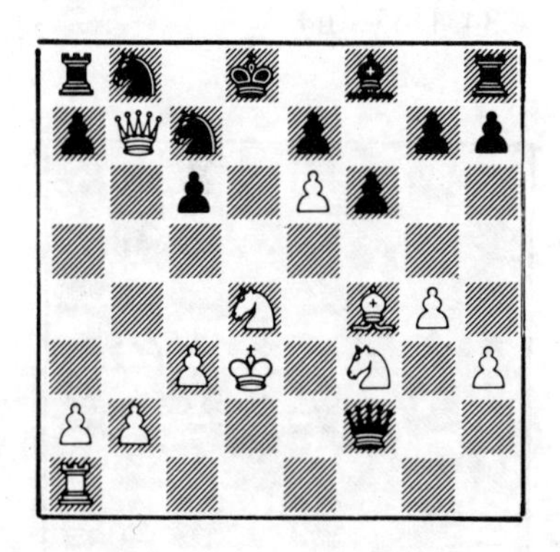

17. ... Sc7 × e6

Rache am Bauern, der seinen ganzen Königsflügel gelähmt hat.
Alternativen waren:

*1* 17. ... Sca6 18. S × c6†
*2* 17. ... Sba6 18. Kc4!, g5 19. Td1, g × f4 20. S × c6††, Ke8 21. D × a8†!, S × a8 22. Td8 matt.

18. Sd4 × e6† Kd8 – e8
19. Db7 – c8† Ke8 – f7
20. Sf3 – g5†! ...

Schwarz gibt auf: 20. ... Kg6 21. De8† und 22. Dh5 matt oder 20. ... f × g5 21. S × g5† und 22. De6 matt.

## *40*

*34. Meisterschaft der UdSSR,*
*Tiflis 1966-1967*
*Schwarz: Cholmow*
*Spanisch*

1. e2 – e4 e7 – e5
2. Sg1 – f3 Sb8 – c6
3. Lf1 – b5 a7 – a6
4. Lb5 × c6 ...

Seinerzeit von Fischer zu neuer Blüte gebracht.

4. ... d7 × c6
5. 0 – 0 Lc8 – g4

Dies wurde früher als die Widerlegung von 5. 0 – 0 betrachtet.

6. h2 – h3 h7 – h5

Keres weist auf 6. ... L × f3 7. D × f3, Dd7 hin, gefolgt von 0 – 0 – 0.

7. c2 – c3 Dd8 – f6

Später ist die Wendung 7. ...Dd3 8. h × g4, h × g4 9. S × e5, Ld6 10. S × d3, Lh2† bekannt geworden.

8. d2 – d4! Lg4 × f3
9. Dd1 × f3 e5 × d4
10. c3 × d4 ...

Weiß läßt nicht locken: nach 10. D × f6, S × f6 11. c × d4, 0 – 0 – 0 stünde Schwarz ausgezeichnet.

10. ... Df6 × d4?

Spiel mit dem Feuer: nach 10. ...

D×f3 11. g×f3, 0–0–0 12. Le3 wäre Weiß nur ein bißchen besser gestanden.

| | |
|---|---|
| 11. Sb1 – c3 | Lf8 – d6 |

Schamkowitsch suggeriert im Turnierbulletin 11. … Df6 12. Lf4, g5 als besser.

| | |
|---|---|
| 12. Lc1 – f4 | Ld6 × f4 |

Jetzt geht 12. … Df6? nicht mehr wegen 13. e5.

| | |
|---|---|
| 13. Df3 × f4 | Dd4 – d6 |
| 14. e4 – e5 | … |

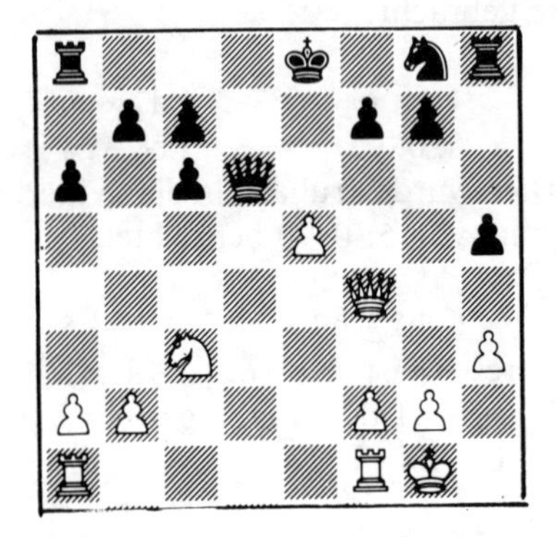

| | |
|---|---|
| 14. … | Dd6 – h6 |
| 15. Df4 – b4! | b7 – b6 |

Oder 15. … 0–0–0 16. Sa4. Weiß hat für seinen Bauern eine wahrhaft glänzende Angriffsstellung.

| | |
|---|---|
| 16. f2 – f4 | a6 – a5 |
| 17. Db4 – a3 | Sg8 – e7 |
| 18. Ta1 – d1 | c6 – c5 |
| 19. Sc3 – e4 | 0 – 0 |

Sonst kommt 20. Da4†, c6 21. Sd6†.

| | |
|---|---|
| 20. Td1 – d7! | Se7 – f5 |
| 21. Se4 – g5 | h5 – h4 |
| 22. Td7 × c7 | Ta8 – d8 |
| 23. Da3 – f3 | Sf5 – d4 |
| 24. Df3 – g4 | Td8 – e8 |
| 25. Kg1 – h2 | f7 – f6 |

Der einzige Befreiungsversuch, den Schwarz noch unternehmen kann. Er will dabei Se4 nicht abwarten.

| | |
|---|---|
| 26. e5 × f6 | Tf8 × f6 |
| 27. Tc7 – c8 | Te8 × c8 |
| 28. Dg4 × c8† | Tf6 – f8 |
| 29. Dc8 – g4 | Sd4 – f5 |
| 30. Tf1 – e1 | Dh6 – f6 |
| 31. Dg4 – h5 | Sf5 – h6 |
| 32. Te1 – e4 | b6 – b5 |
| 33. b2 – b3 | Df6 – f5 |
| 34. Dh5 × h4 | … |

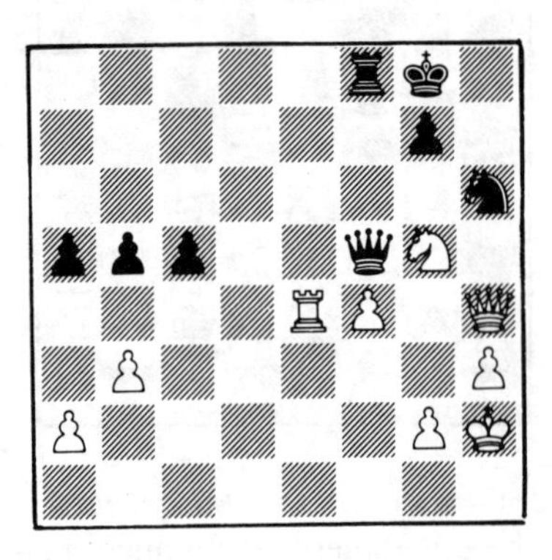

Die Versuche von Schwarz, sich dem weißen Druck zu entwinden, sind fehlgeschlagen: Weiß liegt inzwischen einen Bauer vor und hat noch immer vortreffliche Angriffsmöglichkeiten.

| | |
|---|---|
| 34. … | Sh6 – f7 |
| 35. Te4 – e7 | Sf7 × g5 |
| 36. f4 × g5 | Df5 – d5 |
| 37. Dh4 – g3 | Tf8 – f7 |

38. g5 – g6! Tf7 – f8
39. Dg3 – c7 Dd5 – d4
40. Te7 – f7 Tf8 – e8
41. Tf7 – f4! Dd4 – e5
42. Dc7 – f7† Kg8 – h8
43. Kh2 – h1
Schwarz gibt auf.

## 41

*34. Meisterschaft der UdSSR,*
*Tiflis 1966-1967*
*Schwarz: Krogius*
*Damengambit*

1. c2 – c4 e7 – e6
2. Sb1 – c3 d7 – d5
3. d2 – d4 Sg8 – f6
4. c4 × d5 Sf6 × d5
5. Sg1 – f3 c7 – c5
6. e2 – e3 Sb8 – c6
7. Lf1 – c4 c5 × d4
8. e3 × d4 Lf8 – e7
9. 0 – 0 0 – 0
10. Tf1 – e1 a7 – a6

Als der einfachste Weg, um zum Ausgleich zu gelangen, wird hier empfohlen 10. ... S × c3 11. b × c3, b6.

11. a2 – a4 Sd5 – f6

Die natürliche Fortsetzung ist 11. ... Scb4.

12. Lc1 – g5 Lc8 – d7(?)

Besser 12. ... h6 13. Lh4, Sd5 oder das unorthodoxe 12. ... Dd6.

13. Dd1 – e2 Ta8 – c8
14. Ta1 – d1 Sf6 – d5

Vielleicht in der Überzeugung, so zu einem großzügigen Abverkauf von leichteren Figuren zu kommen.

15. Lc4 × d5 Le7 × g5
16. Ld5 – e4 Lg5 – f6
17. d4 – d5! ...

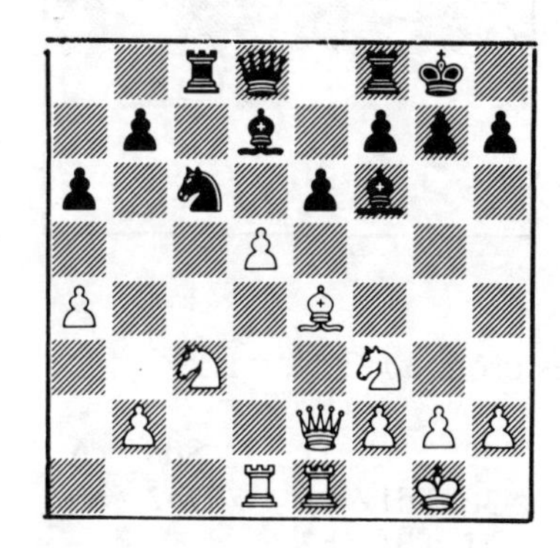

Da Weiß ohne weiteres diesen thematischen Vormarsch verwirklichen konnte, steht er nun gleich überwiegend.

17. ... e6 × d5
18. Sc3 × d5 Ld7 – e6
19. Sd5 – f4 Dd8 – b6
20. Sf4 × e6 f7 × e6
21. De2 – d3 h7 – h6

Traurige Notwendigkeit: auf 21. ... g6? gewinnt 22. L × g6, h × g6 23. D × g6†, Lg7 24. Td7.

22. Dd3 – d6 Tc8 – e8(?)

Bessere Überlebenschancen hätte 22. ... Tfe8 geboten.

23. Le4 – c2 Db6 – b4
24. Dd6 – d3 Te8 – d8
25. Dd3 – h7† Kg8 – f7
26. Dh7 – g6† Kf7 – g8
27. Td1 × d8 Sc6 × d8
28. Te1 – d1 Db4 × b2
29. h2 – h4 ...

Es droht 30. Td7.

29. ... Sd8 – c6
30. Td1 – b1 Db2 – a3
31. Tb1 × b7 ...

Aber auch so erreicht der Turm die siebente Reihe.

31. ... Lf6 – e7
32. Dg6 × e6† Kg8 – h8
33. De6 × c6 Da3 – c1†
34. Kg1 – h2 Dc1 – f4†
35. Kh2 – h3

Schwarz gibt auf.

## 42

*Sarajewo 1967*
*Schwarz: Nikolić*
*Sizilianisch*

1. e2 – e4 c7 – c5
2. Sg1 – f3 d7 – d6
3. d2 – d4 c5 × d4
4. Sf3 × d4 Sg8 – f6
5. Sb1 – c3 Sb8 – c6
6. Lc1 – g5 e7 – e6
7. Dd1 – d2 Lf8 – e7
8. 0 – 0 – 0 0 – 0
9. f2 – f4 d6 – d5

Dies, eine Art Umsteiger nach Französisch, war in diesen Jahren sehr gebräuchlich.

10. e4 – e5 Sf6 – d7
11. h2 – h4! ...

Eine überraschende Neuigkeit von Stein. Aber in der Tat: warum nicht hier die Chatard-Aljechinvariante?

11. ... a7 – a6
12. Sd4 – f3 f7 – f6
13. e5 × f6 Sd7 × f6
14. Lf1 – d3 ...

Der Plan von Weiß macht einen vielversprechenden Eindruck.

14. ... b7 – b5
15. Dd2 – e1! Dd8 – c7
16. h4 – h5 ...

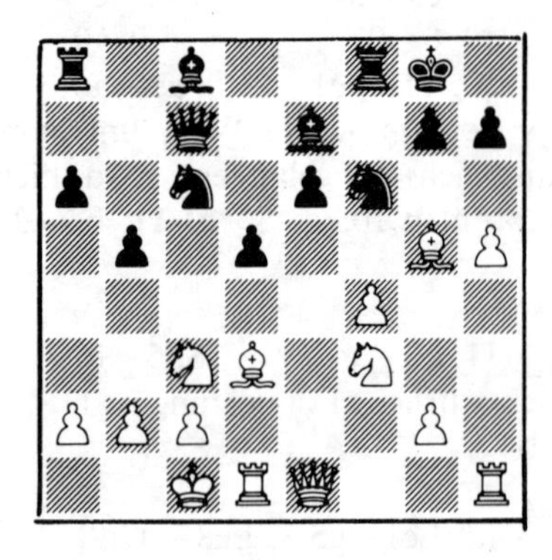

16. ... Sc6 – b4?

Angezeigt wäre 16. ... h6. Stein hätte darauf mit 17. g3! ein chancenreiches Figurenopfer bringen wollen: 17. ... h × g5 18. S × g5.

17. h5 – h6! Sb4 × d3†

18. Td1 × d3 g7 – g6
19. Sf3 – d4 b5 – b4?
20. Sd4 × e6 Dc7 – d6
21. Se6 × f8 b4 × c3
22. Sf8 × g6 ...

Weiß geht 'einfach' weiter. Nach 22. ... c × b2† 23. Kb1 steht sein König vollkommen sicher.

22. ... h7 × g6
23. h6 – h7† Kg8 – h8
24. De1 × c3 Lc8 – b7
25. Dc3 – e5 Ta8 – f8
26. Td3 – e3 Dd6 × e5

Schwarz hat bloß noch zu gehorchen.

27. f4 × e5 Le7 – c5
28. e5 × f6 Lc5 × e3
29. Lg5 × e3 d5 – d4
30. Le3 – h6! ...

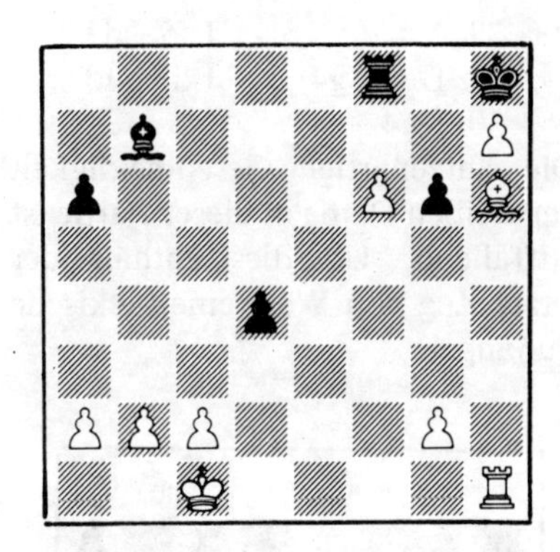

Gewinnt viel schneller, vor allem aber bedeutend schöner als 30. L × d4, Tf7.

30. ... Lb7 × g2

Eine ritterliche Geste. Die geistreiche Pointe von Weiß wäre gewesen 30. ... T × f6 31. Lg7†!

31. Lh6 – g7 matt

## 43

*Moskau 1967*
*Schwarz: Portisch*
*Caro-Kann*

1. e2 – e4 c7 – c6
2. d2 – d3 d7 – d5
3. Sb1 – d2 g7 – g6

Die einfachste Weise, um zum Ausgleich zu kommen ist möglicherweise 3. ... d × e4 4. d × e4, e5 5. Sgf3, Lc5 6. Lc4, Sf6 7. De2, Dc7.

4. Sg1 – f3 Lf8 – g7
5. g2 – g3 Sg8 – f6
6. Lf1 – g2 d5 × e4

Gegen e4 – e5, gefolgt von d3 – d4 gerichtet.

7. d3 × e4 0 – 0
8. 0 – 0 Sb8 – a6
9. e4 – e5 ...

Weiß nimmt den Handschuh auf.

9. ... Sf6 – d5
10. Sd2 – b3 Lc8 – g4
11. Dd1 – e2 Dd8 – c8

Unterstützung für Lg4.

12. Tf1 – e1 Sa6 – c7

Auf 12. ... c5 ist 13. Dc4 stark.

13. Lc1 – d2 f7 – f6

Eine verantwortungsvolle Entscheidung. Weiß drohte allerdings mit c2 – c4 nebst Lc3 die Daumschrauben fester anzuziehen.

14. e5 × f6 Lg7 × f6

Nach 14. ... e × f6 15. c4, Te8 16. Df1, Sb6 17. Lc3 steht Weiß klar besser.

15. c2 – c3 ...

Legt den schwarzen Königsläufer in Fesseln.

15. ... Tf8 – f7
16. De2 – e4 Lg4 – f5
17. De4 – c4 Sd5 – b6
18. Dc4 – f1! ...

Mit einem originellen Damemanöver hat Weiß sich aus der Fesselung herausgearbeitet.

18. ... Sb6 – a4?

Besser wäre 18. ... Le6, mit der Drohung 19. ... Lc4. Zum Beispiel 19. Se5 (19. Sa5, Ld5!) 19. ... L × e5 20. T × e5, Sc4 21. Te4, S × d2 22. S × d2, Ld5.

19. Ld2 – c1 Dc8 – d7
20. Sf3 – e5 ...

Versichert sich des Läuferpaares.

20. ... Lf6 × e5
21. Te1 × e5 Sc7 – b5
22. Lc1 – f4! ...

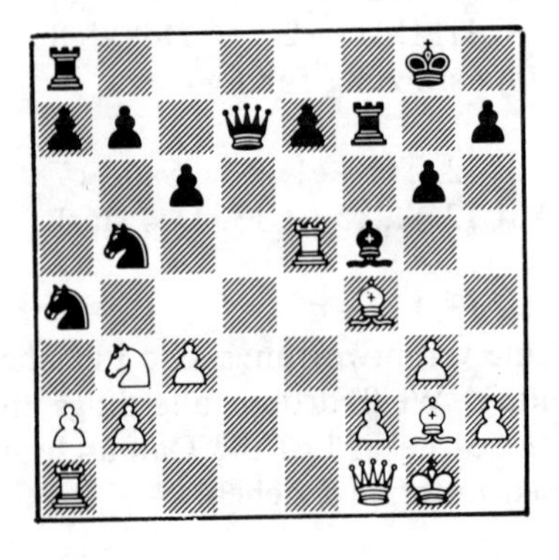

Ein ernsthafter Strich durch die Rechnung von Schwarz: es stellt sich heraus, daß dieser Läufer gar nicht an die Deckung von b2 gebunden ist.

22. ... Ta8 – d8

Auf 22. ... S × b2 folgt 23. Sc5, Dc8 24. De2, und nach 24. ... b6 25. D × b2, b × c5 26. T × c5 steht Weiß strategisch siegreich.

23. Sb3 – c5 Sa4 × c5
24. Te5 × c5 Sb5 – c7
25. Tc5 – e5 Sc7 – e6
26. Lf4 – h6 Dd7 – d6
27. Df1 – e2 Se6 – g7
28. Ta1 – e1 ...

Das ganze schwere Geschütz wird auf den schwachen schwarzen e-Bauern gerichtet.

28. ... Lf5 – d3
29. De2 – g4 Ld3 – f5
30. Dg4 – c4 ...

Die katzenartige Geschmeidigkeit der weißen Dame in dieser Partie ist auffallend. Überdies enthält der letzte Zug von Weiß eine tückische Fußangel.

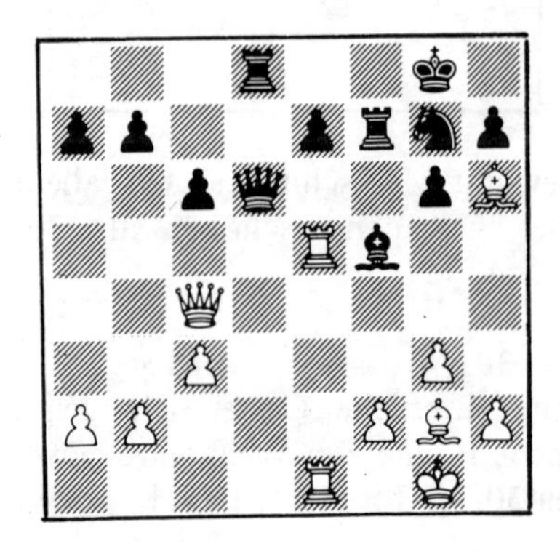

30. ... Dd6×e5?

In Zeitnot versucht Schwarz sich mit Gewalt aus seiner schwierigen Stellung zu befreien.

31. Te1×e5 Td8–d1†
32. Lg2–f1 Lf5–h3
33. Te5×e7! ...

Die bemerkenswert einfache Widerlegung.

33. ... Td1×f1†
34. Dc4×f1 Lh3×f1
35. Te7×f7 Kg8×f7
36. Kg1×f1 Sg7–f5
37. Lh6–e3 a7–a6
38. Kf1–e2 h7–h5
39. Ke2–d3 b7–b5
40. Kd3–e4 Kf7–e6
41. h2–h3 a6–a5
42. Le3–c5 a5–a4
43. Lc5–f8 ...

Schwarz gibt auf.
Nach 43. ... Kf7 44. g4! hätte er tatsächlich nicht mehr die geringste Chance. Zum Beispiel 44. ... h×g4 45. h×g4, Sh4 46. Lh6, Kf6 47. f4, und nach 47. ... Sg2 48. Kf3, Se1† 49. Ke2, Sc2 50. Kd1, Sa1 51. Kc1 geht der schwarze Springer verloren.

## 44

*Moskau, 1967*
*Schwarz: Filip*
*Englisch*

1. g2–g3 g7–g6
2. Lf1–g2 Lf8–g7
3. Sg1–f3 Sg8–f6
4. 0–0 0–0
5. d2–d3 d7–d6
6. c2–c4 c7–c5
7. Sb1–c3 Sb8–c6
8. Ta1–b1 Ta8–b8
9. a2–a3 a7–a6
10. b2–b4 c5×b4
11. a3×b4 b7–b5
12. c4×b5 a6×b5
13. d3–d4! Lc8–f5?

Schwarz sagt der Symmetrie Lebewohl, aber zu seinem Schaden. Besser wäre 13. ... d5. Auf 14. Se5 kann dann 14. ... S×e5 15. d×e5, Sg4 folgen. Nach 14. Lf4 zieht Schwarz nicht 14. ... Lf5?, wegen 15. L×b8, L×b1 16. Se5, sondern 14. ... Tb6. Zum Beispiel 15. Db3, Lf5 (15. ... e6 16. Tfc1!) 16. Tbc1, e6.

14. Tb1–b3 Sf6–e4
15. Sc3×e4 Lf5×e4
16. d4–d5 Le4×f3

Das Beste. Nach 16. ... Sa7 (16. ... Se5? 17. S×e5, L×g2 18. Sc6) 17. Te3! stünde Weiß plötzlich sehr gut.

17. e2×f3! Sc6–e5
18. f3–f4 Se5–c4

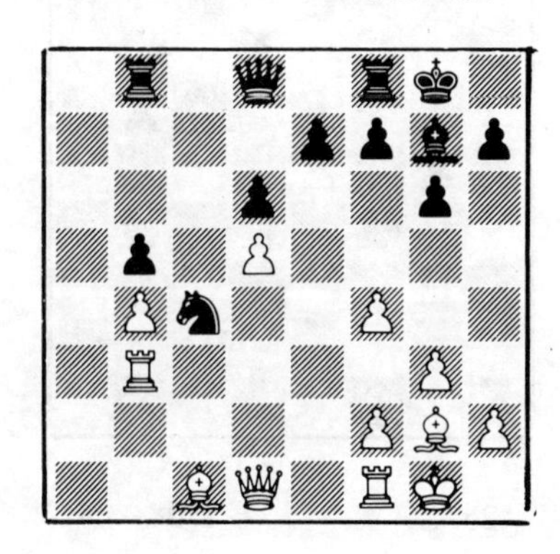

Schwarz hat eine vielversprechende Stellung aufgebaut.

19. f4 – f5! ...

Kennzeichnend für den Stil Steins: Die unerwartete Angriffsbereitschaft: 19. ... g×f5 20. g4!.

19. ... Tb8 – a8
20. f5×g6 h7×g6?

Ohne nachzudenken schlägt Schwarz mechanisch in Richtung Zentrum zu. Angezeigt wäre 20. ... f×g6!, und es droht 21. ... Ta2, mit zunehmendem Druck auf f2.

21. h2 – h4 Ta8 – a1
22. h4 – h5 Lg7 – f6

Schwarz muß mit 22. ... Lb2 gerechnet haben. Darauf folgt jedoch nicht 23. Dc2 sondern haarscharf 23. h×g6! z.B. 23. ... T×c1 24. Dh5, T×f1† 25. L×f1, f×g6 26. D×g6†, Kh8 27. Ld3, und das Lied hat ein Ende.

23. h5×g6 f7×g6
24. Dd1 – g4 Kg8 – g7
25. Lg2 – e4 ...

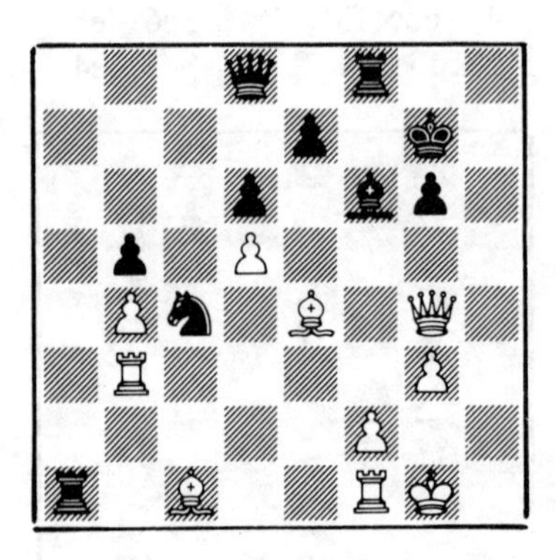

25. ... Dd8 – e8

Auch nach 25. ... Se5 26. Lh6†! bleibt die Lage schwierig für Schwarz: 26. ... K×h6 27. Dh3†, Kg7 28. T×a1, Sf3† 29. L×f3, L×a1 30. Dg4.

26. Le4 – b1! ...

Spielt Lc1 frei.

26. ... Sc4 – e5
27. Dg4 – e4 Tf8 – h8
28. Lc1 – b2 Ta1 – a8
29. Lb2×e5! ...

Schafft den wichtigsten Verteidiger zur Seite.

29. ... Lf6×e5
30. Tf1 – c1 Ta8 – a1?

Mit 30. ... Th5! 31. Tc7, Lf6 hätte Schwarz sich noch gut verteidigen können.

31. Tc1 – c7 Le5 – f6

Besser 31. ... Th6. Weiß setzt darauf mit 32. Tf3 fort.

32. Tb3 – f3 ...

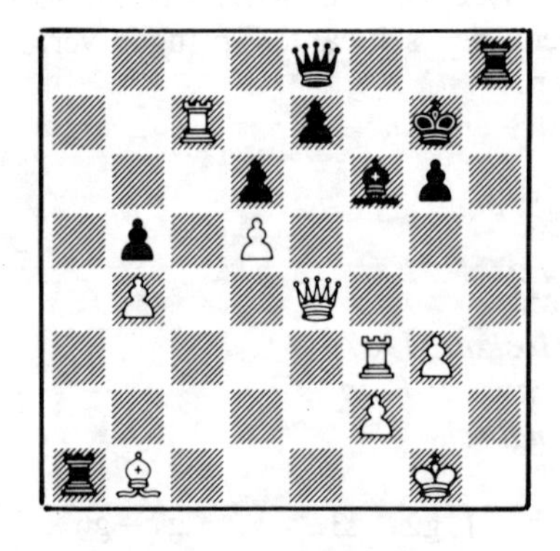

32. ... Th8 – h6?

Was Schwarz sich selbst angetan

hat mit 30. ... Ta1?, das wird hier offenbar aus der Variante 32. ... Th5? 33. T×e7†!, L×e7 34. Dd4†. Er hätte gleichwohl noch 32. ... Tf8 oder 32. ... Df7 probieren können.

33. Tf3×f6! Ta1×b1†
34. De4×b1 ...

Mit 34. Kg2?, Th2†!! 35. K×h2, Dh8† würde Weiß alles noch verderben.

34. ... Kg7×f6
35. Db1 – e4 De8 – f7

Ein hübscher Schluß wäre gewesen: 35. ... Th7 36. De6†, Kg5 37. f4†, Kh6 38. g4, Tg7 39. Tc8, Df7 40. g5† und 41. Dh3 matt.

36. De4 – d4†

Schwarz gibt auf: 36. ... Kg5 37. De3†.
Eine schöne Siegespartie des Sowjetmeisters, bermerkt das Turnierbulletin mit Recht.

## 45

*Moskau 1967.*
*Weiß: Gligorić*
*Königsindisch*

1. d2 – d4 Sg8 – f6
2. c2 – c4 g7 – g6
3. Sb1 – c3 Lf8 – g7
4. e2 – e4 d7 – d6
5. Lf1 – e2 0 – 0
6. Sg1 – f3 e7 – e5
7. d4 – d5 a7 – a5
8. 0 – 0 Sb8 – a6
9. Lc1 – g5 h7 – h6
10. Lg5 – h4 g6 – g5
11. Lh4 – g3 Sf6 – h5
12. Sf3 – d2 Sh5 – f4
13. Le2 – g4! ...

Dieser feinsinnige Zug, jugoslawischen Schachkreisen entstammend, macht es Schwarz am unbequemsten.

13. ... Sa6 – c5
14. f2 – f3 c7 – c6!?

Wer Gegenchancen schaffen will muß in dieser Variante kleine Schwächungen mit in den Kauf nehmen. Mit 14. ... Scd3 15. Db1! kommt Schwarz natürlich nicht vorwärts.

15. Dd1 – c2 c6×d5
16. c4×d5 b7 – b5!?

Stein stand zu diesem Moment mit Bobotsov, Bronstein, Gipslis, Portisch und Spassky an der Spitze. Gegen Gligorić, den er oft besiegt, und von dem er noch nie verloren hat, ist er deshalb gern bereit, mit Schwarz auf Gewinn zu spielen und dabei die nötigen Risikos auf sich zu nehmen.

17. a2 – a4! ...

Mit diesem starken Zug hält Weiß seinen Positionsvorteil fest. Auf 17. ... b4 folgt 18. Sb5.

17. ... b5×a4

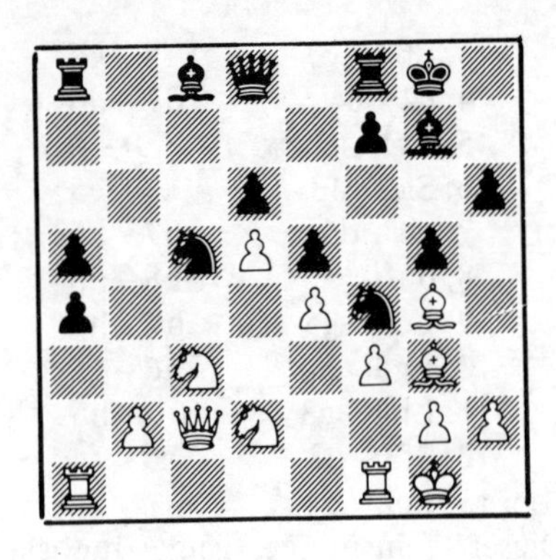

18. Sd2 – c4 ...

Genauer: zuerst 18. L×c8.

18. ... h6 – h5?!

Schwarz riskiert weiter. Mit 18. ... La6! 19. S×a4, L×c4 20. D×c4, S×a4 21. T×a4, Db6!, angegeben von B. Milić, hätte er das Spiel auf gleichen Stand bringen können.

19. Lg4×c8 Ta8×c8

20. Sc3×a4 ...

Auf 20. Sb5?! spielt Schwarz 20. ... Sb3!, z.B. 21. T×a4, Db6! oder 21. Lf2!?, S×a1 22. T×a1, g4! (Milić), in beiden Fällen steht Schwarz etwas besser.

20. ... Dd8 – c7

21. Sc4 – e3 Dc7 – a7

Nach 21. ... h4 22. Lf2, Scd3 23. Dd2! behält Weiß einen kleinen Vorteil.

22. Lg3 – f2 ...

Auch 22. S×c5, D×c5 23. Dd2 sieht stark aus. Es droht Lf2 und Sf5. Schwarz verteidigt sich wirksam mit 23. ... Tb8 24. Lf2, Dc7 25. Kh1 (25. Tfc1, Se2†!) 25. ... Tb3! und 26. Tfc1, dann 26. ... Sd3!.

22. ... Sc5 – d3

23. Dc2 – d2 Sd3×f2

24. Tf1×f2 g5 – g4

Schwarz bietet alles auf.

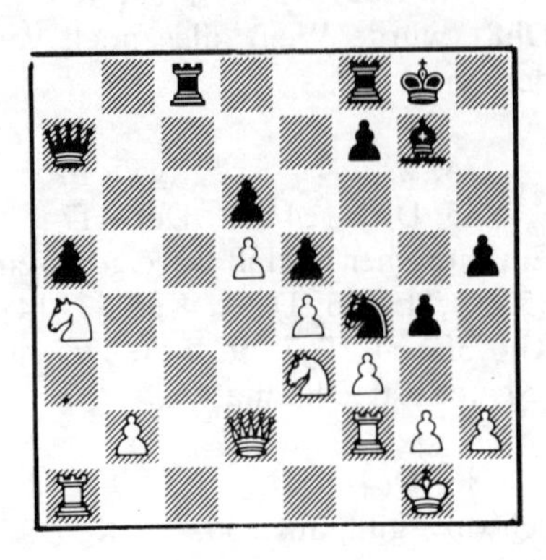

25. Se3 – f5? ...

Die Idee ist richtig, bloß die Durchführung ist falsch. Mit 25. Kh1!, Lh6 26. Sf5, Lg5 27. Tff1!! (Milić) hätte Weiß seinen Vorteil aufrechterhalten können: 27. ... Sh3 28. De2, Sf4 29. Dd2.

25. ... g4×f3

26. Kg1 – h1? ...

Weiß verliert plötzlich den Faden und landet dadurch in einer Verluststellung. Nach 26. h4!!, f×g2 27. Kh2!! hätte Milić zufolge das komplizierte Spiel etwa gleiche Chancen geboten.

26. ... Da7×f2!

Nach 26. ... f×g2†? 27. T×g2!, S×g2 28. D×g2, f6 29. Tg1 würde Weiß Angriff erhalten.

| | |
|---|---|
| 27. Dd2×f2 | f3×g2† |
| 28. Df2×g2 | ... |

Oder 28. Kg1, Sh3† 29. K×g2, S×f2 30. Se7†, Kh7 31. S×c8, S×e4!.

| | |
|---|---|
| 28. ... | Sf4×g2 |
| 29. Kh1×g2 | ... |

Milić gibt noch die folgenden Varianten:

*1* 29. Se7†, Kh7 30. S×c8, T×c8 31. K×g2, Tc2† 32. Kf3, Lh6 und gewinnt.

*2* 29. Tg1, Tc2 30. T×g2, T×g2 31. K×g2, Tb8 und gewinnt.

| | |
|---|---|
| 29. ... | Tc8–c2† |
| 30. Kg2–f3 | Tf8–b8! |

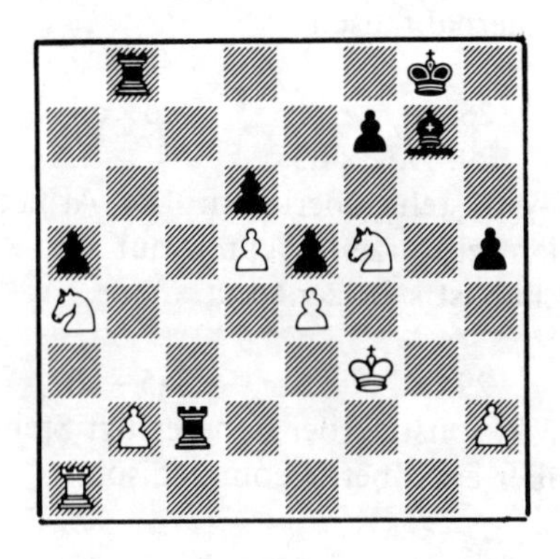

Es stimmt haargenau: 31. Tg1, dann 31. ... Tb3† 32. Sc3, Tc×b2.

| | |
|---|---|
| 31. Kf3–e3 | Tb8–b3† |
| 32. Sa4–c3 | Tb3×b2 |
| 33. Ta1–a3 | Tc2×h2 |
| 34. Ke3–d3 | Th2–h3† |
| 35. Sf5–e3 | Lg7–h6 |
| 36. Sc3–d1 | Tb2–b1 |

Weiß gibt auf.

## *46*

*Moskau 1967*
*Schwarz: Keres*
*Spanisch*

| | |
|---|---|
| 1. e2–e4 | e7–e5 |
| 2. Sg1–f3 | Sb8–c6 |
| 3. Lf1–b5 | a7–a6 |
| 4. Lb5–a4 | Sg8–f6 |
| 5. 0–0 | Sf6×e4 |
| 6. d2–d4 | b7–b5 |
| 7. La4–b3 | d7–d5 |
| 8. d4×e5 | Lc8–e6 |
| 9. c2–c3 | Lf8–c5 |
| 10. Sb1–d2 | 0–0 |
| 11. Lb3–c2 | f7–f5 |

Auch 11. ... S×f2 12. T×f2, f6 wurde gelegentlich ausprobiert.

| | |
|---|---|
| 12. Sd2–b3 | Lc5–b6 |
| 13. Sf3–d4 | ... |

Auf 13. a4 ist 13. ... Dd7 sehr befriedigend befunden.

| | |
|---|---|
| 13. ... | Sc6×d4 |
| 14. Sb3×d4 | Dd8–d7 |

Mit der rühmlich bekannten 'Grande Variante', die nach 14. ... L×d4 15. c×d4, f4 16. f3, Sg3 entsteht, will Keres also keine Geschäfte machen.

| | |
|---|---|
| 15. f2–f3 | Se4–c5 |
| 16. Kg1–h1 | ... |

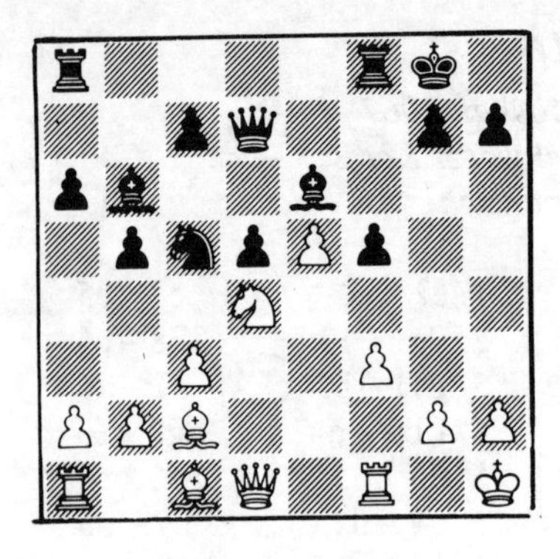

16. ... Sc5 – b7?

Eine Neuheit von Keres, die schiefgeht. Bekannt ist hier 16. ... Tae8 17. b4, Sa4 (17. ... Sb7 18. a4!) 18. Dd3, c5 19. S×e6, T×e6 20. L×a4, b×a4 21. b×c5, L×c5 22. f4, und Weiß steht etwas besser. So die Partie Kieninger — Bogoljubow, Krakau 1941, die in Remis endete.

17. Lc1 – e3 c7 – c5
18. Sd4×e6 Dd7×e6
19. a2 – a4! ...

Vortreffliche Reaktion! Nach dem auf der Hand liegenden 19. f4, Sd8 hätte Schwarz gleiches Spiel erreicht.

19. ... Sb7 – a5

Vielleicht muß Schwarz trotzdem auf e5 schlagen. Nach 19. ... D×e5 20. Te1, Lc7 21. Lg1, Dd6 22. a×b5, a×b5 23. T×a8, T×a8 24. L×f5 ist Weiß zwar im Vorteil, aber es sieht nicht aus, als ob das von ausschlaggebender Bedeutung wäre.

20. Le3 – f2 Kg8 – h8
21. Tf1 – e1 Ta8 – a7
22. Dd1 – e2! b5 – b4

Positionell angezeigt aber nicht ohne Bedenken. Auch nach 22. ... Dc6 23. a×b5, D×b5 24. D×b5, a×b5 behält Weiß die Fäden in der Hand. Das Beste wäre vielleicht das ungenierte 22. ... b×a4.

23. c3×b4 c5×b4
24. Lf2×b6 De6×b6
25. Ta1 – d1 Db6 – c5
26. Lc2 – d3 Dc5 – b6
27. Ld3 – b1! Db6 – c6
28. De2 – d2 ...

Die Pointe des subtilen Manövers von Weiß: in erster Linie zwingt er Schwarz zum folgenden indirekten Bauernabtausch.

28. ... Dc6×a4
29. Dd2×d5 ...

Weiß steht überlegen: Die Armee der schwarzen Figuren auf der a-Linie ist sehr zerstreut.

29. ... Sa5 – c6

Was sonst? Aber nun verfügt Stein über eine 'petite combinaison'.

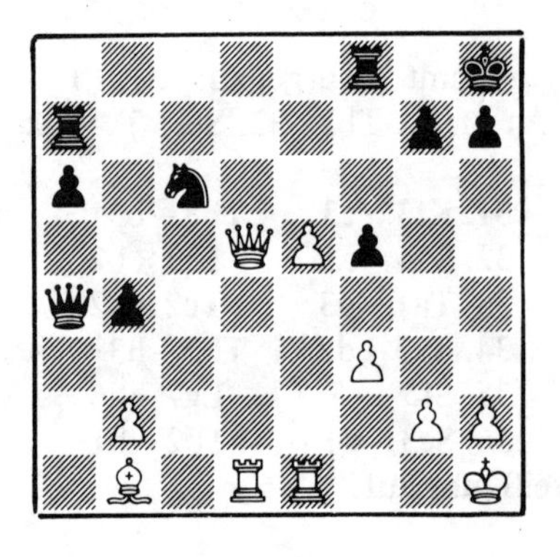

30. Lb1 × f5! Da4 – b5

Nicht 30. ... T × f8 31. Dd8†, und Schwarz wird mattgesetzt.

31. Dd5 – d6 ...

Um 31. ... Taa8 mit 32. Ld7! zu widerlegen.

31. ... Db5 – b8
32. Dd6 × c6 Tf8 × f5
33. e5 – e6! ...

Leitet eine schnelle und überzeugende Entscheidung ein.

33. ... Ta7 – e7
34. Td1 – d7 Te7 – e8
35. Td7 – b7 Db8 – c8
36. Tb7 – c7 Dc8 – b8
37. Dc6 – d7 Tf5 – g5
38. f3 – f4 Tg5 – g6
39. f4 – f5 Tg6 – g5
40. f5 – f6!

Schwarz gibt auf.

## *47*

*Moskau 1967.*
*Schwarz: Uhlmann*
*Französisch*

1. e2 – e4 e7 – e6
2. d2 – d4 d7 – d5
3. Sb1 – d2 c7 – c5
4. Sg1 – f3 c5 × d4
5. e4 × d5 Dd8 × d5
6. Lf1 – c4 Dd5 – d6

Zu urteilen nach den Erfahrungen der beste Zug.

7. 0 – 0 Sg8 – f6
8. Sd2 – b3 Sb8 – c6
9. Sb3 × d4 Sc6 × d4
10. Sf3 × d4 Lf8 – e7
11. b2 – b3! ...

Die beste Art und Weise, um den Damenläufer zu entwickeln.

11. ... a7 – a6

Gegen Tal landete Uhlmann in demselben Turnier nach 11. ... 0 – 0 12. Lb2, e5 13. Sb5, D × d1 14. Tf × d1, Lf5 15. Tac1, Tfd8 16. L × e5, T × d1† 17. T × d1, L × c2 18. Tc1 in einem ungünstigen Endspiel.

12. Lc1 – b2 0 – 0
13. Dd1 – f3! Dd6 – c7

Nicht 13. ... e5 wegen 14. Sf5!

14. Tf1 – e1 b7 – b5

In Betracht kommt 14. ... Ld6.

15. Lc4 – d3 ...

Für 15. D × a8?, Lb7 16. Da7?, Lc5 hat Weiß selbstverständlich nichts übrig.

15. ... Lc8 – b7
16. Df3 – h3 g7 – g6
17. a2 – a4! ...

Spielt Feld c4 frei für den Läufer.

17. ... b5 × a4
18. Ta1 × a4 ...

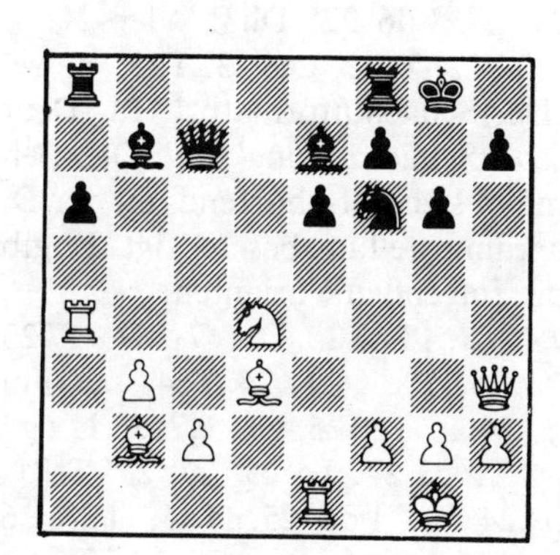

Weiß hat die besten Aussichten.

18. ... Sf6 – h5?

Findet eine glänzende Widerlegung. Die Situation war übrigens alles eher als einfach für Schwarz, z.B. 18. ... Ld5 19. Dh6! oder 18. ... e5 19. Sf5!. Besser als der Textzug wäre jedoch entweder 18. ... Db6!, oder 18. ... Sd5, wonach Opfer auf e6 oder g6 nicht durchdringen.

19. Sd4 × e6!! f7 × e6
20. Dh3 × e6† Tf8 – f7
21. Ld3 – c4 ...

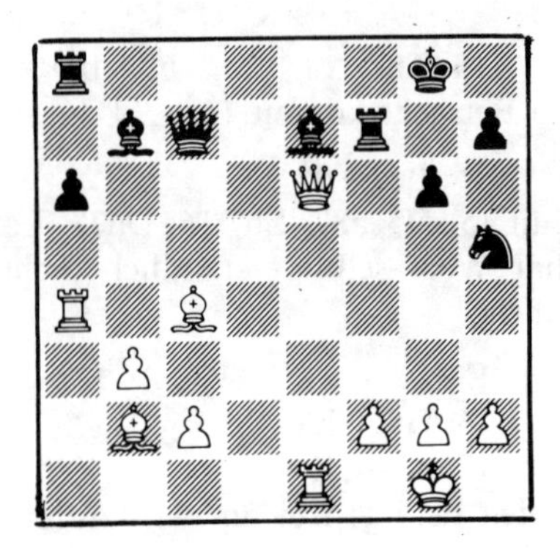

21. ... Dc7 – f4??

Dies verliert auf der Stelle. Besser 21. ... Ld6 22. Dh3! oder 21. ... Lf8! 22. Td1!, Lc6 23. Ta5!, soweit 'Der Schachinformator'. In 'Deutsche Schachzeitung' hat Dr. Lehmann sich tiefschürfend mit der Diagrammstellung beschäftigt. Er gibt die folgenden Varianten:

*1* 21. ... Lc5 22. D × f7†, D × f7 23. L × f7†, K × f7 24. Tc4, und nun:
*a* 24. ... Tc8 25. g4, Sg7 26. L × g7, K × g7 27. T × c5 und 28. Te7†
*b* 24. ... Ld6 25. Td4, Td8 26. Ted1, Ke6 27. c4 und c5
*2* 21. ... Lf8 22. Le5, De7 23. Db6, Dd7 (23. ... Te8 24. Taa1 und 25. Lc3) 24. Le6, Dc6 25. D × c6, L × c6 26. Tc4, und nun:
*a* 26. ... Le8 27. Tc7 mit Drohung Lc4 und g4, L × g7 und T × e8
*b* 26. ... Ld7 27. L × f7†, K × f7 28. Tc7, Td8 29. c4.

22. De6 × f7† Df4 × f7
23. Te1 × e7

Schwarz gibt auf.

## *48*

*Interzonenturnier, Sousse 1967.*
*Schwarz: Gipslis*
*Spanisch*

1. e2 – e4 e7 – e5
2. Sg1 – f3 Sb8 – c6
3. Lf1 – b5 Sg8 – f6
4. 0 – 0 Sf6 × e4

Nach fünfzig, sechzig Jahren wieder in Mode.

5. d2 – d4 Lf8 – e7
6. Dd1 – e2 Se4 – d6
7. Lb5 × c6 b7 × c6
8. d4 × e5 Sd6 – b7
9. c2 – c4 ...

Keine Neuheit von Stein sondern ein alter, vergessener Zug von Zukertort, der gegen d7 – d5 gerichtetr ist.

9. ... 0 – 0
10. Sb1 – c3 d7 – d6

Weil c2 – c4 als Entwicklungszug nichts leistet, kommt hier 10. ... f6 in Frage: eine Empfehlung übrigens aus dem altbewährten Bilguer!

| | |
|---|---|
| 11. h2 – h3 | Dd8 – d7 |

11. ... d×e5 12. S×e5, Lf6 sieht gut aus, aber nach 13. S×c6, Dd6 14. Df3, Ld7 15. Se7†, D×e7 (oder auch 15. ... L×e7) 16. Sd5! erhält Schwarz nicht genügend Entschädigung, meint Larsen.

| | |
|---|---|
| 12. Tf1 – e1 | Tf8 – e8 |
| 13. Lc1 – f4 | Dd7 – f5 |
| 14. Lf4 – g3 | Lc8 – d7 |
| 15. Sf3 – d4 | Df5 – g6 |
| 16. De2 – f3 | ... |

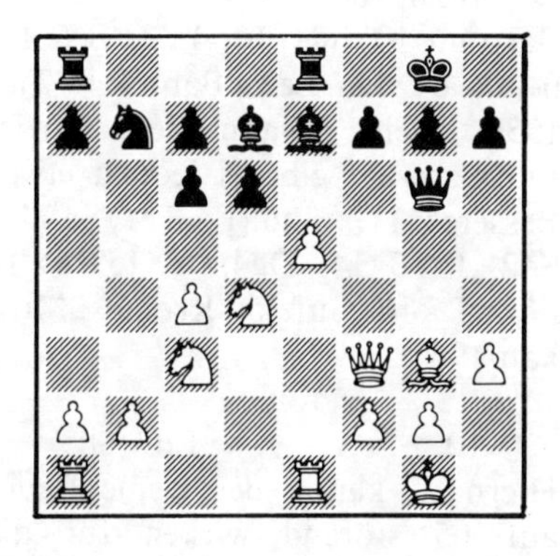

| | |
|---|---|
| 16. ... | Sb7 – a5? |

Larsen zufolge war dies der Moment für Schwarz, um die Spannung aufzuheben. Er gibt 16. ... d×e5 17. L×e5, Lc5! und nun:

*1* 18. Tad1? (18. ... f6? 19. S×c6!) 18. ... Te7!, und Weiß sitzt in Problemen.

*2* 18. Sb3 mit gleichwertigem Spiel.

| | |
|---|---|
| 17. b2 – b3 | Le7 – f8 |
| 18. Ta1 – d1 | Ta8 – c8 |

Sofort 18. ... c5, dann 19. Sdb5. Besser als der Textzug wäre allerdings 18. ... a6, um c6 – c5 vorzubereiten.

| | |
|---|---|
| 19. Te1 – e3! | ... |

Mit als Pointe 19. ... c5 20. Sdb5, a6 21. e×d6!, und Weiß bekommt einen gewaltigen Freibauern. Dank sei 19. Te3! braucht Td1 seinen Kollegen nämlich nicht mehr zu beschirmen.

| | |
|---|---|
| 19. ... | a7 – a6 |
| 20. Sd4 – e2 | Sa5 – b7 |
| 21. Sc3 – e4 | Ld7 – f5 |
| 22. Se4 – c3 | Lf5 – d7 |
| 23. Se2 – d4 | Sb7 – a5 |

Die Zuschauer befürchteten hier eine inner-russische Angelegenheit, das heißt Remis durch Wiederholung von Zügen.

| | |
|---|---|
| 24. Df3 – e2 | ... |

Stein will mehr: nicht umsonst hat er d6 ständig unter Druck gehalten.

| | |
|---|---|
| 24. ... | Sa5 – b7 |
| 25. Sd4 – f3 | Sb7 – c5 |

Hiernach wird Schwarz eingeschnürt. Angezeigt erscheint deshalb 25. ... a5, aber darauf ist 26. Se4, Le6 27. Sh4, Dh6 28. f4 (Larsen) sehr stark.

| | |
|---|---|
| 26. b3 – b4 | Sc5 – b7 |

Oder 26. ... Se6 27. Dd3.

| | |
|---|---|
| 27. c4 – c5 | a6 – a5 |
| 28. a2 – a3 | a5 × b4 |
| 29. a3 × b4 | d6 – d5 |
| 30. e5 – e6! | ... |

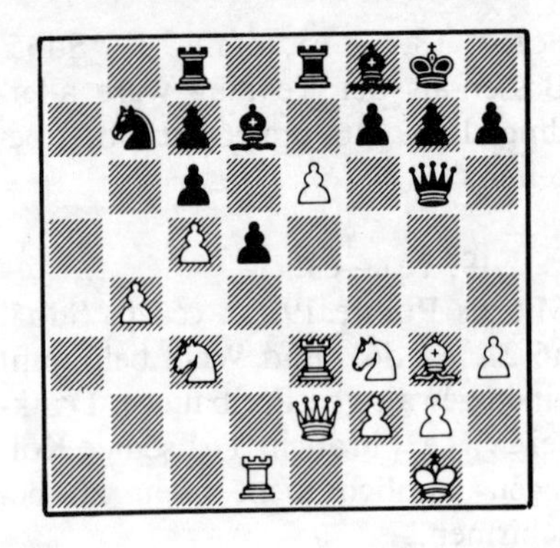

Der Bauer opfert sich selbst, um Feld e5 freizumachen für den Königsspringer.

30. ... Ld7×e6

Auf 30. ... f×e6 ist mit 31. Se5 gleich Matthaï am letzten. Nach 30. ... T×e6 gewinnt 31. Se5, Df6 32. S×d7, D×c3 33. T×e6 (Matanovic).

31. Sf3 – e5 Dg6 – h6
32. Se5×c6 Tc8 – a8
33. Sc6 – d4 ...

Damit ist die Sache entschieden.

33. ... c7 – c6

In Zeitnot versucht Schwarz es noch mit ein paar Platzpatronen.

34. Sd4×c6 Sb7×c5
35. b4×c5 Lf8×c5
36. Sc6 – d4 Le6 – d7
37. Sc3×d5 Te8 – d8
38. Lg3 – f4 Dh6 – h4
39. Sd4 – f3

Schwarz gibt auf.

## *49*

*Interzonenturnier, Sousse 1967.*
*Schwarz: R. Byrne*
*Französisch*

1. e2 – e4 e7 – e6
2. d2 – d4 d7 – d5
3. Sb1 – c3 Lf8 – b4
4. e4 – e5 c7 – c5
5. a2 – a3 Lb4×c3†
6. b2×c3 Dd8 – c7
7. Sg1 – f3 Sg8 – e7
8. a3 – a4 b7 – b6

Üblicher ist 8. ... Sbc6.

9. Lf1 – b5† Lc8 – d7
10. 0 – 0 ...

Bekannt ist hier 10. Ld3, Sc6 11. 0 – 0, c4 12. Le2: Bannik - Tal, 1958. Weiß gewann diese Partie. Für Schwarz gibt es jedoch etwas Besseres: 11. ... h6! 12. Te1, Sa5 13. Sd2, 0 – 0 14. Dg4, f5 15. e×f6 i.V., T×f6 (Gufeld - Krogius, Moskau 1967).

10. ... Ld7×b5

Hiernach kannn der weiße Bauer auf b5 störend wirken für die schwarzen Springer. Dennoch ist dieser Abtausch durchaus spielbar.

11. a4×b5 a7 – a5

Hier wird 11. ... a6 vorgeschlagen, um Ta7 folgen zu lassen und dann b5 beiseite zu schaffen. Zum Beispiel: 11. ... a6 12. d×c5, b×c5 13. De2, a5 (erst jetzt) und Sd7.

12. Sf3 – g5 ...

Mit 12. d×c5, b×c5 13. c4, d×c4 14. De2, Sd7 erreicht Weiß nichts.

12. ... h7 – h6
13. Sg5 – h3 Sb8 – d7
14. Sh3 – f4 ...

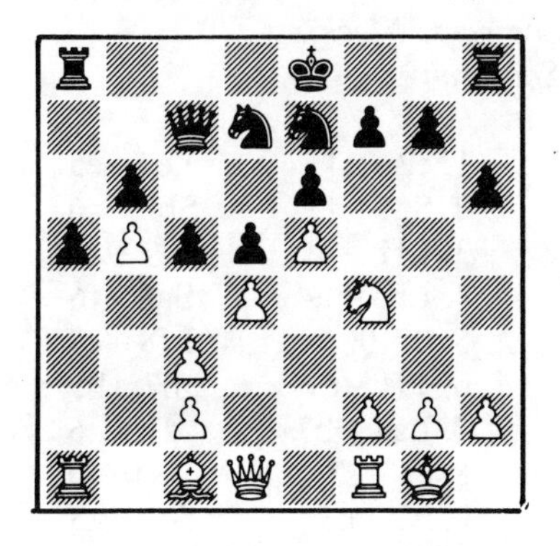

14. ... c5 × d4
Der Anfang des Spiels mit dem Feuer. In einer späteren Runde baute Byrne gegen Ivkov mit 14. ... 0 – 0 15. Sh5, Kh8 16. Dg4, Tg8 eine nahezu uneinnehmbare Festung auf.

15. c3 × d4 Dc7 – c4
Die Pointe des vorhergegangenen Abtauschs.

16. Lc1 – a3 ...
An diesen Läuferzug dürfte Stein wohl angenehme Erinnerungen bewahrt haben.

16. ... Se7 – f5
Folgerichtig wäre 16. ... D × b5 (nicht 16. ... S × e5? 17. Sh5!) und nach 17. Dg4 nicht 17. ... g6?, wegen 18. S × e6, sondern 17. ... Sf5!. Nach 16. ... D × b5 17. Df3, Sf5 18. c3 bietet das verwickelte Spiel beiden Parteien Möglichkeiten.

17. c2 – c3! ...
Verstärkt das weiße Zentrum. Wenn Schwarz diesen Bauern schlägt, gerät er in Schwierigkeiten: 17. ... D × c3 18. Se2, Dc4 19. Tc1, Da2 (19. ... D × b5 20. Tc7) 20. Dd3, mit der Drohung 21. Tc2 (Ivkov). Fischer schlägt vor 17. ... h5 18. S × h5, D × c3! beziehungsweise 18. Df3, g6 und 19. ... Tc8.

17. ... g7 – g6
18. Dd1 – f3 Dc4 × b5
Schwarz macht es sich selbst immer schwerer. Mit 18. ... h5 konnte er immer noch die Aufstellung von Fischer einnehmen.

19. g2 – g4 Sf5 – e7(?)
Dieser zahme Rückzug spielt Weiß in die Hände. Fischer, der 1966 gerne ein Match gegen Stein spielen hätte wollen, gibt hier die folgende Variante: 19. ... Sh4 20. Dg3, g5 21. Sh5, Tc8 22. c4!, Da6 (22. ... D × c4? 23. Tfc1!) mit außerordentlich kompliziertem Spiel.

20. Tf1 – c1 Ta8 – c8
21. Ta1 – b1 Db5 – c4(?)
Besser erscheint 21. ... Da6.

22. Sf4 – g2! ...
Denn nun gelangt dieses prachtvolle Geschöpf mit Tempogewinn auf e3, zur Unterstützung des Schlußzuges.

22. ... Tc8 – c6(?)
Die schwarze Verteidigung beginnt abzubröcklen. Verteidigungsmöglichkeiten böte noch 22. ... b5, angegeben von Eliskases.

23. Sg2 – e3 Dc4 – a4
Das Turnierbuch gibt als Alternativen:

*1* 23. ... Dd3? 24. L×e7, K×e7 25. S×d5† mit Damegewinn.

*2* 23. ... Da6 dann Df3 – g3 – h4, gefolgt von f2 – f4 – f5. Übrigens erscheint auf 23. ... Da6 geradeswegs 24. c4! noch stärker.

| | |
|---|---|
| 24. Tb1 – a1 | Da4 – b5 |
| 25. c3 – c4!! | ... |

Schwarz gibt auf.

Das Turnierbuch motiviert diesen Entschluß mit den folgenden Varianten:

*1* 25. ... d×c4 26. S×c4!!, T×c4 27. Da8†, Sc8 28. D×c8† und matt.

*2* 25. ... Da6 26. c×d5, T×c1† 27. T×c1, S×d5 28. S×d5, e×d5 29. D×d5 (droht 30. e6) 29. ... b5 30. Tc6 und gewinnt.

Das der scharze König in der Mitte stand, war nicht arg, sagte Kurt Richter über diese erstaunliche Partie, sehr wohl aber, daß der schwarze Königsturm nicht mitmischte.

# *50*

*Interzonenturnier, Sousse 1967.*
*Schwarz: Mecking*
*Spanisch*

| | |
|---|---|
| 1. e2 – e4 | e7 – e5 |
| 2. Sg1 – f3 | Sb8 – c6 |
| 3. Lf1 – b5 | a7 – a6 |
| 4. Lb5 – a4 | Sg8 – f6 |
| 5. 0 – 0 | Lf8 – e7 |
| 6. Tf1 – e1 | b7 – b5 |
| 7. La4 – b3 | d7 – d6 |
| 8. c2 – c3 | 0 – 0 |
| 9. h2 – h3 | Sc6 – a5 |
| 10. Lb3 – c2 | c7 – c5 |
| 11. d2 – d4 | Dd8 – c7 |
| 12. Sb1 – d2 | Sa5 – c6 |

Der fünfzehnjährige Jüngling wählt die älteste Variante dieser Verteidigung. Das deutet hin auf eine Sonderstudie.

| | |
|---|---|
| 13. d4×c5 | d6×c5 |
| 14. Sf3 – h2 | ... |

Grund für Stein, um vom bekannteren 14. Sdf1 abzuweichen.

| | |
|---|---|
| 14. ... | Lc8 – e6 |
| 15. Dd1 – f3 | Ta8 – d8 |
| 16. Sd2 – f1 | g7 – g6 |

Damit hätte Schwarz warten können, bis ein weißer Springer auf e3 oder g3 stand. Zielbewußter wäre 16. ... c4 17. Se3, Da5 (droht Sd4) 18. Tf1, b4 19. Sf5, L×f5 20. e×f5, e4 21. L×e4, Se5 22. De2, b×c3 23. b×c3, Sd3!.

| | |
|---|---|
| 17. Lc1 – h6 | Tf8 – e8 |
| 18. Sf1 – e3 | Sc6 – d4(!) |

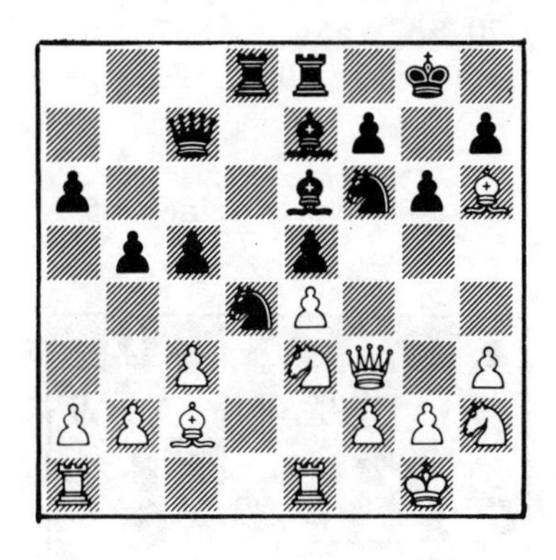

In dieser Art von Stellung meist der Gleichzieher; zufällig liegt die Sache hier aber gerade etwas anders.

| | |
|---|---|
| 19. c3 × d4 | c5 × d4 |
| 20. Se3 – f5! | Le6 × f5 |
| 21. e4 × f5 | Dc7 × c2 |
| 22. Te1 × e5 | Le7 – f8? |

Übersieht die folgende Kombination von Weiß. Gufeld und Lazarew geben als richtige Verteidigung 22. ... D × b2 23. Tae1, Ld6 24. f × g6, T × e5! (24. ... L × e5 25. T × e5!, T × e5 26. D × f6, Te1† 27. Sf1, T × f1† 28. Kh2!). Auch mit anderen Zügen als 24. f × g6 kommt Weiß nicht gut voran: 24. T × e8†, T × e8 (24. ... S × e8 25. Dc6!) 25. T × e8†, S × e8 26. De4!, und nun nicht 26. ... Sc7 27. g3! und 28. Sg4; auch nicht 26. ... Sg7 27. f6, Se6 28. g3!, d3 29. Sg4 sondern 26. ... Da1†! 27. Sf1 und dann erst 27. ... Sg7.

| | |
|---|---|
| 23. f5 × g6! | ... |

Mit als wichtigster Pointe: 23. ... T × e5 (23. .... D × g6? 24. Tg5) 24. D × f6, D × g6 25. D × d8, D × h6 26. Sg4.

| | |
|---|---|
| 23. ... | Lf8 × h6 |
| 24. Sh2 – g4! | Lh6 – g7 |
| 25. Sg4 × f6† | Lg7 × f6 |
| 26. Df3 × f6 | h7 × g6 |
| 27. Ta1 – e1! | ... |

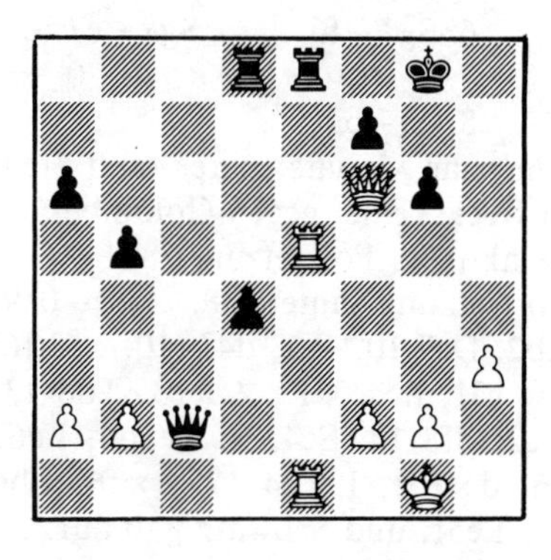

| | |
|---|---|
| 27. ... | Te8 – f8 |

Auf 27. ... Dc8 gewinnt Weiß prosaisch mit 28. T × e8†, T × e8 29. T × e8†, D × e8 30. D × d4.

| | |
|---|---|
| 28. Te5 – e4! | ... |

Droht 29. Th4.

| | |
|---|---|
| 28. ... | Td8 – d5 |

Nicht 28. ... Dd2 wegen 29. Th4!, D × e1† 30. Kh2.

| | |
|---|---|
| 29. Te4 – h4 | Td5 – h5 |
| 30. Th4 × h5 | g6 × h5 |
| 31. Te1 – e5 | Tf8 – c8 |
| 32. Te5 – g5† | |

Schwarz gibt auf: 32. ... Kf8 33. Dd6†.

Eine tadellose Leistung von weißer Seite.

## *51*

*Dreikampf, Los Angeles 1968.*
*Schwarz: Hort*
*Caro-Kann*

| | |
|---|---|
| 1. e2 – e4 | c7 – c6 |
| 2. d2 – d3 | d7 – d5 |
| 3. Sb1 – d2 | g7 – g6 |
| 4. g2 – g3 | Lf8 – g7 |
| 5. Lf1 – g2 | e7 – e5 |
| 6. Sg1 – f3 | Sg8 – e7 |
| 7. 0 – 0 | 0 – 0 |
| 8. c2 – c3 | ... |

Ein paar Monate später fand Stein in Keckskemet gegen Golombek eine aktivere Fortsetzung: 8. b4! Die Fortsetzung lautete: 8. ... 0 – 0 9. Lb2, Dc7 10. Te1, d4? (10. ... Lf6) 11. c3!, d×c3 12. L×c3, Td8 13. Dc2, Sf8 14. Sc4, f6 15. d4, Le6? 16. d×e5!, L×c4 17. e×f6, Lh6 18. Le5!, und Schwarz gab auf.

| | |
|---|---|
| 8. ... | Sb8 – d7 |
| 9. b2 – b4 | b7 – b6 |
| 10. Lc1 – b2 | Lc8 – b7 |
| 11. Tf1 – e1 | Tf8 – e8 |
| 12. Lg2 – h3 | Dd8 – c7 |
| 13. e4 × d5 | c6 × d5 |
| 14. c3 – c4 | ... |

Weiß verzichtet auf 14. L×d7, D×d7 15. S×e5, was nach 15. ... L×e5 16. T×e5, Sc6 17. T×e8†, T×e8 Schwarz genügend Entschädigung für den verlorenen Bauern geben würde.

| | |
|---|---|
| 14. ... | d5 – d4 |
| 15. Ta1 – c1 | f7 – f5 |
| 15. Lh3 – g2 | Lg7 – f6 |
| 17. c4 – c5 | b6 – b5 |
| 18. Sd2 – b3 | Lb7 – d5 |
| 19. a2 – a4 | a7 – a6 |
| 20. Sb3 – a5 | Se7 – c6 |

Einfacher wäre 20. ... Tad8 gewesen.

| | |
|---|---|
| 21. a4 × b5 | a6 × b5 |

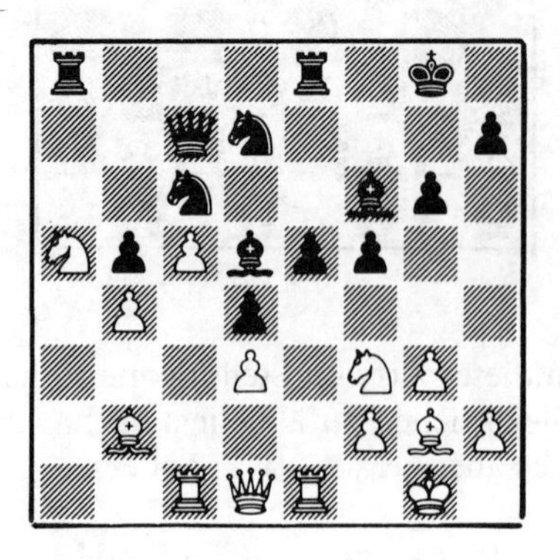

| | |
|---|---|
| 22. Sf3 × e5!? | ... |

Bis zu dieser Partie hatten alle Begegnungen im Entscheidungsdreikampf in Remis geendet.
Mit dem Textzug entfesselt Stein heftige Komplikationen.

| | |
|---|---|
| 22. ... | Sc6 × b4? |

Hort greift im Augenblick schon fehl. Nach 22. ... T×e5! 23. L×d5†, T×d5 24. Db3, S×b4 25. c6 (25. D×b4, D×a5 26. Db3, Da2) 25. ... T×a5 26. c×d7, D×d7 27. D×b4, Ta8, wäre Schwarz etwas besser gestanden, wie Hort nach der Partie selbst angab. Raymond D. Keene gibt in seinem Buch 'Leonid Stein, Master of Attack' jedoch eine interessante Verstärkung für Weiß: nicht 24. Db3, sondern 24. Df3!. Nach 24. ... S×b4 25. La3 bietet die komplizierte Stellung Weiß gute Möglichkeiten.

| | |
|---|---|
| 23. Se5 × d7 | Dc7 × d7 |
| 24. c5 – c6 | Dd7 – f7 |
| 25. Te1 × e8† | Ta8 × e8 |
| 26. Sa5 – b7! | Lf6 – e5 |
| 27. Lg2 × d5 | Df7 × d5 |

Auf 27. ... S × d5 ist 28. f4! stark.

| | |
|---|---|
| 28. Tc1 – c5 | Dd5 – f7 |
| 29. Dd1 – f3 | g6 – g5 |
| 30. c6 – c7! | g5 – g4 |
| 31. Df3 – d1 | Le5 × c7 |
| 32. Dd1 – d2 | ... |

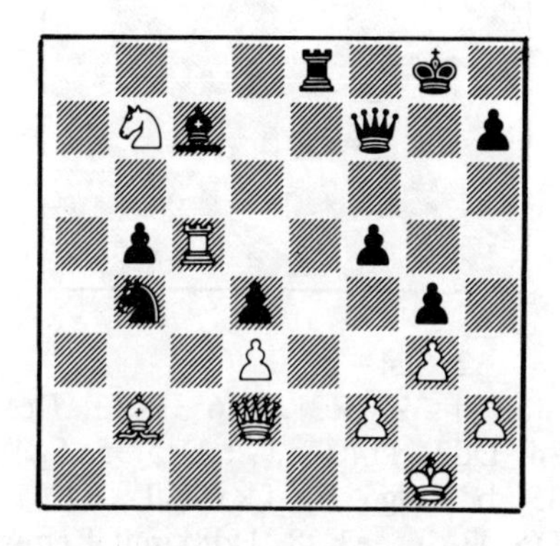

Stein ist Experte im Müdeleiern eines Gegners.

| | |
|---|---|
| 32. ... | Lc7 – b6? |

Mit 32. ... Le5 wäre Schwarz noch lange nicht verloren gewesen.

| | |
|---|---|
| 33. Tc5 × b5 | Sb4 × d3 |

Auf 33. ... D × b7 folgt nicht 34. D × b4, Df3! sondern 34. T × b4!.

| | |
|---|---|
| 34. Sb7 – d6! | ... |

Jetzt ist Weiß in entscheidendem Vorteil.

| | |
|---|---|
| 34. ... | Df7 – d7 |
| 35. Dd2 – g5† | Kg8 – h8 |
| 36. Dg5 – f6† | Kh8 – g8 |
| 37. Df6 – g5† | Kg8 – h8 |
| 38. Sd6 × e8 | Dd7 × e8 |
| 39. Dg5 × f5 | Sd3 – e5 |
| 40. Tb5 × b6 | Se5 – f3† |
| 41. Kg1 – g2 | De8 – a8 |

Nach 41. ... De1 42. Df8 steht Schwarz eben einen Zug früher matt.

| | |
|---|---|
| 42. Df5 – f6† | Kh8 – g8 |
| 43. Df6 – e6† | Kg8 – h8 |
| 44. De6 – c6 | |

Schwarz gibt auf.

## 52

*Keckskemet 1968*
*Weiß: Malich*
*Königsindisch*

| | |
|---|---|
| 1. d2 – d4 | Sg8 – f6 |
| 2. Sg1 – f3 | g7 – g6 |
| 3. Lc1 – g5 | Lf8 – g7 |
| 4. Sb1 – d2 | c7 – c5 |
| 5. e2 – e3 | b7 – b6 |
| 6. c2 – c3 | Lc8 – b7 |
| 7. a2 – a4? | ... |

Fragezeichen bei Malich: dieser Aufmarsch ist ihm zufolge nur dann gut, wenn Schwarz bereits d7 – d6 gespielt hat.

| | |
|---|---|
| 7. ... | 0 – 0 |
| 8. Lf1 – d3 | d7 – d5 |
| 9. 0 – 0 | Sf6 – e4 |
| 10. Lg5 – f4 | Sb8 – d7 |
| 11. Dd1 – e2 | Se4 × d2 |
| 12. Sf3 × d2 | e7 – e5 |

13. d4×e5 Lg7×e5!

Nach 13. ... S×e5 14. L×e5, L×e5 15. Sf3, Lg7 16. La6 würde das Spiel völlig gleich stehen.

14. Lf4×e5 ...

Nicht 14. Lh6? wegen 14. ... L×h2†.

14. ... Sd7×e5
15. Ld3 – a6 Lb7×a6
16. De2×a6 Tf8 – e8
17. Ta1 – d1 Dd8 – c7
18. Da6 – e2 Ta8 – d8
19. Sd2 – f3 Se5 – g4
20. h2 – h3 Sg4 – f6
21. De2 – c2 Td8 – d7
22. Td1 – d3 c5 – c4

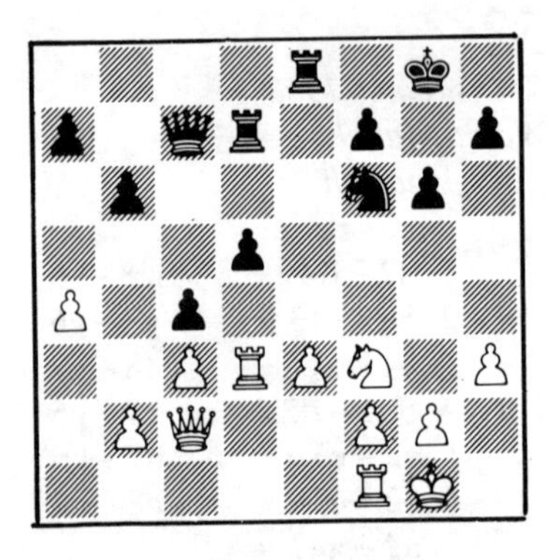

In 'Schach' seufzt Malich auf, daß ohne 7. a4? dieser Gewinnversuch nicht möglich gewesen wäre.

23. Td3 – d4 Sf6 – e4
24. Tf1 – d1 Dc7 – c6
25. Sf3 – d2 Se4 – c5
26. e3 – e4 d5×e4
27. Td4×d7 ...

Das Beste. Nach 27. S×c4, T×d4 28. T×d4, D×a4 29. D×a4, S×a4 30. Sd6, Td8 31. T×a4, T×d6 32. T×a7, Td1† 33. Kh2, Td2 (Malich) gewinnt Schwarz einen Bauern.

27. ... Sc5×d7
28. Sd2×c4 Sd7 – c5
29. a4 – a5 Sc5 – d3
30. b2 – b3 Te8 – e6
31. a5×b6 a7×b6

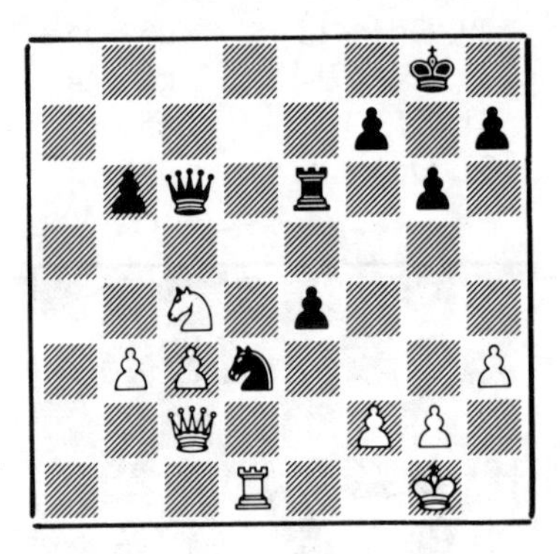

32. Sc4 – b2 ...

Stärker 32. Se3!, Tf6 33. f3, Dc5 34. Dd2, Tf4 (34. ... Dg5 35. Sg4) 35. b4, Dg5 36. f×e4, T×e4 37. D×d3, T×e3 38. Dd8† mit Remis (Malich).

32. ... Sd3 – f4
33. Td1 – d8†? ...

Der entscheidende Fehler. Malich beweist dies mit 33. Td4! Dann scheitert 33. ... D×c3? an 34. Td8†, Kg7 35. D×c3†.

33. ... Kg8 – g7
34. Sb2 – c4? ...

Mit 34. c4, S×g2 35. K×g2, e3† 36. Td5 hätte Weiß noch Widerstand bieten können nach Malich.

| | |
|---|---|
| 34. ... | Sf4×g2! |

Die gewinnende Kombination.

| | |
|---|---|
| 35. Dc2 – d2 | Sg2 – h4 |
| 36. Dd2 – d5 | b6 – b5 |
| 37. Sc4 – e3 | Dc6×c3 |
| 38. Dd5×b5 | Dc3 – e1† |
| 39. Db5 – f1 | Sh4 – f3† |
| 40. Kg1 – g2 | De1×f1† |

und Schwarz gewann.

# 53

*Havanna 1968*
*Weiß: Antoschin*
*Königsindisch*

| | |
|---|---|
| 1. d2 – d4 | Sg8 – f6 |
| 2. c2 – c4 | g7 – g6 |
| 3. Sb1 – c3 | Lf8 – g7 |
| 4. e2 – e4 | d7 – d6 |
| 5. Lf1 – e2 | 0 – 0 |
| 6. Sg1 – f3 | Sb8 – d7 |

Die altmodische Fortsetzung.

| | |
|---|---|
| 7. 0 – 0 | e7 – e5 |
| 8. Tf1 – e1 | c7 – c6 |
| 9. Le2 – f1 | a7 – a5 |
| 10. Ta1 – b1 | Tf8 – e8 |
| 11. a2 – a3(?) | ... |

Besser 11. b3!

| | |
|---|---|
| 11. ... | e5×d4! |
| 12. Sf3×d4 | Sd7 – b6 |
| 13. Lc1 – g5 | ... |

Dabei schaut wenig heraus.

| | |
|---|---|
| 13. ... | h7 – h6 |
| 14. Lg5 – h4 | Dd8 – c7 |

Da auf 15. Lg3 einfach und stark 15. ... Sh5! folgen kann.

| | |
|---|---|
| 15. Tb1 – c1 | a5 – a4 |

Legt den weißen Damenflügel an die Kette.

| | |
|---|---|
| 16. Tc1 – c2 | Sf6 – d7 |
| 17. f2 – f4!? | ... |

Das war offensichtlich die Absicht: Weiß zielt auf einen Königsangriff guten alten Stils ab.

| | |
|---|---|
| 17. ... | Sd7 – c5 |
| 18. Tc2 – d2 | Sc5 – e6 |
| 19. Sd4×e6 | Lc8×e6 |
| 20. f4 – f5?! | ... |

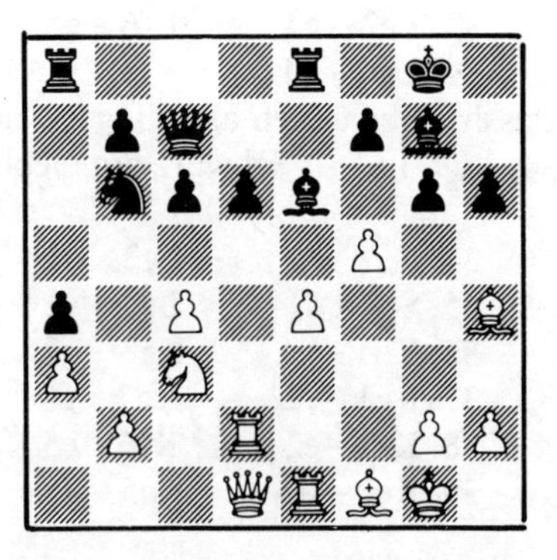

Verbrennt die Schiffe hinter sich. Besser wäre 20. T×d6, worauf Schwarz 20. ... L×c4 antworten muß. Nicht 20. ... Lf8? wegen 21. c5!

| | |
|---|---|
| 20. ... | g6×f5 |
| 21. e4×f5 | Le6×f5 |
| 22. Lh4 – g3 | Te8×e1 |
| 23. Dd1×e1 | Sb6 – d7 |
| 25. Lg3×d6 | Dc7 – b6† |
| 25. Kg1 – h1 | Sd7 – f6 |
| 26. c4 – c5 | Db6 – b3 |
| 27. h2 – h3 | Ta8 – e8 |

| | |
|---|---|
| 28. Td2 – e2 | Te8 × e2 |
| 29. De1 × e2 | Db3 – c2! |

Mit sicherer Hand steuert Schwarz los auf ein Endspiel, in welchem sich die Bauern des weißen Damenflügels als außerordentlich verletzlich erweisen sollen.

| | |
|---|---|
| 30. Ld6 – e5 | Dc2 × e2 |
| 31. Lf1 × e2 | Lf5 – c2 |
| 32. Le5 × f6 | ... |

Sonst folgt 32. ... Sd7, und der weiße c-Bauer ist nicht mehr zu retten.

| | |
|---|---|
| 32. ... | Lg7 × f6 |
| 33. Le2 – g4 | Lf6 – g5 |
| 34. Lg4 – d1 | ... |

Passiv, erzwungen allerdings. Nach 34. Lc8, Lc1 ist Schwarz am Gebot.

| | |
|---|---|
| 34. ... | Lc2 × d1 |
| 35. Sc3 × d1 | Lg5 – c1 |
| 36. Kh1 – g1 | Kg8 – g7 |
| 37. Kg1 – f2 | Kg7 – f6 |
| 38. Kf2 – e2 | Kf6 – e5 |
| 39. Ke2 – d3 | Ke5 – d5 |

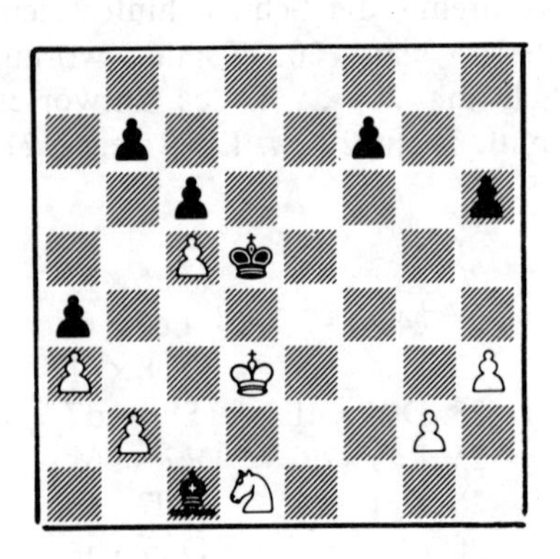

| | |
|---|---|
| 40. Sd1 – c3† | ... |

Oder 40. Kc2, Lg5 41. Sc3†, K × c5 42. S × a4†, Kd4, und Schwarz muß gewinnen.

| | |
|---|---|
| 40. ... | Kd5 × c5 |
| 41. Sc3 × a4† | Kc5 – d5 |
| 42. Sa4 – c3† | Kd5 – e5 |
| 43. Kd3 – c2 | Lc1 – e3 |
| 44. b2 – b4 | Le3 – d4 |
| 45. b4 – b5 | ... |

Ein mutiger Versuch, die verlorene Schlacht doch noch zu retten.

| | |
|---|---|
| 45. ... | Ld4 × c3 |
| 46. b5 × c6 | Lc3 – a5 |
| 47. c6 × b7 | La5 – c7 |
| 48. Kc2 – d3 | Ke5 – d5 |
| 49. a3 – a4 | Kd5 – c6 |
| 50. Kd3 – e4 | Kc6 × b7 |
| 51. Ke4 – f5 | Lc7 – d8 |

Schwarz muß präzise zu Werke gehen.

| | |
|---|---|
| 42. Kf5 – g4 | Ld8 – f6 |
| 53. Kg4 – h5 | Lf6 – g7 |
| 54. g2 – g4 | Kb7 – b6 |
| 55. h3 – h4 | Kb6 – a5 |
| 56. g4 – g5 | h6 × g5 |
| 57. h4 × g5 | Ka5 × a4 |
| 58. g5 – g6 | f7 – f6 |
| 59. Kh5 – g4 | Ka4 – b5 |
| 60. Kg4 – f5 | Kb5 – c5 |
| 61. Kf5 – e6 | Lg7 – h8! |

Weiß gibt auf.

## 54

*Tallinn 1969*
*Weiß: Damjanović*
*Sizilianisch*

| | |
|---|---|
| 1. e2 – e4 | c7 – c5 |
| 2. Sg1 – f3 | Sb8 – c6 |
| 3. d2 – d4 | c5 × d4 |
| 4. Sf3 × d4 | Sg8 – f6 |
| 5. Sb1 – c3 | d7 – d6 |
| 6. Lc1 – g5 | Lc8 – d7 |

Haarscharf und weniger ausgearbeitet als 6. ... e6.

| | |
|---|---|
| 7. Sd4 – b3 | h7 – h6 |
| 8. Lg5 – h4?! | ... |

Besser ist 8. L × f6, g × f6 9. Dh5.

| | |
|---|---|
| 8. ... | Ta8 – c8 |
| 9. Lf1 – e2 | g7 – g5 |
| 10. Lh4 – g3 | h6 – h5! |
| 11. h2 – h4 | g5 – g4 |
| 12. Lg3 – f4 | ... |

Gegen 12. ... Lh6 gerichtet.

| | |
|---|---|
| 12. ... | Sc6 – e5 |
| 13. Dd1 – d4?! | ... |

Jagt den Springer nach g6: das ist genau das, was Schwarz gerne wollte.

| | |
|---|---|
| 13. ... | Se5 – g6 |
| 14. Lf4 – g5 | Lf8 – g7 |
| 15. 0 – 0 – 0? | ... |

Spielt Schwarz in die Hände. Angezeigt wäre 15. 0 – 0.

| | |
|---|---|
| 15. ... | a7 – a5! |
| 16. Kc1 – b1 | 0 – 0 |
| 17. Dd4 – e3 | a5 – a4 |
| 18. Sb3 – d4 | Dd8 – a5!? |
| 19. Lg5 × f6 | Tc8 × c3!! |

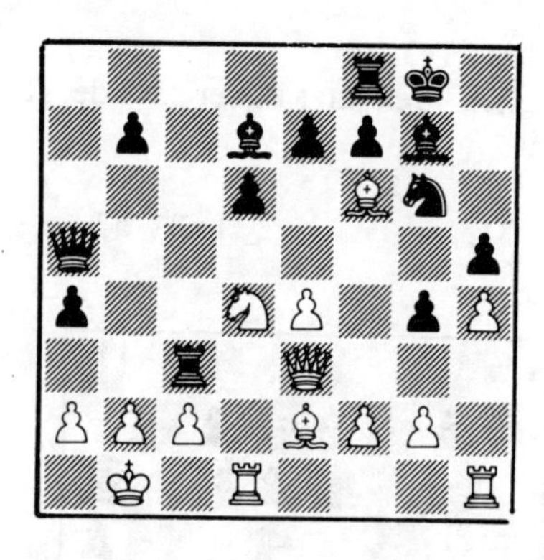

Hervorragend eingeschätzt.

| | |
|---|---|
| 20. De3 × c3 | Da5 × c3 |
| 21. b2 × c3 | Lg7 × f6 |

Die Kompensierung von Schwarz für die geopferte Qualität besteht in der sehr verstümmelten weißen Bauernformation.

| | |
|---|---|
| 22. g2 – g3 | Tf8 – c8 |
| 23. Kb1 – b2 | Sg6 – e5! |
| 24. a2 – a3 | Tc8 – c5 |
| 25. Th1 – e1 | Kg8 – f8 |
| 26. Le2 – f1 | e7 – e6 |
| 27. Te1 – e3 | Kf8 – e7 |

Systematisch verstärkt Schwarz seine Stellung. Weiß kann sogut wie nichts unternehmen.

| | |
|---|---|
| 28. Kb2 – a2 | Lf6 – g7! |

Doch nach h6, und diesmal ganz ohne Konkurrenz.

| | |
|---|---|
| 29. Td1 – b1 | Ld7 – c8 |
| 30. Sd4 – b5 | ... |

Weiß kann schwer 30. Tb4 ziehen wegen 30. ... Lh6.

| | |
|---|---|
| 30. ... | Lg7 – h6 |

31. Te3 – e1 …

Möglich, weil jetzt Bauer c3 gedeckt steht.

31. … Lc8 – d7

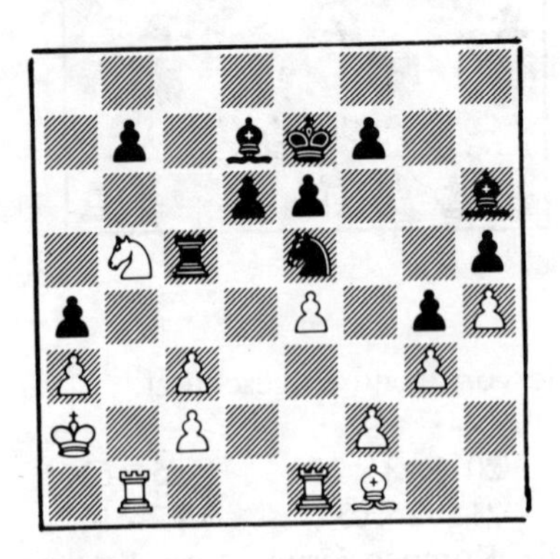

32. Te1 – d1?! …

In Betracht käme 32. Sd4, Ld2 33. Ted1.

32. … Ld7 – c6
33. Tb1 – b4 Se5 – f3
34. Sb5 × d6? …

Weiß kommt nicht mehr heraus. Maric gibt als besser: 34. Sa7!?, T×c3 35. S×c6, b×c6 26. Tb7† und 37. T×d6.

34. … Tc5 × c3
35. Tb4 – c4 Tc3 × c4
36. Lf1 × c4 Sf3 – d2!

Es droht plötzlich alles Mögliche.

37. e4 – e5 Lc6 – f3
38. Td1 × d2 …

Vermutlich hat Weiß die Wendung 38. Te1, S×c4 29. S×c4, Ld5! zu spät gesehen.

38. … Lh6 × d2
39. Lc4 – d3 Ld2 – e1

Weiß gibt auf.

# 55

*Tallinn 1969*
*Weiß: Szabo*
*Sizilianisch*

1. e2 – e4 c7 – c5
2. Sg1 – f3 Sb8 – c6
3. d2 – d4 c5 × d4
4. Sf3 × d4 Sg8 – f6
5. Sb1 – c3 d7 – d6
6. Lc1 – g5 Lc8 – d7
7. Dd1 – d2 Ta8 – c8
8. 0 – 0 – 0 Sc6 × d4
9. Dd2 × d4 Dd8 – a5
10. Lg5 × f6 …

Die Idee, daß Weiß nach 10. f4, T×c3 11. b×c3, e5 12. Db4 besser stehen würde, kann nach der Fortsetzung 12. … D×b4 13. c×b4, S×e4 14. Lh4, g5!! (Unzicker - Gheorghiu, Ljubljana 1969) angezweifelt werden.

10. … g7 × f6
11. f2 – f4 Lf8 – g7
12. Kc1 – b1 Da5 – c5
13. f4 – f5 …

Unternehmungslustig gespielt. Übrigens bleiben die Chancen etwa gleich.

13. … Dc5 × d4
14. Td1 × d4 h7 – h5
15. Lf1 – b5 Ld7 × b5
16. Sc3 × b5 a7 – a6
17. Sb5 – c3 Lg7 – h6
18. Td4 – b4? …

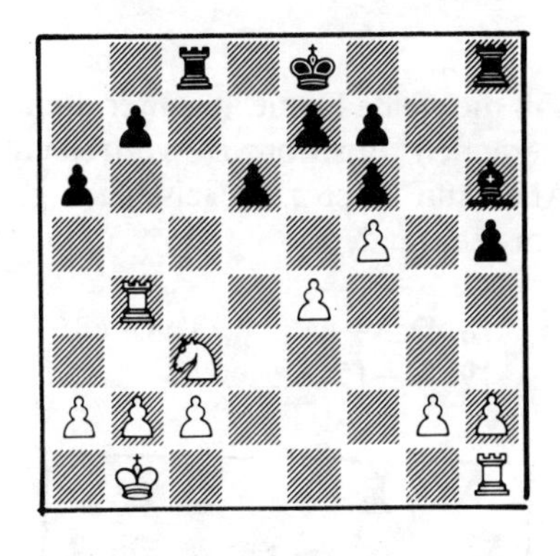

Weiß geht in ziemlich ausbalancierter Stellung auf Abenteuer und bringt sich dadurch selbst in Gefahr. Gut wäre 18. Sd5.

18. ... b7 – b5
19. a2 – a4(?) ...

Notwendige Folge, aber auch hier wäre 19. Sd5 besser.

19. ... Lh6 – d2!
20. a4 × b5 a6 × b5
21. Tb4 × b5 Ld2 × c3
22. b2 × c3 Th8 – g8!

Stürtzt sich mit Tempogewinn auf den weißen e-Bauern.

23. g2 – g3 Tg8 – g4
24. Th1 – e1 Tc8 × c3
25. Tb5 – b8† Ke8 – d7
26. Tb8 – h8? ...

Nach der Partie waren die Meister sich einig, daß 26. Tb7†, Tc7 27. T × c7†, K × c7 Weiß bessere Überlebenschancen geboten hätte.

26. ... h5 – h4!
27. Th8 × h4 Tg4 × h4
28. g3 × h4 Tc3 – h3

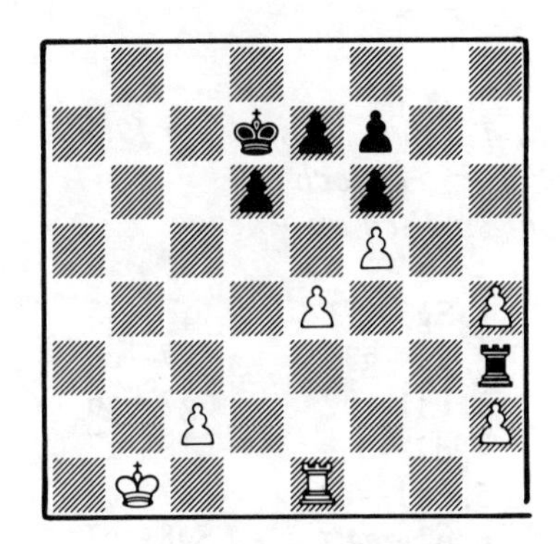

Seine ruinöse Bauernformation muß Weiß wohl zum Verhängnis werden.

29. Te1 – e2 Kd7 – c6
30. Kb1 – c1 Kc6 – c5
31. Kc1 – d2 Kc5 – d4
32. h4 – h5 Th3 × h5
33. c2 – c3† Kd4 – e5
34. Kd2 – e3 Th5 – h3†
35. Ke3 – d2 Th3 – f3

Die Möglichkeiten für Weiß werden immer weniger.

36. Kd2 – c2 Tf3 – f4
37. Kc2 – d3 Tf4 – h4

Der Tempozwang ist vollendet.

38. Te2 – g2 Th4 × e4
39. Tg2 – g7 Ke5 × f5
40. Tg7 × f7 d6 – d5
41. Tf7 – h7 e7 – e5
42. h2 – h4 Te4 – g4

Weiß gibt auf.

## 56

*IBM-Turnier, Amsterdam 1969*
*Schwarz: Hartoch*
*Königsindisch im Anzuge*

| | |
|---|---|
| 1. Sg1 – f3 | d7 – d5 |
| 2. g2 – g3 | c7 – c6 |
| 3. Lf1 – g2 | g7 – g6 |
| 4. d2 – d3 | Lf8 – g7 |
| 5. Sb1—d2 | e7 – e5 |
| 6. e2 – e4 | Sg8 – e7 |
| 7. 0 – 0 | 0 – 0 |
| 8. b2 – b4! | Sb8 – a6? |

Als die beste Reaktion wird 8. ... a5 angesehen. Die Partie Stein - Haag, Tallinn 1969 ging darauf weiter wie folgt: 9. b×a5, T×a5 10. Lb2, Dc7 11. De2, d4? (11. ... d×e4) 12. c3!, d×c3 13. L×c3, Ta4 14. Sc4, b5 (14. ... f6) 15. Dc2!, Le6 (15. ... f6) 16. Sc×e5, f6 17. Sc4, L×c4 18. d×c4, T×c4 19. Sd2, Ta4 20. Sb3, Sa6 21. Tfd1, c5 22. De2, c4 23. Sd4, Db6 24. Tab1, Sc7 25. Lb4, Te8 26. S×b5!!, S×b5 27. D×c4†, Kh8 28. Df7, Sc7 29. Ld6, und Schwarz gab auf.

| | |
|---|---|
| 9. a2 – a3 | Sa6 – c7 |
| 10. Lc1 – b2 | d5 – d4?! |

Von zweifelhaftem Wert.

| | |
|---|---|
| 11. c2 – c3 | ... |

Noch besser erscheint 11. Sc4.

| | |
|---|---|
| 11. ... | Lc8 – g4 |
| 12. Dd1 – c2 | Sc7 – e6 |
| 13. c3 × d4 | Lg4 × f3 |
| 14. Sd2 × f3 | Se6 × d4 |
| 15. Sf3 × d4 | e5 × d4 |
| 16. f2 – f4 | Dd8 – d7 |
| 17. Dc2 – c5 | ... |

Weiß steht prächtig.

| | |
|---|---|
| 17. ... | b7 – b6 |

Um die weiße Dame aus ihrer dominierenden Position zu vertreiben. Aber nun ist c6 zur Zielscheibe geworden.

| | |
|---|---|
| 18. Dc5 – c4 | Ta8 – c8 |
| 19. f4 – f5 | ... |

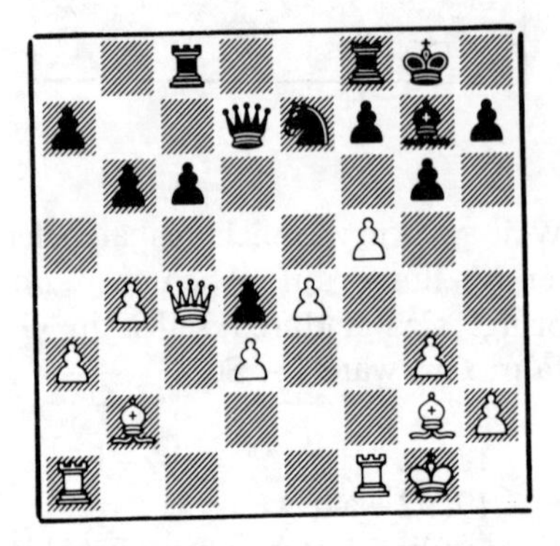

Es sieht danach aus, daß Weiß einen schnellen Sieg erringen wird. Hartoch jedoch, der noch einen halben Punkt braucht für ein Meisterresultat, bekennt sich nicht so schnell besiegt.

| | |
|---|---|
| 19. ... | Dd7 – d6 |
| 20. Ta1 – e1 | ... |

Tempoverlust. Besser 20. Tf2!

| | |
|---|---|
| 20. ... | g6 – g5 |
| 21. Lg2 – f3 | Lg7 – e5 |
| 22. Te1 – e2 | b6 – b5 |
| 23. Dc4 – c1 | f7 – f6 |

Geschickte Maurerarbeit. Wie soll Weiß da hindurchkommen?

| | |
|---|---|
| 24. Te2 – c2 | Tc8 – c7 |
| 25. Tc2 – c5 | Se7 – c8 |
| 26. Kg1 – g2 | Sc8 – b6 |

27. Lf3 – d1 Sb6 – d7
28. Ld1 – b3† ...

Und so etwas heißt dann ein schlechter Läufer!

28. ... Kg8 – g7
29. Tc5 – c2 Tf8 – a8
30. Dc1 – d1 Dd6 – e7
31. Dd1 – d2 Ta8 – h8(?)

Ob gut, ob schlecht, Schwarz hätte auf jeden Fall 31. ... c5 ziehen müssen, meinte Stein.

32. Tf1 – c1 Sd7 – b8
33. Lb3 – e6 h7 – h5
34. h2 – h4! g5 – g4
35. Tc2 – c5 De7 – d6

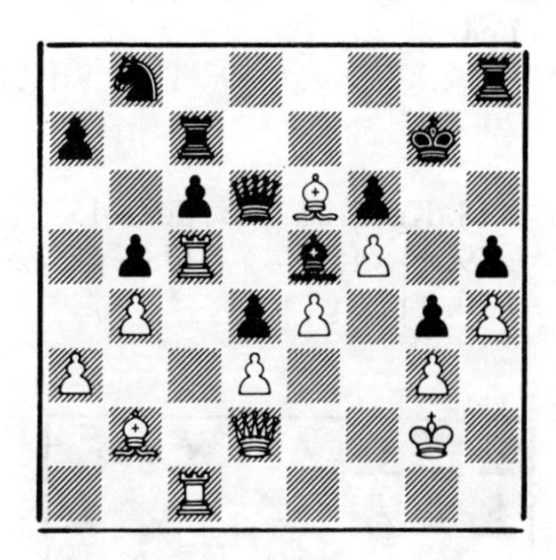

36. Tc5 × e5!! ...

Forciert die Entscheidung.

36. ... Dd6 × e5

Auf 36. ... f × e5 gewinnt 37. Dg5†.

37. Tc1 – c5 De5 – d6
38. e4 – e5 Dd6 – d8

Auch hier: 38. ... f × e5, dann 39. Dg5†.

39. e5 × f6† Kg7 – f8

Nicht 39. ... K × f6? 40. Dg5 matt. Auf 39. ... D × f6 gewinnt 40. Df4!, mit Drohung von sowohl 41. L × d4 als auch 41. D × c7† (Stein).

40. Dd2 – f4 Sb8 – a6
41. Lb2 × d4 Sa6 × c5
42. Ld4 × c5† Kf8 – e8
43. Df4 – e5 Th8 – h7
44. Le6 – d7†!

Schwarz gibt auf.

Danksei diesem Sieg erzielte Stein, der in diesem Turnier mit 5 aus 10 weit unter seinem Können begonnen hatte, aus seinen letzten fünf Partien vier Punkte.

## 57

*Spartakiade, Moskau 1969*
*Schwarz: Gufeld*
*Königsindisch*

1. d2 – d4 Sg8 – f6
2. c2 – c4 g7 – g6
3. Sb1 – c3 Lf8 – g7
4. e2 – e4 d7 – d6
5. Lf1 – e2 0 – 0
6. Sg1 – f3 e7 – e5
7. 0 – 0 Sb8 – c6
8. d4 – d5 ...

Gegen 8. Le3 hat Najdorf 8. ... Te8! 9. d5, Sd4! gefunden.

8. ... Sc6 – e7
9. b2 – b4 Sf6 – h5

Auf 9. ... a5 ist sowohl 10. b × a5 als auch 10. La3 gut.

10. g2 – g3 f7 – f5

11. Sf3 – g5 Sh5 – f6
12. f2 – f3 f5 – f4!?

Von Gufeld selbst stammend. Nach 12. ... h6 13. Se6, L×e6 14. d×e6,. c6 15. b5 steht Weiß am besten da. Auf 12. ... a5 spielt Weiß 13. b×a5! und nicht 13. La3?, wegen 13. ... a×b4 14. L×b4, c5!

13. c4 – c5! ...

Eine Verstärkung für Weiß. In einer Partie Taimanov gegen Gufeld, Moskau 1960, erhielt Schwarz nach 13. b5, f×g3 14. h×g3, Sh5 15. Kg2, Sf4†! einen stürmischen Angriff.

13. ... f4×g3

Die Alternative 13. ... Sh5 14. g4, Sf6 15. Se6 gefällt ihm nicht.

14. h2×g3 Sf6 – h5
15. Dd1 – e1! ...

Merkwürdigerweise zwei Jahre zuvor in 'De Losbladige Schaakberichten' empfohlen.

15. ... Sh5 – f4?!

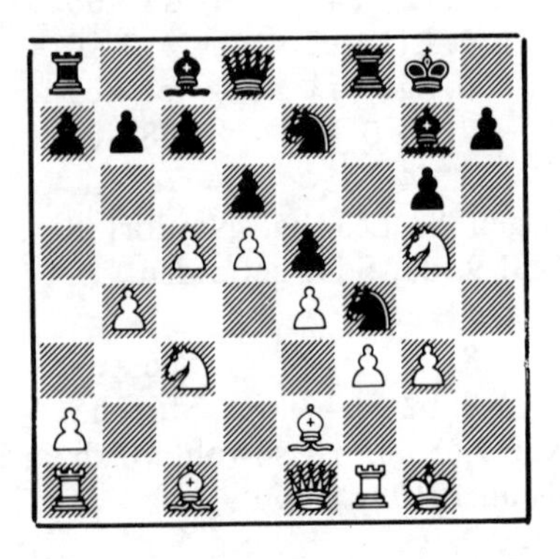

Derselbe Kraftzug wie gegen Taimanov: aber die Umstände sind nicht die gleichen. Kotov schlägt vor 15. ... c6 16. Se6, L×e6 17. d×e6, d×c5 18. b×c5, Da5.

16. g3×f4 ...

Einem geschenkten Gaul. ...

16. ... e5×f4
17. Tf1 – f2! ...

Ein neuer und sehr starker Verteidigungszug.

17. ... Lg7 – d4

Verführerisch, jedoch nicht gut ist 17. ... S×d5 wegen 18. S×d5!. Gufeld beweist dies wie folgt:

*1* 18. ... L×a1 19. Tg2, h6 20. Lc4!

*2* 18. ... D×g5† 19. Tg2, Ld4?† 20. Le3!

18. Kg1 – h1 Se7 – f5
19. e4×f5 Dd8×g5
20. Tf2 – g2 ...

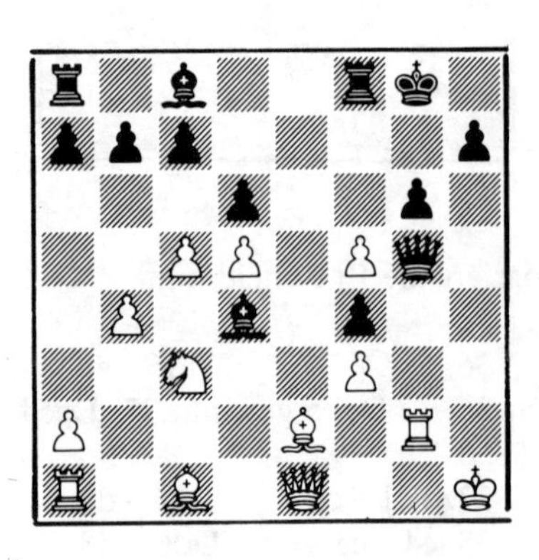

20. ... Dg5×f5(?)

Auf 20. ... Dh5† 21. Th2, T×f5 folgt nicht 22. T×h5?, T×h5† 23. Kg2, Lh3† 24. Kh1, Lf1 matt son-

dern 22. L×f4!
Als beste Möglichkeit für Schwarz erscheint unterdessen 20. ... Dh6† 21. Th2, Dg7 22. Ld2, L×f5! (von O'Kelly angegeben).

21. Lc1 – d2 Lc8 – d7?
Das Fragezeichen stammt von Gufeld selbst, der 21. ... De5! empfiehlt, gefolgt von Dg7.

22. Sc3 – e4! ...
Von entscheidender Kraft.

22. ... Ta8 – e8
Nach 22. ... L×a1 23. D×a1, Tae8 (23. ... D×d5? 24. Sf6†, T×f6 25. D×f6, D×d2 26. Lc4†) 24. Dd4! (droht Lc3) ist Schwarz verloren. Auf 22. ... D×d5 kommt 23. Tc1.

23. Ta1 – c1 Te8 – e5
Gufeld gibt noch 23. ... T×e4 24. f×e4, D×e4 25. Dh4!, Le3 26. L×e3, D×e3 27. Tcg1, f3 (oder 27. ... Lf5 28. Lg4!, L×e4 29. Le6†, Kh8 30. De7) 28. Th2 und gewinnt.

24. De1 – h4! d6×c5
25. b4×c5 Kg8 – h8
26. Tc1 – c4 Ld4 – a1
O'Kelly weist auf 26. ... Lb2 27. Tb4 und 26. ... T×d5 27. T×d4, T×d4 28. Lc3. Schwarz ist rettungslos verloren.

27. Dh4 – e1 La1 – b2
28. De1 – b1 Ld7 – b5
29. Db1×b2 Lb5×c4
30. Le2×c4
Schwarz gibt auf.

# *58*

*Turnier in Sotschi 1970*
*Schwarz: Kupreitschik*
*Grünfeld-Indisch*

1. c2 – c4 g7 – g6
2. d2 – d4 Sg8 – f6
3. Sb1 – c3 d7 – d5
4. c4×d5 Sf6×d5
5. g2 – g3 Lf8 – g7
6. Lf1 – g2 Sd5 – b6
7. Sg1 – f3 0 – 0
8. 0 – 0 Sb8 – c6
9. e2 – e3 e7 – e5

Schwarz hat hier eine reiche Auswahl; auch 9. ... Lf5, 9. ... a5 und 9. ... Te8 kommen in Betracht.

10. d4 – d5 ...
Nach 10. d×e5, S×e5 11. S×e5, D×d1 12. T×d1, L×e5 13. h3, c6 ist nur mehr wenig los.

10. ... Sc6 – a5
Es zeigt sich, daß der Springer hier sozusagen altmodisch schlecht steht. Mit 10. ... Se7 11. e4, Lg4! kann Schwarz gleiches Spiel erreichen.

11. e3 – e4 c7 – c6
Auf 11. ... Lg4 folgt nun 12. b3!, und gegen 12. ... c6 erheben sich Einwände wegen 13. La3, Te8 14. d6!

12. Lc1 – g5 ...
Um f7 – f6 herauszulocken.

12. ... f7 – f6
Auch nach 12. ... Dd6 13. d×c6, D×d1 14. Tf×d1, S×c6 15. Sd5, Lg4 16. h3, L×f3 17. L×f3, Sd4

18. Lg2 behält Weiß den Vorteil.

13. Lg5 – e3 c6 × d5
14. e4 × d5 ...

Mit 14. L × b6, D × b6 15. S × d5 kommt Weiß nach 15. ... Dd8 16. Tc1, Sc6 17. Db3, Tf7 18. Tfd1, Le6 nicht viel weiter.

14. ... Sa5 – c4
15. Le3 – c5 Tf8 – f7
16. b2 – b3! ...

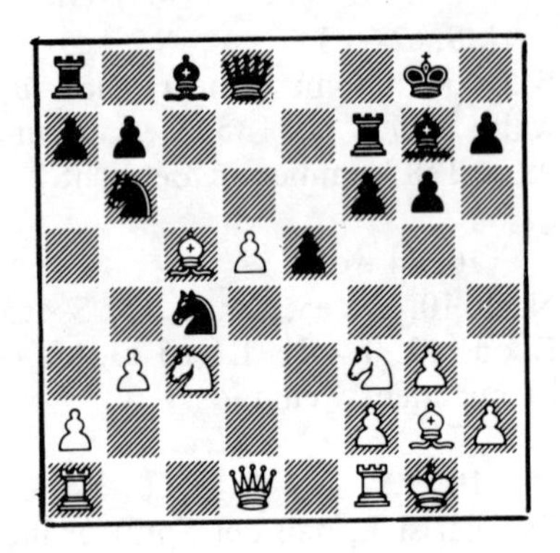

Eine Verstärkung gegenüber dem früher versuchten 16. Sd2, Lf8!

16. ... Sc4 – d6

Nach 16. ... Tc7 17. Lb4, a5 18. Sb5!, Td7 19. b × c4, a × b4 20. Db3 gerät Schwarz unter schweren Druck.

17. a2 – a4 ...

Schnürt Schwarz weiter ein. Dieser kann schwer mit 17. ... a5 antworten, denn es würde 18. L × d6, D × d6 19. Sb5 (19. ... D × d5 20. D × d5, S × d5 21. S × e5) folgen.

17. ... Lc8 – g4
18. a4 – a5 Sb6 – c8

18. ... e4 bringt keine Erleichterung wegen 19. a × b6, f5 20. T × a7, Tc8 21. Sa4.

19. h2 – h3 Lg4 × f3
20. Lg2 × f3 f6 – f5
21. Lf3 – g2 ...

Hiermit hat Weiß 10. ... Sa5 so ziemlich widerlegt. Die beste Möglichkeit für Schwarz scheint nun sofort 21. ... e4.

21. ... Tf7 – c7
22. Lc5 – b4 e5 – e4
23. Ta1 – c1 Sc8 – e7
24. Dd1 – d2 ...

Keine übereilten Dinge wie 24. L × d6, T × c3.

24. ... Ta8 – c8
25. f2 – f3! ...

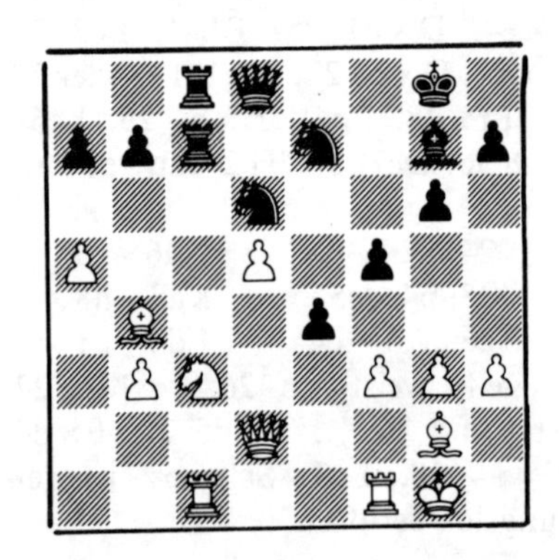

25. ... Lg7 × c3

Das war sein köstlicher Königsläufer! Braves Schlagen auf f3 hätte mehr Widerstand ermöglicht.

26. Tc1 × c3 Tc8 × c3
27. Lb4 × c3 Sd6 – b5

28. Lc3 – a1 Dd8 × d5
29. Dd2 – g5! ...

Vermutlich hatte Schwarz auf 29. Db2 gerechnet, wonach er sich mit 29. ... Sc3 30. Tc1, Dd4† 31. Kh1, Sed5 verteidigen hätte können.

29. ... Dd5 – c5†
30. Kg1 – h2 Se7 – d5
31. f3 × e4 Sd5 – e3

Nach 31. ... De3 hat Weiß die Wahl: 32. T × f5 oder 32. Dh4.

32. Tf1 – f3 Se3 × g2
33. Dg5 – f6! Tc8 – c7
34. Tf3 – d3!

Schwarz gibt auf.

## 59

*Spartakiade, Moskau 1970*
*Schwarz: Boleslavsky*
*Sizilianisch*

1. e2 – e4 c7 – c5
2. Sg1 – f3 d7 – d6
3. d2 – d4 c5 × d4
4. Sf3 × d4 Sg8 – f6
5. Sb1 – c3 a7 – a6
6. Lf1 – e2 e7 – e5
7. Sd4 – b3 Lf8 – e7
8. 0 – 0 0 – 0
9. Lc1 – e3 Dd8 – c7
10. a2 – a4 Lc8 – e6

Wahrscheinlich ist 10. ... b6 doch besser, um den folgenden Aufmarsch zu verhindern.

11. a4 – a5! Dc7 – c6

Die alte Fortsetzung 11. ... Sbd7 12. Sd5 ist angenehm für Weiß (unter anderen Geller - Fischer, Curaçao 1962).

12. Le2 – f3 ...

Von Boleslavsky in seinem Buch 'Caro-Kann bis Sizilianisch' als prinzipiell falsch qualifiziert.

12. ... Sb8 – d7
13. Sc3 – d5 Le6 × d5
14. e4 × d5 Dc7 – c4

Bis hierher eine bekannte Partie Smyslov - Tal, Bled 1959, in welcher Schwarz nach 15. Dd3, Tfc8 16. Tfc1, D × d3? 17. c × d3, g6 18. Tc3 in ein schwieriges Endspiel geriet. Boleslavsky gibt 16. ... Db4! als Verstärkung an: 17. Ld2 (17. c4?, e4 18. L × e4, Se5 kostet Weiß eine Figur) 17. ... Dh4 18. g3, Dh3 19. Lg2, Dh5 20. c4, e4! mit gefährlichen Angriffsmöglichkeiten auf dem weißen Königsflügel.

15. Sb3 – d2! Dc4 – b5
16. Dd1 – b1! ...

Zwei originelle Krafzüge von Stein, und schon ist keine befriedigende Fortsetzung mehr zu sehen für Schwarz.

16. ... e5 – e4

Um nicht durch b2 – b4!, gefolgt von c2 – c4 in den Boden getreten zu werden, zieht Schwarz die taktische Notbremse: sie funktioniert aber nicht.

17. c2 – c4 Db5 – b4
18. Lf3 × e4 Sf6 × e4
19. Db1 × e4 ...

Jetzt hängt Le7.

19. ... Le7 – f6
20. De4 – c2 b7 – b6

Oder 20. ... D × b2, worauf 21. D × b2, L × b2 22. Tab1 und 23. T × b7 gut genug sein muß.

21. a5 × b6 Sd7 × b6

Schwarz hofft auf die Aktivität seiner Figuren.

22. Ta1 – a3! ...

Es droht 23. Tb3.

22. ... Sb6 – d7
23. Sd2 – e4 Lf6 – e5
24. Ta3 – a4 Db4 – b8

Nach zweimaligem Schlagen auf b2 fällt d6, und die verbundenen Freibauern von Weiß kommen davon.

25. f2 – f4 Le5 – f6
26. Se4 × f6† Sd7 × f6
27. Le3 – d4 Sf6 – d7
28. Ta4 – a3 Db8 – c7
29. Ta3 – h3 ...

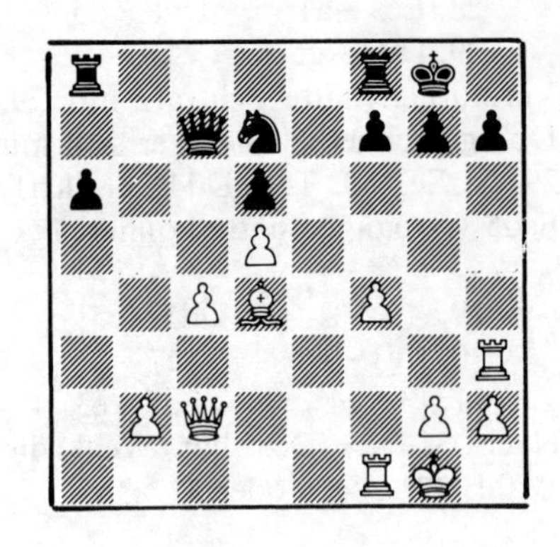

29. ... f7 – f5

Heute kein Schäfermatt.

30. Tf1 – e1 Tf8 – f7
31. Th3 – e3 ...

Ein besonders beweglicher Turm.

31. ... Sd7 – f6
32. b2 – b3 Sf6 – e4

Die letzte Schanze wird abgeworfen...

33. g2 – g4! ...

und gleich unterminiert.

33. ... g7 – g6
34. g4 × f5 g6 × f5
35. Kg1 – h1 Kg8 – f8
36. Te1 – g1 Dc7 – e7
37. Te3 – h3

Schwarz gibt auf.

## 60

*38. Meisterschaft der UdSSR, Riga 1970.*
*Schwarz: Moiseyev*
*Königsindisch im Anzuge*

| | |
|---|---|
| 1. g2 – g3 | d7 – d5 |
| 2. Lf1 – g2 | Sg8 – f6 |
| 3. d2 – d3 | g7 – g6 |
| 4. Sb1 – d2 | Lf8 – g7 |
| 5. Sg1 – f3 | 0 – 0 |
| 6. 0 – 0 | c7 – c5 |
| 7. e2 – e4 | Sb8 – c6 |
| 8. e4 × d5 | Sf6 × d5 |
| 9. Sd2 – c4 | b7 – b6 |

Nach 9. ... b5 10. Scd2! kann Weiß auf dem geschwächten schwarzen Damenflügel zu spielen anfangen.

| | |
|---|---|
| 10. a2 – a4 | Lc8 – b7 |
| 11. a4 – a5 | ... |

Unternehmungslustig wie immer. Er will 11. ... b5 mit 12. a6! kapitteln.

| | |
|---|---|
| 11. ... | Ta8 – b8 |

Etwas besser sieht 11. ... Dc7 aus.

| | |
|---|---|
| 12. a5 × b6 | a7 × b6 |
| 13. c2 – c3 | b6 – b5 |

Hier wäre 13. ... Dc7 gewißlich sicherer. Der mehr unternehmende Textzug muß aber doch spielbar sein.

| | |
|---|---|
| 14. Sc4 – e3 | Sd5 – c7 |
| 15. Dd1 – e2 | Dd8 – d7 |
| 16. Tf1 – d1 | Tb8 – a8? |

Allzu optimistisch, meint Tal. Schwarz hätte 16. ... Se5 spielen müssen.

| | |
|---|---|
| 17. Ta1 × a8 | Tf8 × a8 |
| 18. Sf3 – g5! | ... |

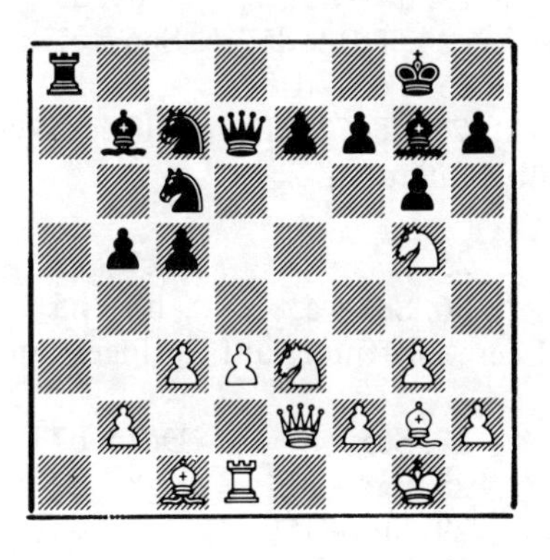

Setzt Schwarz vor lästige Probleme.

| | |
|---|---|
| 18. ... | e7 – e6(?) |

Kottnauer hat als beste Verteidigung 18. ... Sd8 angegeben. Die Pointe lautet: 19. L × b7, S × b7 20. S × f7, Se6!, womit b7 beschützt und Sf7 gefangen wird.

| | |
|---|---|
| 19. Sg5 – e4 | Dd7 – e7 |
| 20. Se3 – g4! | ... |

Tatsächlich, das geht! Nach 20. ... f5? 21. Lg5, Df8 22. Sgf6†, Kh8 23. Sd7 und 24. Se × c5 würde Weiß sogar einen Bauern gewinnen.

| | |
|---|---|
| 20. ... | f7 – f6 |
| 21. Lc1 – e3 | Sc7 – a6 |
| 22. d3 – d4! | ... |

Gerade jetzt, da die schwarzen Figuren nicht zum besten zusammenarbeiten, bricht Weiß die Stellung auf.

| | |
|---|---|
| 22. ... | c5 – c4 |

Ein vergeblicher Versuch die Lücken zu schließen. Selbstredend steht Weiß auch nach 22. ... c × d4 23.

c × d4 fabelhaft: es folgt bald Sc5.

| | |
|---|---|
| 23. d4 – d5! | e6 × d5 |
| 24. Td1 × d5 | Sa6 – c7 |
| 25. Td5 – d1 | ... |

Mit 25. Td7?, Ta1† würde Weiß übel anlaufen.

| | |
|---|---|
| 25. ... | Sc7 – e8 |
| 26. Se4 – c5 | h7 – h5 |

Leere Hoffnung auf Springerfang.

| | |
|---|---|
| 27. Sc5 × b7 | De7 × b7 |
| 28. Sg4 – h6† | Kg8 – h7 |
| 29. Sh6 – f5! | ... |

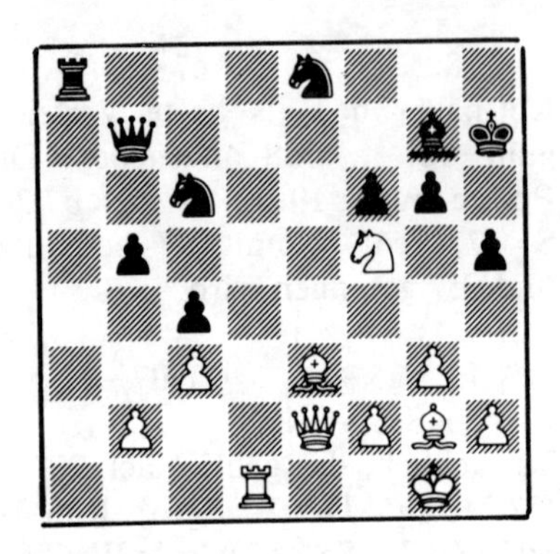

Wenn Schwarz diesen Springer nimmt, wird er unbarmherzig mattgesetzt.

| | |
|---|---|
| 29. ... | Ta8 – c8 |
| 30. Lg2 – e4 | Db7 – f7 |

Auch andere Züge vermögen Schwarz nicht mehr zu retten.

| | |
|---|---|
| 31. Sf5 – d6 | Se8 × d6 |
| 32. Td1 × d6 | Sc6 – e5 |
| 33. De2 × h5† | Kh7 – g8 |
| 34. Dh5 – d1 | Df7 – e7 |
| 35. Dd1 – d5† | Kg8 – h7 |
| 36. Td6 – e6 | De7 – d8 |
| 37. Te6 × e5! | ... |

Räumt den besten Verteidiger aus dem Wege.

| | |
|---|---|
| 37. ... | f6 × e5 |
| 38. Dd5 – e6 | ... |

Auf allen Seiten drohen Tod und Verderben.

| | |
|---|---|
| 38. ... | Tc8 – c7 |
| 39. Le3 – b6 | Dd8 – d1† |
| 40. Kg1 – g2 | Tc7 – d7 |
| 41. Le4 × g6† | ... |

Schwarz gibt auf.

## *61*

*Vrnjaćka Banja 1971*
*Schwarz: Ljubojević*
*Benoni*

| | |
|---|---|
| 1. d2 – d4 | c7 – c5 |
| 2. d4 – d5 | Sg8 – f6 |
| 3. Sb1 – c3 | d7 – d6 |
| 4. e2 – e4 | g7 – g6 |
| 5. Sg1 – f3 | Lf8 – g7 |
| 6. Lf1 – e2 | 0 – 0 |
| 7. 0 – 0 | Sb8 – a6 |

Oder sofort 7. ... Lg4.

| | |
|---|---|
| 8. Lc1 – f4 | Sa6 – c7 |
| 9. a2 – a4 | ... |

Genauer 9. Sd2!

| | |
|---|---|
| 9. ... | Lc8 – g4 |
| 10. Tf1 – e1 | a7 – a6? |

Nützt die günstige Gelegenheit 10. ... L × f3! nicht.

| | |
|---|---|
| 11. Sf3 – d2! | ... |

Denn dieser Springer ist für große Taten vorherbestimmt.

11. ... Lg4×e2
12. Dd1×e2 Tf8–e8
13. a4–a5 ...

Das weiße Spiel verdient jetzt den Vorzug.

13. ... e7–e6

Sonst kann Schwarz sich schwer freiarbeiten.

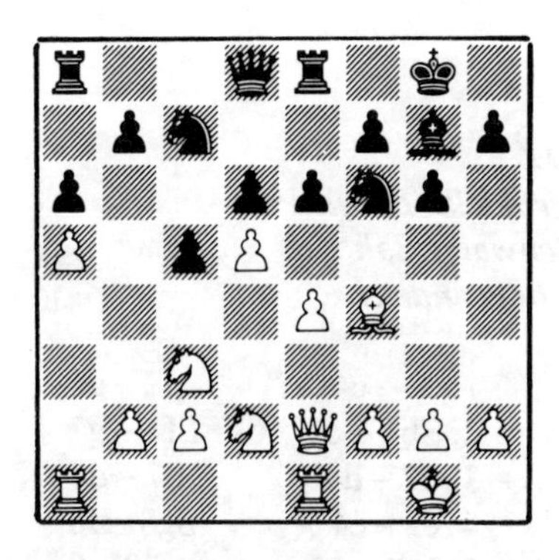

14. De2–d3! ...

Das Rufzeichen ist von Stein. Kotov erachtet die Verwicklungen nach 14. Sc4!, Sf×d5 15. e×d5, e×d5 16. D×e8†, S×e8 17. S×d5 für günstig für Weiß; Stein aber behält lieber auf einfache Art und Weise gutes Spiel.

Gut für Schwarz ist mittlerweile 14. L×d6, D×d6 15. e5, Dd8 16. e×f6, e×d5.

14. ... e6×d5
15. e4×d5 Sf6–h5
16. Lf4–e3 f7–f5
17. Sd2–c4 ...

Weiß steht klar besser. Schwarz ist gebunden an Feld b6 und Bauer d6.

17. ... Dd8–f6
19. Le3–d2 Ta8–d8
19. Sc3–a4 Te8×e1
20. Ta1×e1 Df6–f7
21. Sa4–b6 h7–h6?

Ein Verlegenheitszug, der besser ersetzt werden könnte durch 21. ... Sf6.

22. b2–b4! c5×b4
23. Ld2×b4 ...

Der Druck auf d6 nimmt zu.

23. ... Lg7–f8

Auch nach 23. ... Sf4 24. Df3 hat Schwarz es nicht leicht.

24. Sc4–e3 Sh5–f6
25. c2–c4 Td8–e8
26. Se3–c2 Te8×e1†
27. Sc2×e1 Df7–e8

Schwarz hofft auf Erleichterung durch Abtausch der schweren Figuren, aber es sind gerade die leichten, die ihm die Krawatte zuziehen werden.

28. Kg1–f1 De8–e4?

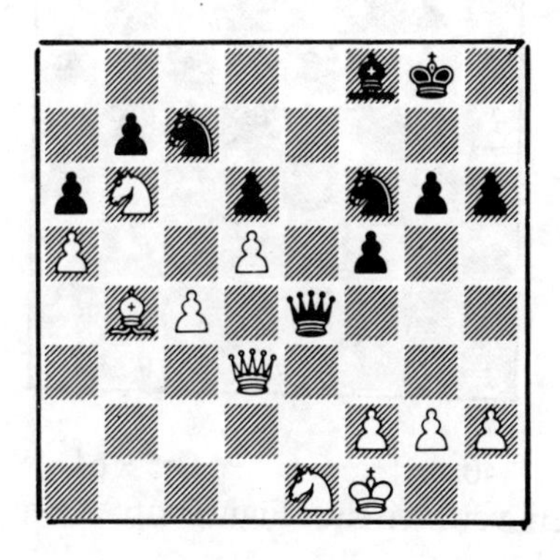

Vereinfacht die Aufgabe von Weiß, der jetzt ungehindert all seine leichten Figuren auf d6 richten kann.

29. Dd3 × e4! Sf6 × e4
30. Se1 – d3 Kg8 – f7
31. Sb6 – c8! Sc7 – e8

Um Bauer d6 zu retten, muß dieser Springer Feld e6 aufgeben.

32. f2 – f3 Se4 – f6
33. Sd3 – f4 Sf6 – d7
34. Sf4 – e6 Lf8 – e7

Sonst fällt d6.

35. Kf1 – e2 Sd7 – e5
36. Sc8 – b6 g6 – g5
37. g2 – g3 Se8 – f6
38. Se6 – d4! ...

Stellt den schwarzen König aufs falsche Bein.

38. ... Kf7 – g6
39. Sb6 – c8 Le7 – f8
40. Sd4 – e6! ...

Hiermit ist d6 unhaltbar. Stein hat glänzend manövriert.

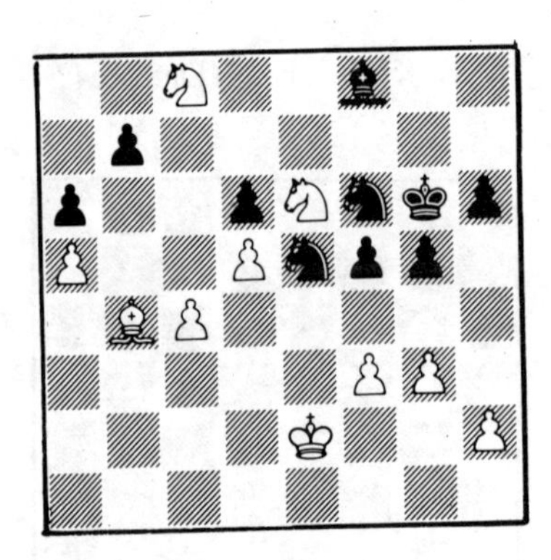

40. ... Se5 × c4

Ein verzweifeltes Figurenopfer, womit der Weißspieler sich schon zu helfen weiß.

41. Se6 × f8† Kg6 – f7
42. Sc8 × d6†! Sc4 × d6
43. Lb4 × d6 Sf6 × d5
44. Ld6 – c5 g5 – g4
45. f3 × g4 f5 × g4

und Schwarz gab auf.

## *62*

*Vrnjaćka Banja 1971*
*Schwarz: Sahović*
*Königsindisch*

1. c2 – c4 g7 – g6
2. Sb1 – c3 Lf8 – g7
3. d2 – d4 d7 – d6
4. e2 – e4 Sg8 – f6
5. Lf1 – e2 0 – 0
6. Sg1 – f3 e7 – e5
7. 0 – 0 Sb8 – c6
8. d4 – d5 Sc6 – e7
9. Sf3 – d2 Sf6 – e8

Eine wichtige Alternative ist 9. ... c5.

10. b2 – b4 f7 – f5
11. c4 – c5 Se8 – f6

Erwägung verdient 11. ... a5.

12. f2 – f3 f5 – f4

Und hier 12. ... Lh6 oder 12. ... Kh8.

13. Sd2 – c4 g6 – g5
14. Dd1 – b3 ...

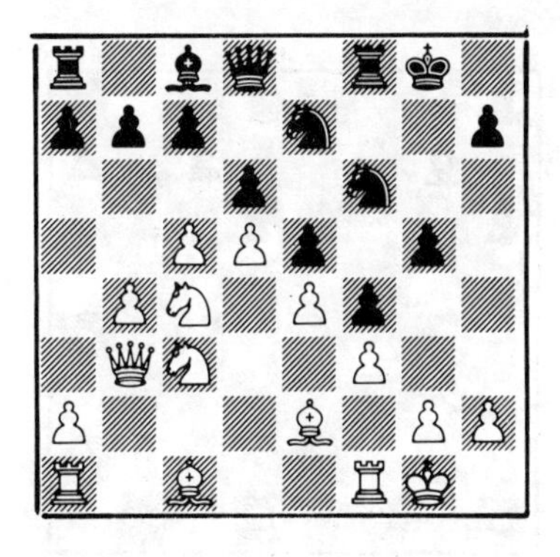

Ein neuer Zug, der vermutlich stärker ist als der alte 14. a4.

| | |
|---|---|
| 14. ... | Se7 – g6 |
| 15. Lc1 – a3 | Sf6 – e8(?) |

Sokolov zufolge muß Schwarz hier 15. ... Tf7 ziehen.

| | |
|---|---|
| 16. b4 – b5! | ... |

Mit der Drohung b5 – b6.

| | |
|---|---|
| 16. ... | b7 – b6 |
| 17. c5 × d6 | c7 × d6 |
| 18. Sc3 – d1 | ... |

Auch in dieser Partie erweist sich Stein wieder als vortrefflicher Anführer seiner Reiterei.

| | |
|---|---|
| 18. ... | h7 – h5 |
| 19. Sd1 – f2 | Tf8 – f7 |
| 20. La3 – b4! | ... |

Alles steht bereit für die Aufrollaktion a2 – a4 – a5.
Anderseits ist Schwarz noch nicht so weit.

| | |
|---|---|
| 20. ... | Lg7 – f8 |
| 21. a2 – a4 | Tf7 – g7 |
| 22. a4 – a5 | Ta8 – b8 |
| 23. a5 × b6 | a7 × b6 |
| 24. h2 – h3 | Sg6 – h8 |
| 25. Tf1 – e1 | Se8 – f6 |
| 26. Sc4 – d2 | Sh8 – f7(?) |

Schwarz verpaßt hier die günstige Gelegenheit zu g5 – g4 (Sokolov).

| | |
|---|---|
| 27. Ta1 – a7! | Sf7 – h6 |
| 28. Ta7 × g7† | Kg8 × g7 |
| 29. Db3 – a3 | Sh6 – f7 |

Ein klarer Beweis für den Zeitverlust von Schwarz.

| | |
|---|---|
| 30. Sd2 – c4 | Lc8 – b7 |
| 31. Da3 – a7 | Sf6 – d7 |
| 32. Sf2 – d3 | Tb8 – a8 |

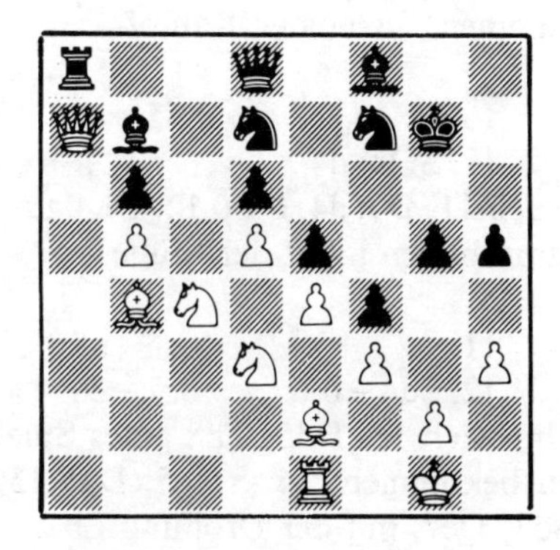

| | |
|---|---|
| 33. Da7 × b7 | Ta8 – b8 |
| 34. Db7 – c6 | Tb8 – c8 |
| 35. Te1 – a1! | ... |

Ganz ruhig kann Weiß seine Dame opfern.

| | |
|---|---|
| 35. ... | Tc8 × c6 |
| 36. d5 × c6 | Dd8 – c7 |
| 37. Lb4 – c3 | Sd7 – b8 |
| 38. Sd3 – b4 | Sf7 – d8 |
| 39. Sb4 – d5 | Dc7 – c8 |
| 40. Sc4 × b6 | Dc8 – e6 |
| 41. c6 – c7 | |

Schwarz gibt auf.

## *63*

*Gori 1971*
*Weiß: Gurgenidze*
*Sizilianisch*

| | |
|---|---|
| 1. e2 – e4 | c7 – c5 |
| 2. Sg1 – f3 | Sb8 – c6 |
| 3. Lf1 – b5 | g7 – g6 |
| 4. 0 – 0 | Sg8 – f6 |
| 5. Tf1 – e1 | Lf8 – g7 |
| 6. c2 – c3 | a7 – a6 |
| 7. Lb5 × c6 | b7 × c6 |
| 8. e4 – e5 | Sf6 – d5 |
| 9. d2 – d4 | c5 × d4 |
| 10. c3 – c4 | ... |

Eine vielversprechende Ouverture zu einem fesselnden Kampf.

| | |
|---|---|
| 10. ... | Sd5 – c7 |
| 11. Sf3 × d4 | ... |

Auch 11. D × d4, 0 – 0 12. Dh4 auszuprobieren lohnt der Mühe.

| | |
|---|---|
| 11. ... | c6 – c5 |
| 12. Sd4 – b3 | Sc7 – e6 |

Um nach 13. Dd5, Tb8 gutes Spiel zu bekommen: 14. S × c5, Da5 15. Sd3, Dc7, mit der Drohung Lb7.

| | |
|---|---|
| 13. Sb1 – c3 | ... |

Einfach, aber stark.

| | |
|---|---|
| 13. ... | Lc8 – b7 |
| 14. Sc3 – d5 | d7 – d6 |
| 15. Sd5 – f4! | ... |

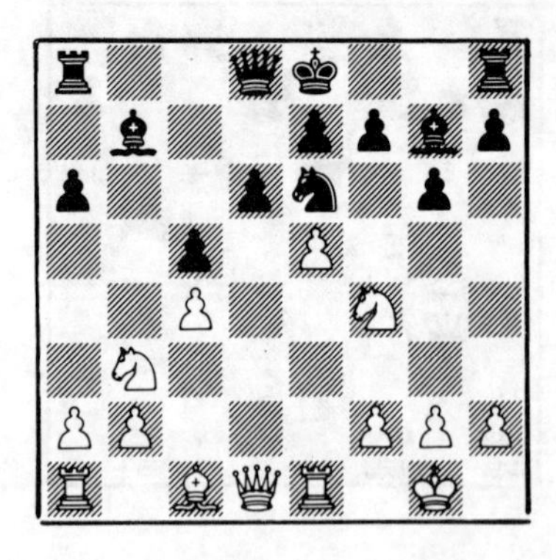

| | |
|---|---|
| 15. ... | 0 – 0 |

Auf 15. ... L × e5 16. S × e6, f × e6 17. Dg4, mit Drohung von sowohl 18. S × c5 als auch 18. D × e6, darf Schwarz sich nicht einlassen.

| | |
|---|---|
| 16. Sf4 × e6 | f7 × e6 |
| 17. Dd1 – g4 | ... |

Auf 17. e × d6, e × d6 18. T × e6 folgt nicht 18. ... Le5? 19. T × e5, d × e5 20. Le3 sondern 18. ... Dh4 19. Le3, Tad8 (Gufeld).

| | |
|---|---|
| 17. .. | Tf8 – f5! |
| 18. Lc1 – f4 | Dd8 – c7 |
| 19. Ta1 – d1 | ... |

Geht nicht in die Falle 19. e × d6, e × d6 20. T × e6, Df7!

| | |
|---|---|
| 19. ... | d6 – d5 |

Schwarz vermeidet seinerseits das von Gufeld angegebene 19. ... d × e5 20. Le3, e4 21. S × c5, T × c5 22. De6†, Kh8 23. Td7, Da5 24. Ld2, mit entscheidendem Vorteil für Weiß.

| | |
|---|---|
| 20. c4 × d5 | Lb7 × d5 |
| 21. Lf4 – g3 | Dc7 – c6 |

Laut Gufeld wäre 21. ... Lh6 besser, nicht dahingegen 21. ... L×e5 22. T×e5, T×e5 wegen 23. Sc1!, gefolgt von 24. Sd3 oder 24. Df4 mit gewinnendem Vorteil. Das scheinbar vielversprechende 23. Df4? würde Weiß jedoch nach 23. ... L×b3 24. a×b3, Td5! die Partie kosten.

| | |
|---|---|
| 22. Td1 – c1! | Ld5×g2 |
| 23. Tc1×c5 | Dc6 – b7 |
| 24. Sb3 – a5 | ... |

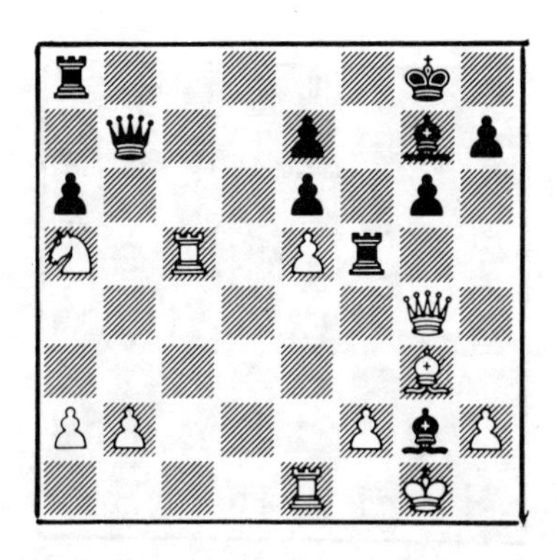

| | |
|---|---|
| 24. ... | Db7 – f3? |

Besser 24. ... Db6 25. b4, Lf3 26. Dc4, und die Lage ist nicht weniger als klar (Gufeld).

| | |
|---|---|
| 25. Dg4×f3? | ... |

Als Antwort auf einen Fehler kommt ein Fehler. Da spricht man dann vom psychologischen Wert eines schlechten Zuges. Mit 25. Dc4 mit Drohung 26. Te3 hätte Weiß in Vorteil kommen können. Sowohl auf 25. ... Td8 als auch auf 25. ... Lh1 oder 25. ... Lh3 folgt 26. De6†. Kh8 27. Dc6 (Gufeld).

| | |
|---|---|
| 25. ... | Lg2×f3 |
| 26. Sa5 – c6 | Tf5 – f7 |
| 27. b2 – b4 | g6 – g5! |

Weiß hätte besser daran getan, dies mit 27. h4 zu verhindern.

| | |
|---|---|
| 28. a2 – a4 | h7 – h5 |
| 29. h2 – h3 | h5 – h4 |
| 30. Lg3 – h2 | Lg7 – h6! |
| 31. b4 – b5 | a6×b5 |
| 32. a4×b5 | g5 – g4! |

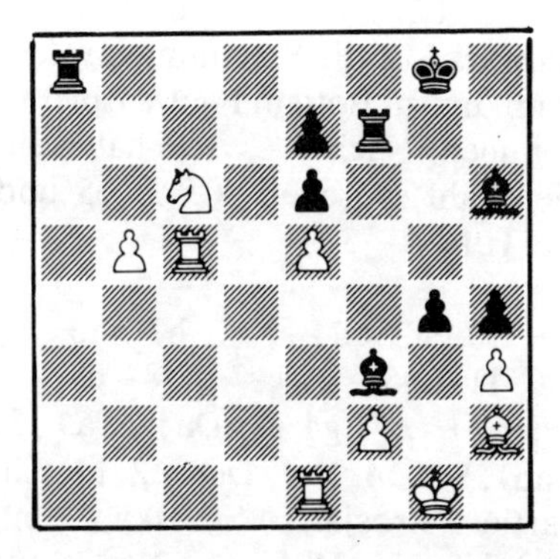

Trotz seines stolzen Freibauern auf dem Damenflügel ist Weiß verloren: 33. h×g4, dann 33. ... Ta4!

| | |
|---|---|
| 33. b5 – b6 | g4 – g3 |
| 34. f2×g3 | ... |

Auf 34. b7 gewinnt 34. ... g×f2†.

| | |
|---|---|
| 34. ... | Ta8 – a1! |
| 35. Te1×a1 | Lh6 – e3† |
| 36. Kg1 – f1 | Lf3×c6† |
| 37. Kf1 – e1 | Le3×c5 |
| 38. Ta1 – c1 | Lc5 – f2† |
| 39. Ke1 – d2 | Lc6 – d5 |
| 40. g3×h4 | Lf2×b6 |

Weiß gibt auf.

## 64

*Pärnu 1971*
*Schwarz: Tarwe*
*Tarrasch-Verteidigung*

| | |
|---|---|
| 1. Sg1 – f3 | d7 – d5 |
| 2. c2 – c4 | e7 – e6 |
| 3. d2 – d4 | c7 – c5 |
| 4. c4 × d5 | e6 × d5 |
| 5. g2 – g3 | Sb8 – c6 |
| 6. Lf1 – g2 | Sg8 – f6 |
| 7. 0 – 0 | Lf8 – e7 |
| 8. Sb1 – c3 | 0 – 0 |
| 9. Lc1 – g5 | c5 × d4 |

Schwarz löst die Spannung im Zentrum, um zu flottem Figurenspiel zu kommen. Nach 9. ... Le6 hat Weiß die Wahl zwischen 10. d × c5 und 10. Tc1.

| | |
|---|---|
| 10. Sf3 × d4 | h7 – h6 |
| 11. Lg5 – e3 | Tf8 – e8 |

Oder 11. ... Lg4 12. Da4!, Sa5 13. Tad1, Sc4 14. Lc1, Dc8 (12. Matchpartie Petrosjan - Spassky, 1969) und dann 15. Db5!, mit Vorteil für Weiß (Taimanov).

| | |
|---|---|
| 12. Ta1 – c1 | Le7 – f8 |

In Betracht kommt 12. ... Se5 (Gligorić - Polugajevsky, Büsum 1969). Nach 13. Tc2, Lb4 sind die Chancen ungefähr gleich, meint Taimanov.

| | |
|---|---|
| 13. Sd4 × c6 | ... |

Vermutlich chancenreicher als die Empfehlung von Boleslavsky 13. Sb3, Le6 14. Lc5 (14. Sb5, Dd7!) 14. ... L × c5 15. S × c5, wonach 15. ... De7 16. S × e6, D × e6 17. e3, Tad8 18. Db3, d4 19. D × e6, T × e6 zu gleichem Spiel führt (Mecking - Spassky, Palma de Mallorca 1969).

| | |
|---|---|
| 13. ... | b7 × c6 |
| 14. Le3 – d4 | Lc8 – d7 |

Aktiver und besser ist 14. ... Lg4!

| | |
|---|---|
| 15. Tf1 – e1 | Sf6 – h7? |

Fragezeichen bei Keres, der 15. ... Se4! empfiehlt.

| | |
|---|---|
| 16. Sc3 – a4 | ... |

So erreicht Weiß seine ideale Aufstellung in dieser Variante.

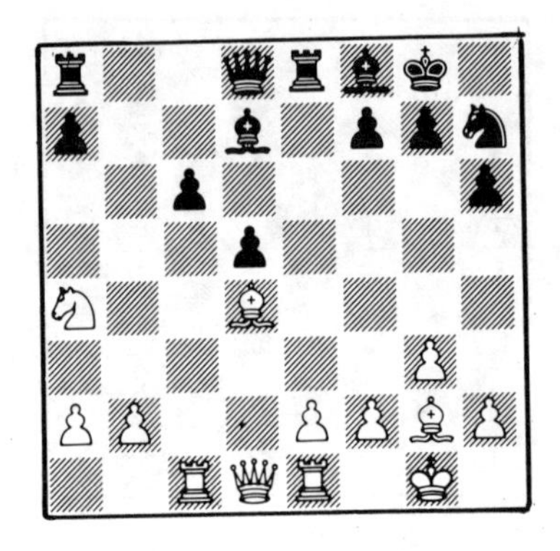

| | |
|---|---|
| 16. ... | Sh7 – g5 |
| 17. Ld4 – c5 | Sg5 – e6 |
| 18. Lc5 × f8 | Te8 × f8 |
| 19. e2 – e4! | ... |

Der berühmte Brechzug.

| | |
|---|---|
| 19. ... | Dd8 – a5(?) |

Hiernach wird Schwarz vollständig überspielt. Aber auch nach 19. ... d × e4 20. L × e4 wäre Weiß klar besser gestanden.

| | |
|---|---|
| 20. e4 × d5 | c6 × d5 |
| 21. Sa4 – c3 | Ta8 – b8 |
| 22. Sc3 × d5 | Tf8 – d8 |

Natürlich nicht 22. ... T×b2? 23. Se7†.

23. b2 – b4! ...

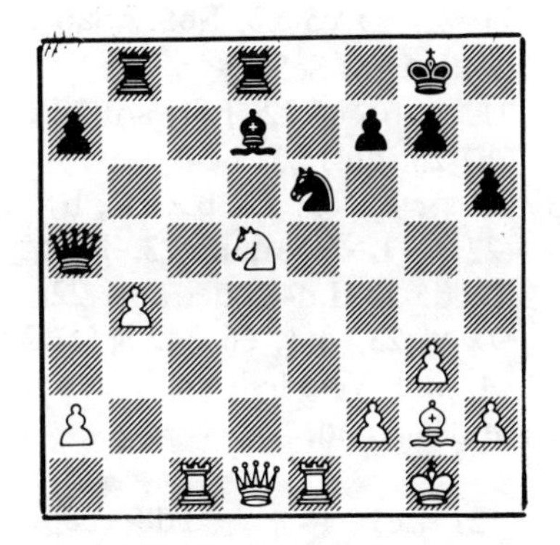

Einladung zu einem kombinatorischen Hexentanz.

23. ... Da5×a2
24. Tc1 – a1 Da2 – c4

Oder 24. ... Db2 25. Te2, Dd4 26. Td2, Dc4 27. Se7† und gewinnt (Keres).

25. Te1 – e4 Dc4 – b5
26. Ta1 – a5 Db5 – b7
27. Sd5 – f6†! ...

Alles ebenso einfach wie reizvoll.

27. ... Kg8 – h8
28. Te4 – h4 Ld7 – c6

Auf 28. ... Dc7 gewinnt 29. Dd2 (Keres).

29. Dd1 – c1 ...

Eine Turmexplosion droht auf h6.

29. ... g7 – g5
30. Ta5×g5 ...

Aber so kracht es auch.

30. ... Se6×g5
31. Th4×h6† Kh8 – g7
32. Dc1×g5† Kg7 – f8
33. Th6 – h8†

Schwarz gibt auf.

## *65*

*Pärnu 1971*
*Schwarz: Keres*
*Englisch*

1. c2 – c4 Sg8 – f6
2. Sg1 – f3 g7 – g6
3. Sb1 – c3 d7 – d5
4. c4×d5 Sf6×d5
5. Dd1 – a4† c7 – c6

Diese fantasielose Reaktion ist eigentlich nichts für Keres. Er hat selbst 5. ... Ld7! 6. Dh4, Lc6 7. Se5, Lg7 8. S×c6, S×c6 als besser angegeben. Kotov bleibt bei 5. ... Sc6.

6. Da4 – d4 Sd5 – f6

Lieber dies als 6. ... f6 7. e4.

7. Dd4×d8† Ke8×d8
8. e2 – e4 Lf8 – g7

Besser 8. ... Lh6! (Keres).

9. d2 – d4 Th8 – f8

Unbegreiflich, meint Kotov. Keres wollte jedoch 10. Sg5 aus der Stellung entfernen (10. Sg5, dann nun 10. ... h6).

10. h2 – h3 b7 – b6
11. g2 – g4 h7 – h5?

Fragezeichen bei Keres, der nun 12. e5!, Se8 13. g×h5, g×h5 14. Tg1 als beste Fortsetzung gibt.

12. g4 – g5 Sf6 – e8
13. Lc1 – f4 Sb8 – d7

Auf 13. ... f5 ist 14. Se5! stark, sagt Keres.

14. 0 – 0 – 0 Lc8 – b7
15. h3 – h4 ...

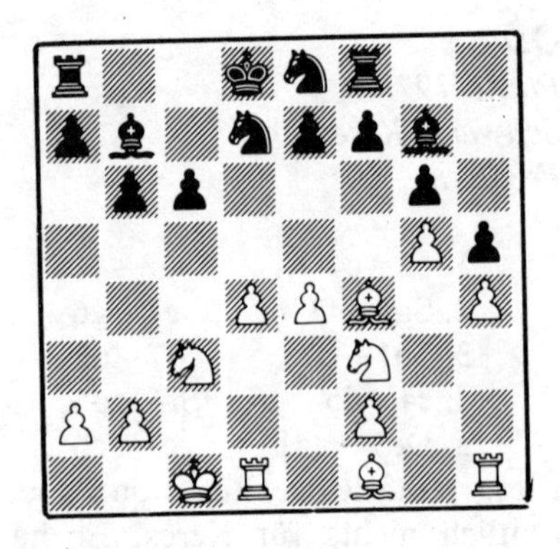

Weiß hat eine prächtige Stellung aufgebaut.

15. ... Se8 – c7
16. Lf1 – h3 Sc7 – e6
17. Lf4 – e3 Kd8 – e8

Wiederum nicht das Beste, meint Keres. An der Tagesordnung war 17. ... Tc8.

18. Th1 – e1 Ta8 – d8
19. d4 – d5! ...

Jetzt wird die Lage für Schwarz rasch kritisch.

19. ... c6 × d5
20. e4 × d5 Se6 – c7?

Keres zufolge hätte er 20. ... Sdc5! spielen müssen. Schwarz droht dann 21. ... L × c3 und Schlagen auf d5. Angesichts der Tatsache, daß Weiß weder mit 21. d × e6, T × d1† und L × f3 weiterkommt noch mit 21. Sd4, L × d5! wird er mit 21. L × c5 fortfahren müusen. Gufeld und Lazarew geben die folgenden Varianten:

*1* 21. ... S × c5 22. Sb5!, Sa6 23. d6!, e6 24. Se5!

*2* 21. ... b × c5 22. Lf1, a6 (22. ... Sc7 23. d6!) 23. Lc4!

*3* 21. ... L × c3! 22. b × c3!, b × c5 (22. ... L × d5, dann 23. T × d5!, T × d5 24. Ld4, oder aber 22. ... S × c5 23. d6!, e6 24. Se5!) 23. c4, und Weiß hält die Fäden fest in der Hand.

21. Le3 – f4 Td8 – c8

Auch nach 21. ... L × c3 22. T × e7†!, K × e7 23. d6†, Ke8 24. d × c7 ist Schwarz verloren (Keres).

22. Te1 × e7†! ...

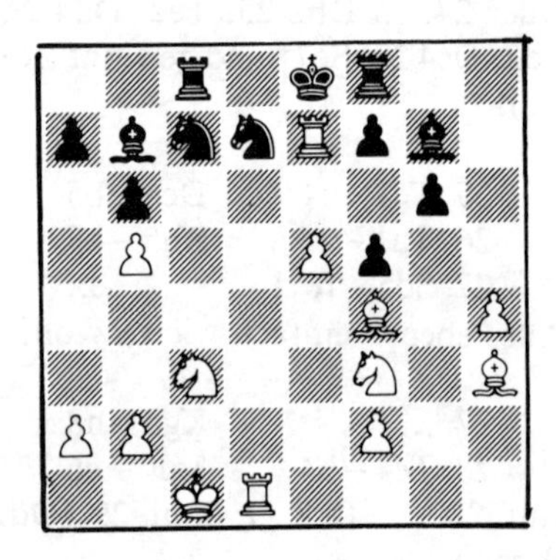

22. ... Ke8 × e7
23. d5 – d6† Ke7 – e8
24. d6 × c7 f7 – f5
25. g5 × f6 i.V. Sd7 × f6
26. Lh3 × c8 ...

Als Nebenlösung gibt Keres 26. Te1†, Se4 27. S × e4, T × f4 28.

Sd6†, Kf8 29. L×c8.

| | |
|---|---|
| 26. ... | Lb7×c8 |
| 27. Td1 – d8† | Ke8 – f7 |
| 28. Sf3 – g5† | Kf7 – g8 |
| 29. Lf4 – d6 | Tf8 – e8 |
| 30. Sc3 – d5! | |

Schwarz gibt auf.

## 66

*Pärnu 1971*
*Schwarz: Nej*
*Réti-System*

| | |
|---|---|
| 1. Sg1 – f3 | d7 – d5 |
| 2. g2 – g3 | c7 – c6 |
| 3. Lf1 – g2 | Lc8 – g4 |
| 4. d2 – d3 | Sb8 – d7 |
| 5. Sb1 – d2 | e7 – e6 |

In Betracht kommt 5. ... e5.

| | |
|---|---|
| 6. 0 – 0 | Lf8 – d6 |

Und hier erst 6. ... Sgf6.

| | |
|---|---|
| 7. c2 – c4!? | ... |

Gibt der Partie eine originelle Wendung.

| | |
|---|---|
| 7. ... | Sg8 – f6 |
| 8. b2 – b3 | a7 – a5 |
| 9. Lc1 – b2 | a5 – a4?! |

Ein wenig allzu energisch. Einfach 9. ... 0 – 0 wäre gut genug.

| | |
|---|---|
| 10. b3×a4 | Dd8 – a5 |
| 11. c4×d5 | c6×d5 |
| 12. e2 – e4 | 0 – 0 |

Nicht 12. ... D×a4? 13. D×a4, T×a4 14. e5.

| | |
|---|---|
| 13. h2 – h3 | Lg4×f3 |
| 14. Sd2×f3 | d5×e4 |
| 15. d3×e4 | ... |

Aufs Neue rächt sich der Stand von Ld6.

| | |
|---|---|
| 15. ... | Ld6 – e7 |
| 16. Dd1 – e2 | Da5×a4 |
| 17. Tf1 – d1 | Sd7 – c5 |
| 18. e4 – e5 | Sf6 – d5 |
| 19. Sf3 – d4 | ... |

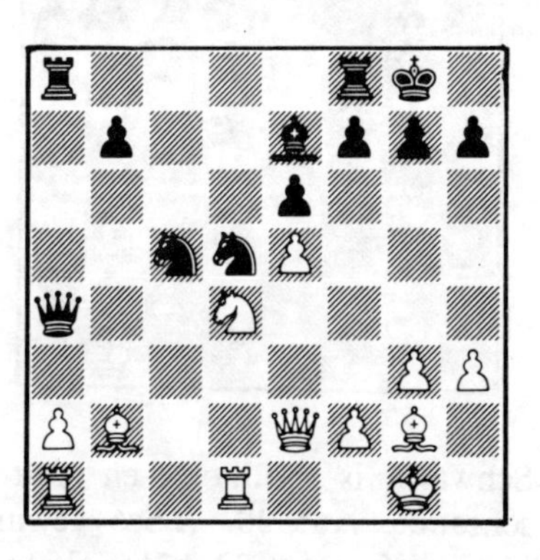

Während Schwarz mit vieler Mühe seinen Bauern zurückeroberte, hat Weiß eine vielversprechende Stellung aufgebaut.

| | |
|---|---|
| 19. ... | Sd5 – b6 |
| 20. Sd4 – b5 | Da4 – c4 |
| 21. De2×c4 | Sb6×c4 |
| 22. Lb2 – d4 | Ta8 – a5 |
| 23. Td1 – c1! | ... |

Vortrefflich kombiniert.

| | |
|---|---|
| 23. ... | Ta5×b5 |
| 24. Tc1×c4 | Sc5 – d3 |
| 25. a2 – a4 | Sd3×e5 |

Überraschend und scheinbar sehr stark, aber auch diesen Zug hatte Stein einkalkuliert.

| | |
|---|---|
| 26. Tc4 – c7 | Le7 – d6 |

Oder 26. ... Ta5 27. Lc3 und gewinnt (Sokolov).

| | |
|---|---|
| 27. a4 × b5 | Ld6 × c7 |
| 28. Ld4 – c5 | Tf8 – d8 |
| 29. b5 – b6 | Lc7 – b8 |
| 30. Ta1 – a8 | ... |

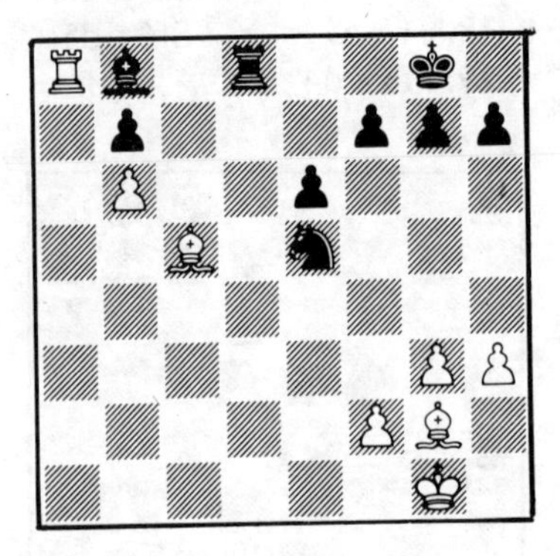

Schwarz is vollkommen festgeschraubt. Auf 30. ...Sc6 gewinnt 31. L × c6, b × c6 32. b7! (Sokolov).

| | |
|---|---|
| 30. ... | f7 – f6 |
| 31. Lg2 × b7 | Kg8 – f7 |
| 32. Kg1 – g2 | Se5 – d7 |
| 33. Lc5 – e3 | Kf7 – e7 |
| 34. Lb7 – f3 | h7 – h6 |
| 35. b6 – b7 | Lb8 – d6 |
| 36. Ta8 – c8 | Sd7 – b8 |
| 37. Le3 – b6 | Td8 – f8 |
| 38. Lb6 – c7! | ... |

Die entscheidende Wendung.

| | |
|---|---|
| 38. ... | Ld6 × c7 |
| 39. Tc8 × c7† | Ke7 – d6 |
| 40. Tc7 × g7 | Tf8 – h8 |
| 41. Tg7 – g4 | Sb8 – d7 |
| 42. Tg4 – d4† | Kd6 – c7 |
| 43. Td4 – c4† | Kc7 – b8 |
| 44. Tc4 – a4 | Kb8 – c7 |
| 45. Ta4 – a6 | Th8 – e8 |
| 46. Ta6 – a3 | Sd7 – b8 |
| 47. g3 – g4! | Te8 – e7 |
| 48. Ta3 – c3† | Kc7 – b6 |
| 49. Tc1 – c8 | |

Schwarz gibt auf: 49. ... Ka7 50. Th8.

## 67

*39. Meisterschaft der UdSSR,*
*Leningrad 1971*
*Schwarz: Tal*
*Katalanisch*

| | |
|---|---|
| 1. c2 – c4 | Sg8 – f6 |
| 2. g2 – g3 | e7 – e6 |
| 3. Lf1 – g2 | d7 – d5 |
| 4. Sg1 – f3 | Lf8 – e7 |
| 5. 0 – 0 | 0 – 0 |
| 6. d2 – d4 | c7 – c6 |
| 7. Dd1 – c2 | b7 – b6 |
| 8. Tf1 – d1 | Lc8 – b7 |
| 9. Sb1 – c3 | Sb8 – d7 |
| 10. b2 – b3 | Ta8 – c8 |
| 11. e2 – e4 | ... |

Anstatt 11. Lb2.

| | |
|---|---|
| 11. ... | c6 – c5 |

Auf 11. ... d × e4 12. S × e4, c5 fürchtete Tal den Ausfall 13. Sfg5!

| | |
|---|---|
| 12. e4 × d5 | e6 × d5 |
| 13. d4 × c5 | d5 × c4 |

Tal bleibt aufmerksam. Auch hier wäre nach 13. ... S × c5 14. Sg5! störend.

| | |
|---|---|
| 14. b3 – b4! | ... |

Stein erhöht gern die Spannung.

14. ... b6×c5

Am einfachsten wäre 14. ... a5 15. a3, a×b4 16. a×b4, b×c5 17. b5, Ta8 laut O'Kelly.

15. b4–b5 ...

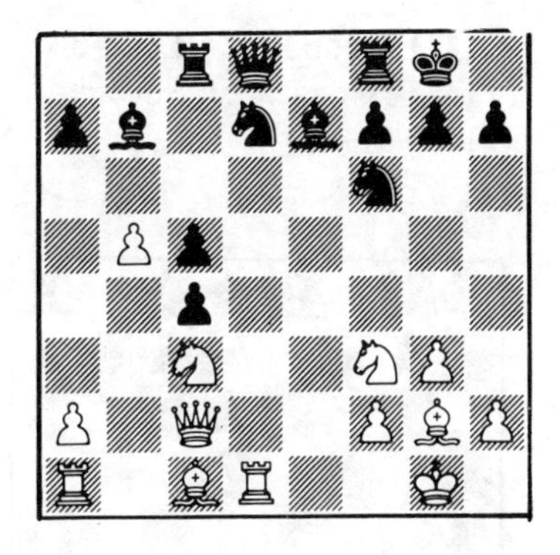

15. ... Dd8–b6

Merkwürdigerweise wagte Tal sich hier nicht an das Damenopfer 15. ... L×f3 16. L×f3, Se5! 17. T×d8, S×f3† 18. Kh1, Tc×d8. Er sah wohl, daß 19. Le3, Sd4 zu sehr kompliziertem Spiel mit Chancen für beide Seiten führt, traute jedoch dem Frieden nach 19. De2 nicht. Unter der Leitung von Kortschnoj haben die Großmeister später diese Fortsetzung analysiert. Hier folgt die Ausarbeitung: 19. De2, Td3! 20. D×e7, Te8 21. D×c5, Te5! 22. D×c4, Te1† 23. Kg2, Tg1† 24. Kh3, g5 25. Dc8† (nach 25. L×g5, S×g5† hat Schwarz einstweilen ewig Schach) 25. ... Kg7 26. Lb2, g4† 27. D×g4, S×g4 28. S×e2†, Kg6 29. S×g1, S×f2† 30. Kg2, S×g1 31. K×f2, Td2† 32. Kg1, T×b2, und Schwarz muß in diesem Endspiel Remis erreichen können.

16. Lc1–f4! ...

Verlockend aber weniger stark ist 16. Sg5, L×g2 17. T×d7, Le4!

16. ... Tf8–d8
17. a2–a4 Db6–a5?

Geboten wäre 17. ... a5 18. Sd2, L×g2, 19. K×g2, Db7† 20. Kg1, Sb6! Tal fürchtete nach 18. Sd2, L×g2 den Zwischenzug 19. S×c4; darauf hätte er aber 19. ... Db7 spielen können.

18. Sf3–d2 Lb7×g2
19. Sd2×c4 Da5–b4
20. Sc3–a2 Lg2–e4
21. Sa2×b4 Le4×c2
22. Sb4×c2 Sd7–b6

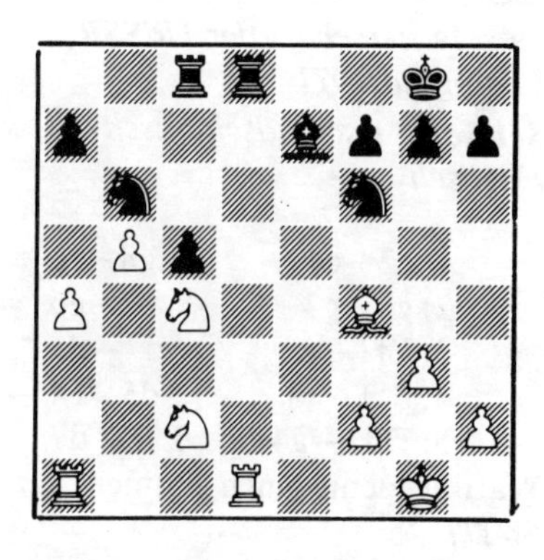

23. Td1×d8† Le7×d8

Oder 23. ... T×d8 24. S×b6, a×b6 25. Lc7, Td2 26. L×b6, T×c2 27. a5, und die weißen Bauern marschieren triumphierend auf (Variante O'Kelly).

24. Sc2–e3 Sb6×c4
25. Se3×c4 Sf6–d5

| | |
|---|---|
| 26. Ta1 – d1 | Sd5 – b6(?) |

Bessere Möglichkeiten böte 26. ... S×f4 27. g×f4, Kf8 (Kortschnoj).

| | |
|---|---|
| 27. Sc4 – d6 | Tc8 – a8 |
| 28. a4 – a5 | Sb6 – a4 |
| 29. Sd6 – c4 | Sa4 – c3 |
| 30. Td1 – e1 | Ld8 × a5 |

Auf 30. ... Lf6 gewinnt 31. b6.

| | |
|---|---|
| 31. Sc4 × a5 | Sc3 × b5 |
| 32. Te1 – e5 | Sb5 – d4 |
| 33. Te5 × c5 | |

Schwarz gibt auf.
Diese Partie wurde zur besten des Turniers ausgerufen.

## 68

*39. Meisterschaft der UdSSR, Leningrad 1971*
*Schwarz: Dschindschihaschwili*
*Englisch*

| | |
|---|---|
| 1. c2 – c4 | Sg8 – f6 |
| 2. g2 – g3 | e7 – e6 |
| 3. Lf1 – g2 | d7 – d5 |
| 4. Sg1 – f3 | d5 × c4 |
| 5. Dd1 – a4† | Lc8 – d7 |

Warum denn auch immer 5. ... Sbd7?

| | |
|---|---|
| 6. Da4 × c4 | Ld7 – c6 |
| 7. 0 – 0 | Sb8 – d7 |
| 8. Sb1 – c3 | Sd7 – b6 |
| 9. Dc4 – b3 | a7 – a5 |

Unternehmend gespielt.

| | |
|---|---|
| 10. Db3 – c2 | a5 – a4 |
| 11. e2 – e4 | a4 – a3? |

Das geht zu weit. Besser 11. ... Lb4, gefolgt von L×c3.

| | |
|---|---|
| 12. Sf3 – e5! | a3 × b2 |

Schwarz beharrt. Nach 12. ... Ld7 13. d4 bekäme Weiß ohne weiters eine überlegene Stellung.

| | |
|---|---|
| 13. Lc1 × b2 | Lc6 – a4 |
| 14. Sc3 × a4 | Sb6 × a4 |
| 15. Ta1 – b1! | ... |

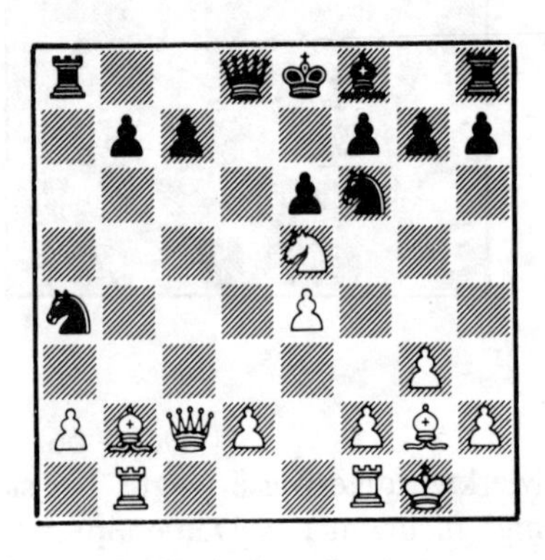

| | |
|---|---|
| 15. ... | Lf8 – e7 |

Nach dem auf der Hand liegenden 15. ... S×b2 16. T×b2 ergeben sich für die Deckung von b7 plötzlich haushohe Probleme. Rellstab zeigt dies wie folgt: 16. ... Dc8 (16. ... Ta7? 17. T×b7) 17. Tfb1, b6 (17. ... Tb8 18. T×b7) 18. Dc6† usw.

| | |
|---|---|
| 16. Lb2 – a1 | Dd8 – c8 |
| 17. Tf1 – c1 | c7 – c6 |
| 18. d2 – d4 | 0 – 0 |
| 19. Dc2 – b3 | Ta8 – a7 |
| 20. d4 – d5! | ... |

Bereits der gewinnende Durchbruch. Rellstab gibt in 'Schach-Echo':
*1* 20. ... e×d5 21. e×d5, c5 22.

Tc4!, Da8 23. d6, L×d6 24. L×b7 mit Qualitätsgewinn.

*2* 20. ... c5 21. d×e6, D×e6 (21. ... f×e6 22. Lh3) 22. D×e6, f×e6 23. Lh3.

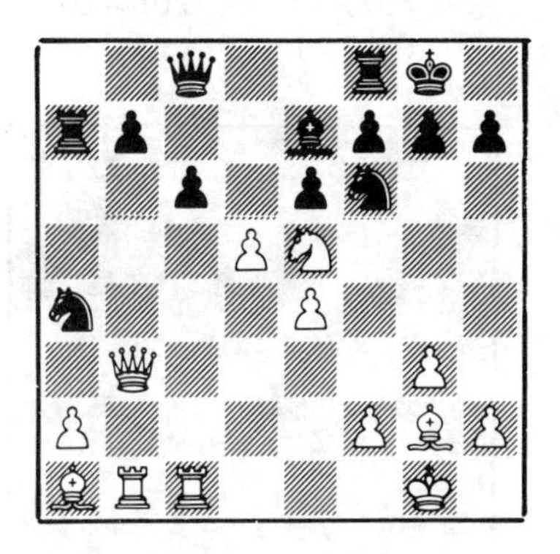

| | |
|---|---|
| 20. ... | Sa4 – c5 |
| 21. Db3 – e3 | Ta7×a2 |
| 22. d5×c6 | b7 – b6 |
| 23. Tb1×b6 | Dc8 – c7 |
| 24. Se5 – c4 | Ta2 – a4 |

Es droht 25. ... T×c4.

| | |
|---|---|
| 25. La1 – e5! | ... |

Schwarz gibt auf: 25. ... Dc8 26. Ld6 oder 25. ... Dd8 26. c7 oder 25. ... Da7 26. Tb5 (Rellstab), es ist alles gleich hoffnungslos.

## 69

*39. Meisterschaft der UdSSR, Leningrad 1971*
*Schwarz: Polugajevsky*
*Englisch*

| | |
|---|---|
| 1. Sg1 – f3 | Sg8 – f6 |
| 2. g2 – g3 | g7 – g6 |
| 3. Lf1 – g2 | Lf8 – g7 |
| 4. c2 – c4 | 0 – 0 |
| 5. Sb1 – c3 | d7 – d5 |
| 6. c4×d5 | Sf6×d5 |
| 7. 0 – 0 | Sd5×c3 |

Das hatte Zeit. Einfacher zuerst 7. ... c5.

| | |
|---|---|
| 8. b2×c3 | c7 – c5 |
| 9. Ta1 – b1! | ... |

Ein hinderlicher Zug für Schwarz.

| | |
|---|---|
| 9. ... | Sb8 – c6 |
| 10. Dd1 – a4 | Dd8 – c7 |

Um Lc8 spielen zu können. Nach 10. ... Da5 11. D×a5, S×a5 12. Se1, Tb8 13. Sd3, c4 14. Sf4 ist Weiß positionell im Vorteil (Furman).

| | |
|---|---|
| 11. d2 – d4 | Lc8 – d7 |
| 12. Lc1 – f4 | ... |

Möglich, weil Weiß nach 12. ... e5 13. d×e5, S×e5 14. Dd1 am besten dasteht.

| | |
|---|---|
| 12. ... | Dc7 – c8 |
| 13. Da4 – a3 | c5×d4 |
| 14. c3×d4 | ... |

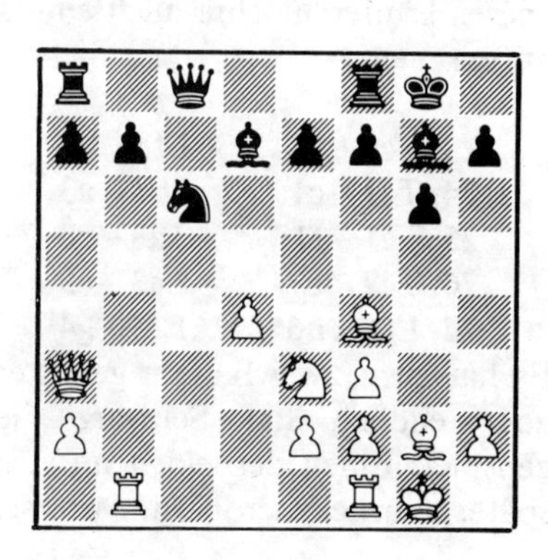

Die weißen Züge sind subtil aufeinander abgestimmt. Nach 14. ... L×d4? 15. S×d4, S×d4 16. Le5, Sc6 17. La1 (Furman) wäre Weiß Her und Gebietsführer über die schwarzen Felder.

14. ... Ld7 – f5?

Schwarz wählt eine falsche Aufstellung. Besser 14. ... Le6.

15. Tb1 – d1 e7 – e6
16. Sf3 – e5 Sc6 × e5
17. d4 × e5 h7 – h6
18. h2 – h4! ...

Polugajevsky hatte vermutlich auf 18. e4, Lg4 19. f3, Lh5 20. g4, g5! gerechnet, was für ihn keine schlechte Möglichkeiten erbracht hätte.

18. ... Dc8 – c4
19. Tf1 – e1 Tf8 – d8
20. Td1 – c1 Dc4 – b5
21. Da3 – c5! ...

Idealstand der weißen Figuren fürs Endspiel.

21. ... Db5 × c5
22. Tc1 × c5 Lg7 – f8

Dieser Läufer möchte auch einmal mitmischen.

23. Tc5 – c7 Lf8 – b4
24. Te1 – c1 Lb4 – a3
25. Tc1 – f1 Ta8 – c8
26. Tc7 × b7 La3 – c5
27. Lf4 × h6 Lf5 – g4

Es hat zwar zwei Bauern gekostet, aber endlich hat Schwarz Gegenspiel. Einen derbeiden hofft er später zurückzuerobern, wonach Weiß eigentlich nur mehr der Vorsprung von einem halben bliebe.

28. Tf1 – e1 Tc8 – b8
29. Tb7 × b8 Td8 × b8
30. Te1 – c1 Lc5 – d4

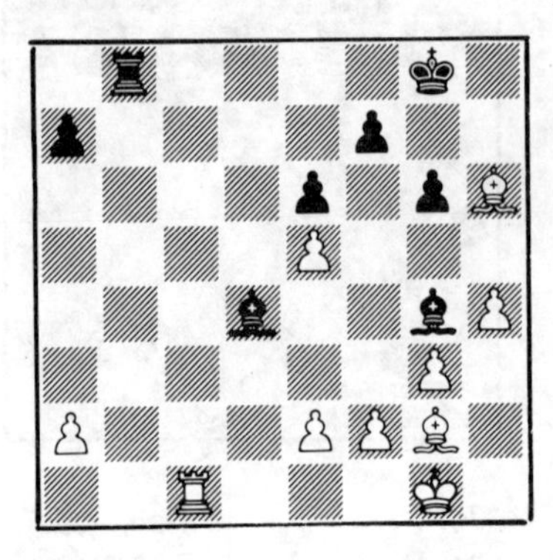

31. e2 – e3 ...

Mit der Wendung 31. ... L×e5 32. f3 gehen die schwarzen Illusionen in Flammen auf.

31. ... Ld4 – b2
32. Tc1 – b1 Lg4 – e2
33. Lh6 – f4 Le2 – c4
34. a2 – a4 Tb8 – b4
35. Lg2 – c6 Lc4 – d3
36. Tb1 – d1 Ld3 – c4

Hier überschritt Schwarz die Bedenkzeit.

*70*

*Moskau 1971*
*Schwarz: Parma*
*Tarrasch-Verteidigung*

| | |
|---|---|
| 1. c2 – c4 | c7 – c5 |
| 2. Sg1 – f3 | Sb8 – c6 |
| 3. Sb1 – c3 | Sg8 – f6 |
| 4. g2 – g3 | e7 – e6 |
| 5. Lf1 – g2 | Lf8 – e7 |
| 6. 0 – 0 | 0 – 0 |
| 7. d2 – d4 | d7 – d5 |
| 8. d4 × c5 | Le7 × c5 |

Parma ist nicht einmal neugierig darauf, was Stein nach 8. ... d × c4 beabsichtigte.

| | |
|---|---|
| 9. c4 × d5 | e6 × d5 |
| 10. Sc3 – a4 | Lc5 – e7 |
| 11. Lc1 – e3 | Tf8 – e8 |

Nach 11. ... Se4 12. Tc1, Da5 stünde Weiß bloß ein klein wenig besser.

| | |
|---|---|
| 12. Ta1 – c1 | Lc8 – g4 |
| 13. h2 – h3 | Lg4 – e6 |
| 14. Sf3 – d4 | Sc6 – e5 |
| 15. b2 – b3 | Dd8 – d7 |
| 16. Sd4 × e6 | f7 × e6 |
| 17. Sa4 – c5 | Le7 × c5 |
| 18. Tc1 × c5 | b7 – b6 |
| 19. Tc5 – c3 | ... |

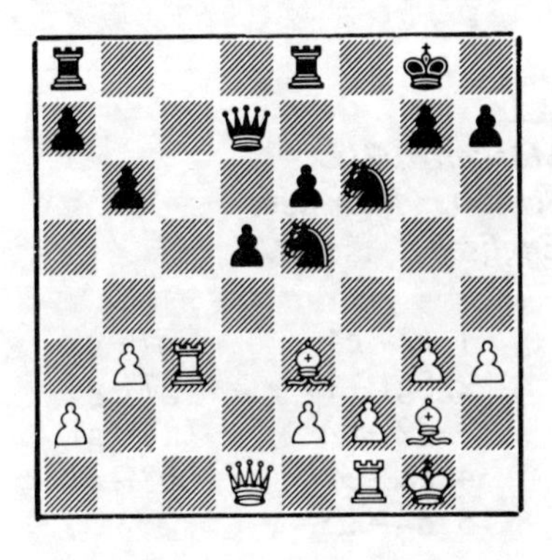

Weiß steht bereit, um auf der c-Linie zu triplieren.

| | |
|---|---|
| 19. ... | Se5 – f7 |
| 20. Dd1 – c2 | Ta8 – c8 |
| 21. Te1 – c1 | Sf7 – d6 |
| 22. Le3 – f4 | ... |

Zwingt Schwarz zum Abwickeln.

| | |
|---|---|
| 22. ... | Tc8 × c3 |
| 23. Dc2 × c3 | Te8 – c8 |
| 24. Dc3 – b2 | Sd6 – f7 |

Besser 24. ... T × c1†.

| | |
|---|---|
| 25. Tc1 – d1! | ... |

Es droht e2 – e4.

| | |
|---|---|
| 25. ... | Dd7 – e7 |
| 26. g3 – g4 | h7 – h6 |
| 27. Lf4 – g3 | De7 – c5 |
| 28. Td1 – f1 | a7 – a5 |
| 29. e2 – e3 | Dc5 – c3 |
| 30. Db2 – e2 | Sf6 – e4 |
| 31. Lg3 – h2 | ... |

Die Läufer werden sorgfaltig bewahrt.

| | |
|---|---|
| 31. ... | Dc3 – c6 |
| 32. h3 – h4 | ... |

Entreißt schon einmal g5 den schwarzen Springern.

| | |
|---|---|
| 32. ... | Se4 – f6 |
| 33. Lh2 – f4 | ... |

Auch das ist jetzt möglich.

| | |
|---|---|
| 33. ... | Dc6 – c2 |
| 34. De2 – a6 | Dc2 – c6 |

Es sieht alles recht unschuldig aus.

| | |
|---|---|
| 35. e3 – e4! | ... |

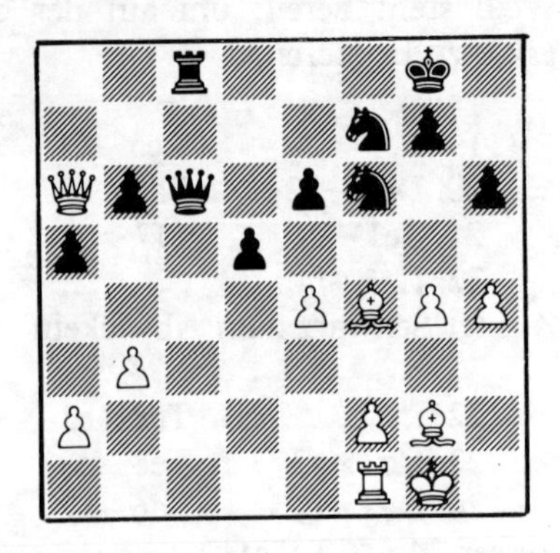

Es droht einmal 36. Tc1. Kinderleicht, man muß es bloß rechtzeitig herankommen sehen!

| | |
|---|---|
| 35. ... | Tc8 – a8 |
| 36. e4 × d5 | e6 × d5 |
| 37. Da6 – d3 | Dc6 – e6 |
| 38. g4 – g5 | h6 × g5 |
| 39. h4 × g5 | Sf6 – e4 |
| 40. Lg2 – h3 | ... |

Plötzlich greifen die Läufer mit großer Kraft ein.

| | |
|---|---|
| 40. ... | De6 – g6 |

Bauer d5 wird aufgegeben. Kotov weist nach, daß dies erzwungen ist: nach 40. ... Dc6 41. Tc1, Sc5 42. g6!, Sd8 43. Df5 entscheidet die Drohung Df5 – h5 – h7.

| | |
|---|---|
| 41. Dd3 × d5 | Ta8 – d8 |
| 42. Dd5 – e6 | Dg6 × e6 |
| 43. Lh3 × e6 | ... |

Selbstverständlich droht 44. g6.

| | |
|---|---|
| 43. ... | Kg8 – f8 |
| 44. Le6 – c4 | Td8 – e8 |
| 45. Lf4 – e3 | Se4 × g5 |

Nicht 45. ... Sf × g5 46. f3.

| | |
|---|---|
| 46. Le3 × b6 | a5 – a4 |
| 47. Lb6 – c5† | Kf8 – g8 |
| 48. f2 – f4! | ... |

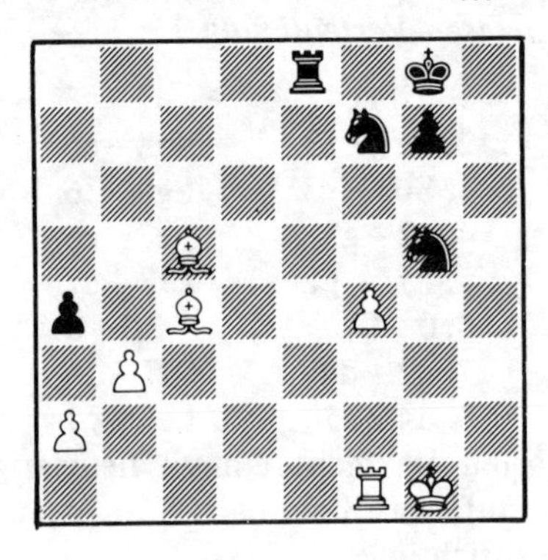

| | |
|---|---|
| 48. ... | Sg5 – e4 |
| 49. Tf1 – e1 | a4 × b3 |
| 50. a2 × b3 | g7 – g5 |

Wie ein alter Römer stürtzt Parma sich in sein eigenes Schwert. Nach 50. ... Sf6 51. T × e8†!, S × e8 52. f5! (Kotov) würde er den Erstickungstod erleiden.

| | |
|---|---|
| 51. Lc4 – d5 | Se4 – f6 |
| 52. Te1 × e8† | Sf6 × e8 |
| 53. f4 × g5 | Kg8 – g7 |
| 54. Ld5 × f7 | |

Schwarz gibt auf.

## *71*

*Moskau 1971*
*Schwarz: Bronstein*
*Englisch*

| | |
|---|---|
| 1. c2 – c4 | c7 – c5 |
| 2. Sg1 – f3 | g7 – g6 |
| 3. d2 – d4 | Lf8 – g7 |
| 4. e2 – e4 | Sb8 – c6 |
| 5. d4 – d5 | ... |

Mit 5. Le3, c×d4 6. S×d4 entstünde eine bekannte Sizilianische Stellung.

| | |
|---|---|
| 5. ... | Sc6 – d4 |
| 6. Sf3 × d4 | Lg7 × d4 |
| 7. Sb1 – c3 | d7 – d6 |
| 8. Lf1 – e2 | Ld4 – g7 |
| 9. 0 – 0 | Sg8 – f6 |
| 10. Lc1 – f4 | 0 – 0 |
| 11. Dd1 – d2 | a7 – a6 |
| 12. Ta1 – d1 | Lc8 – d7 |
| 13. e4 – e5 | Sf6 – e8 |
| 14. Dd2 – e3 | b7 – b5 |
| 15. b2 – b3 | b5 – b4 |
| 16. Sc3 – e4 | Ld7 – f5 |
| 17. Se4 – g3 | Lf5 – c8 |
| 18. Tf1 – e1 | a6 – a5 |
| 19. Le2 – d3 | Ta8 – a7 |
| 20. Sg3 – e4 | ... |

Es ist eigentlich wenig los; und das wäre vielleicht so geblieben, wenn Schwarz hier 20. ... Lf5! gezogen hätte.

| | |
|---|---|
| 20. ... | Dd8 – b6?! |
| 21. e5 × d6 | e7 × d6 |
| 22. Se4 × c5! | ... |

Da kommt auf einmal Leben in die Bude.

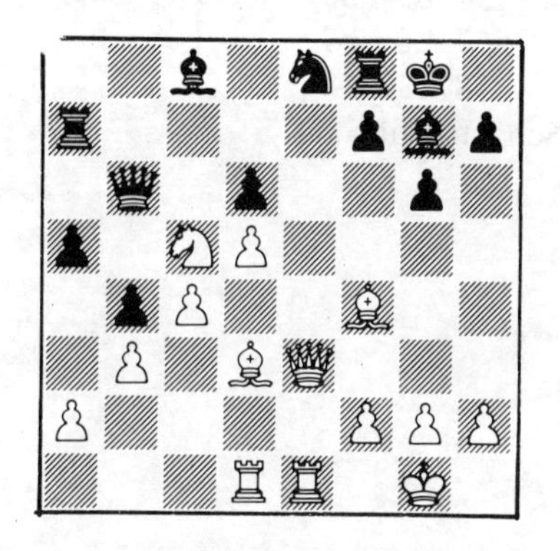

22. ... d6 × c5

Nach 22. ... D×c5 kann Weiß mit 23. D×e8, Lg4 24. Tb1 seinen Mehrbauern handhaben: 24. ... g5 25. L×g5, f6 26. De4 oder 24. ... Le5 25. T×e5 (Analyse von Van der Weide in 'Schaakbulletin').

23. De3 × e8 Lc8 – g4

Natürlich nicht 23. ... T×e8? 24. T×e8†, Lf8 25. Lh6. Auf 23. ... g5 zieht Weiß nicht 24. De4?, wegen 24. ... f5, sondern 24. L×g5, T×e8 25. T×e8†, Lf8 26. T×c8, mit der Drohung d5 – d6 (Kotov).

24. De8 – b5! ...

Mit 24. f3?, Ld4† 25. Kh1, T×e8 26. T×e8†, Kg7 würde Weiß übel anlaufen. Auch 24. Tbd1 geht hier nicht: 24. ... Lc3!, und nun fehlt Weiß der rettende Zug 23. De3, sehr zum Unterschied von der Fortsetzung nach 22. ... D×c5.

| | |
|---|---|
| 24. ... | Db6 × b5 |
| 25. c4 × b5 | Lg4 × d1 |
| 26. Te1 × d1 | Ta7 – b7 |
| 27. Td1 – e1 | Tf8 – d8 |
| 28. Ld3 – c4 | Lg7 – f8 |
| 29. Kg1 – f1 | Kg8 – g7 |
| 30. a2 – a3 | b4 × a3?! |

Die Aufgabe von Schwarz ist schwierig, und der Textzug macht sie nicht gerade einfacher. Nach Kotov bestand die richtige Aufstellung aus 30. ... Ld6 31. L×d6, T×d6 32. a×b4, a×b4 33. Ta1, Tdd7. Die Möglichkeiten für Weiß um sich durchzuschlagen scheinen dann tatsächlich sehr gering.

31. Te1 – a1 Lf8 – d6

32. Lf4 – d2 Ld6 – c7
33. Ta1 × a3 Tb7 – a7
34. Ld2 – e3 ...

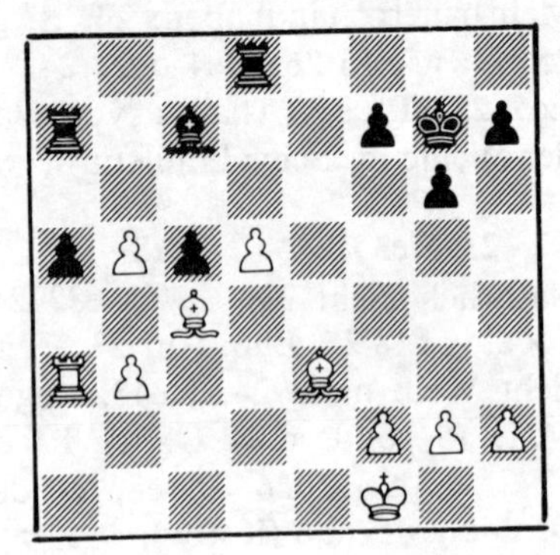

34. ... Lc7 – b6?!

Nach Kotov ist 34. ... Ld6 der wahre Zug. Vielleicht hat Bronstein darauf 35. b4? gefürchtet, zu Unrecht allerdings: 35. ... c × b4!

35. Kf1 – e2 Kg7 – f6
36. Ke2 – d3 Kf6 – e5
37. Ta3 – a1 Ke5 – f6
38. g2 – g4! ...

Ein bekanntes Phänomen bei Stein: Er lullt seinen Gegner ein mit ein paar harmlosen Hin- und Herspielereien, sodaß dieser das herannahende Unheil zu spät bemerkt.

38. ... Kf6 – g7
39. g4 – g5! Ta7 – d7
40. h2 – h4 Kg7 – f8
41. h4 – h5! ...

Bereitet eine zweite Front vor: die Invasion der Türme wird auf dem Fuße folgen.

41. ... Td7 – d6
42. Ta1 – h1 Td6 – d7
43. Th1 – h4! Td8 – a8
44. h5 × g6 f7 × g6
45. Th4 – f4† ...

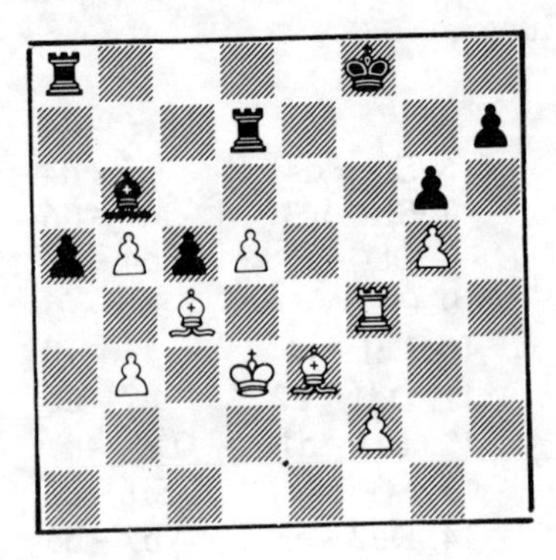

45. ... Td7 – f7
46. Tf4 × f7† Kf8 × f7
47. d5 – d6† Kf7 – e8
48. Lc4 – d5 Ta8 – c8
49. Ld5 – c6† Ke8 – f7
50. Kd3 – c4 ...

Auf einmal geht alles wie von selbst.

50. ... Kf7 – e6
51. Le3 × c5 Lb6 × c5
52. Kc4 × c5 Tc8 – f8
53. Lc6 – d5† Ke6 – d7
54. f2 – f3 Tf8 – h8
55. Ld5 – c6† Kd7 – e6
56. b5 – b6 Th8 – d8
57. b6 – b7 Td8 – b8
58. f3 – f4

Schwarz gibt auf.

# 72

*Moskau 1971*
*Schwarz: Uhlmann*
*Französisch*

| | |
|---|---|
| 1. e2 – e4 | e7 – e6 |
| 2. d2 – d4 | d7 – d5 |
| 3. Sb1 – d2 | c7 – c5 |
| 4. Sg1 – f3 | Sb8 – c6 |
| 5. Lf1 – b5 | d5 × e4 |
| 6. Sd2 × e4 | Lc8 – d7 |
| 7. Lc1 – e3 | ... |

In einer früheren Runde spielte Tal gegen Uhlmann 7. Lg5! und trug nach 7. ... Da5† 8. Sc3, c × d4 9. S × d4, Lb4 (besser 9. ... Le7 10. Le3, Dc7 mit gleichwertigen Chancen) 10. 0 – 0, L × c3 11. b × c3, D × c3? 12. Sf5!! einen brillanten Sieg davon.

| | |
|---|---|
| 7. ... | Dd8 – a5†! |
| 8. Se4 – c3 | c5 × d4 |
| 9. Sf3 × d4 | ... |

Auf 9. L × d4 ist 9. ... Td8 stark.

| | |
|---|---|
| 9. ... | Lf8 – b4! |
| 10. 0 – 0 | Lb4 × c3 |
| 11. b2 × c3 | Sg8 – e7 |
| 12. Ta1 – b1 | 0 – 0 |
| 13. Lb5 – d3 | Sc6 × d4 |
| 14. c3 × d4 | Ld7 – c6 |
| 15. c2 – c4 | Ta8 – d8 |

Schwarz hat die Eröffnung vortrefflich behandelt.

| | |
|---|---|
| 16. Dd1 – g4 | f7 – f5! |
| 17. Dg4 – e2 | f5 – f4! |
| 18. Le3 – d2 | Da5 – g5 |
| 19. De2 × e6† | Kg8 – h8 |

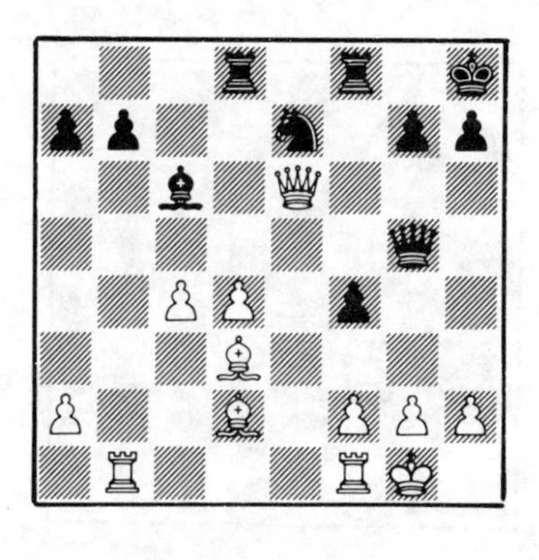

| | |
|---|---|
| 20. De6 – h3! | ... |

Weicht der Fallgrube aus: 20. d5?, S × d5!! 21. c × d5, T × d5!, und Schwarz gewinnt.

| | |
|---|---|
| 20. ... | h7 – h6 |

Nach 20. ... Sg6? 21. L × g6, D × g6 22. d5, Ld7 23. Dh4 würde Weiß besser stehen.

| | |
|---|---|
| 21. Ld2 – c3! | ... |

Auch hier würde 21. d5 scheitern: 21. ... S × d5! 22. c × d5, T × d5 23. Tb3, Tfd8 usw.

| | |
|---|---|
| 21. ... | Lc6 – d7 |
| 22. Dh3 – f3 | Ld7 – g4! |

Uhlmann behandelt diesen Teil der Partie mit vollendeter Stärke: Auf 23. D × b7 würde nach seiner eigenen Analyse 23. ... Sd5!! 24. c × d5, Lf3 25. g3, f × g3 26. f × g3, De3† 27. Tf2, L × d5 28. Db2, Dd3 folgen, mit entscheidendem Vorteil für Schwarz.

| | |
|---|---|
| 23. Df3 – e4 | Lg4 – f5 |
| 24. De4 – e2 | ... |

Nun hätte laut Uhlmann 24. ... L×d3! geschehen müssen: 25. D×d3, f3 26. g3, Sg6! 27. Kh1, Dg4 28. Tfe1, Sf4 29. Df1 (nicht 29. De4, Dh3 30. Df3, Sd5 und gewinnt) 29. ... Se2 30. La1, Dc8, mit Vorteil für Schwarz.

24. ... Td8 – e8
25. Da2 – d2 ...

Weiß bersäumt seinerseits den Gleichzieher: 25. L×f5, S×f5 26. Df3, Sh4 27. Dh3, f3 28. g3, Sg2 (Uhlmann). Pachman schlägt vor 25. Tfe1.

25. ... Se7 – g6
26. Tb1 – b5 Sg6 – h4
27. f2 – f3 a7 – a6
28. Tb5 – d5 ...

Schwarz befand sich hier schon in heftiger Zeitnot. Für Weiß galt also die Devise: je komplizierter desto besser.

28. ... Te8 – e3
29. Ld3 × f5 Tf8 × f5
30. Td5 × f5 Dg5 × f5
31. d4 – d5? ...

Mit 31. La1 oder 31. Kh1 hätte Weiß sich, wie es scheint, ausreichend verteidigen können. Vielleicht sind der Textzug, und auch die Fortsetzung, ein Versuch, das schwarze Blättchen herabfallen zu lassen, bevor Weiß matt steht.

31. ... Df5 – g6!
32. d5 – d6 ...

So ein Bauer kann einem auf die Nerven gehen.

32. ... Te3 – d3

Daher diese Reaktion. Sogleich siegreich wäre 32. ... S×f3† 33. T×f3, T×f3 34. d7, Db1†.

33. Dd2 – e2 ...

Weiß spekuliert weiter: 33. Df2, S×f3† 34. Kh1, T×c3 35. g×f3, D×d6 macht übrigens auch wenig Freude.

33. ... Td3 × c3
34. d6 – d7 ...

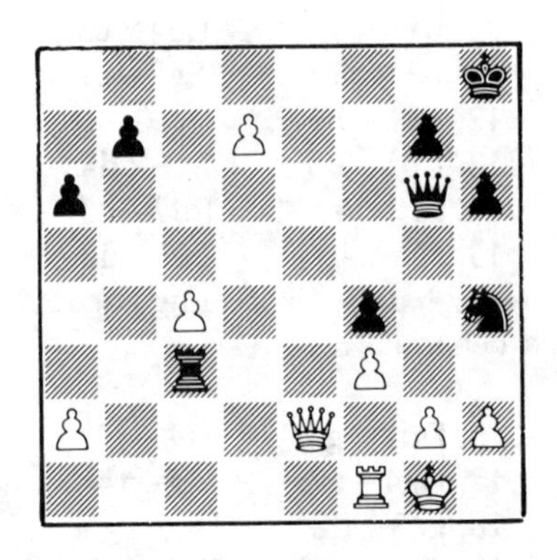

34. ... Dg6 – b6†??

Ein typischer Zeitnotzug: Schwarz

verhindert die Promotion des d-Bauern, noch dazu mit Schach. Nach 34. ... Td3! 35. De8†, Kh7 hätte Weiß aufgeben können.

35. c4 – c5! ...

Uhlmann hatte nur mit 35. Kh1, Te3 und 36. ... Dd8 gerechnet, mit Blockade des weißen Freibauern. Schwarz gibt auf.

Ein Musterbeispiel für Glück, aber doch wohl auch für Beherztheit und stählerne Nerven.

## 73

*Reykjavik 1972*
*Weiß: Sigurjonsson*
*Sizilianisch*

1. e2 – e4 c7 – c5
2. Sg1 – f3 d7 – d6
3. d2 – d4 c5 × d4
4. Sf3 × d4 Sg8 – f6
5. Sb1 – c3 a7 – a6
6. f2 – f4 Sb8 – d7

Stein versucht es wieder einmal mit einer ungebräuchlichen Aufstellung.

7. Sd4 – f3 ...

Auf 7. Ld3 hätte er 7. ... Db6 spielen wollen. Aber 7. Lc4! wäre besser.

7. ... e7 – e6
8. Lf1 – d3 Lf8 – e7
9. 0 – 0 Sd7 – c5
10. Kg1 – h1 ...

Durchaus nicht notwendig.

10. ... 0 – 0
11. a2 – a4 ...

Ebenso wenig überzeugend.

11. ... b7 – b6
12. b2 – b4? ...

Das erweckt noch weniger Vertrauen.

12. ... Sc5 × d3
13. c2 × d3 Lc8 – b7

Stein weist darauf hin, daß 13. ... d5? verfrüht wäre wegen 14. e5, L × b4 15. Sa2.

14. Lc1 – e3 Ta8 – c8
15. Dd1 – b3 d6 – d5!

Jetzt sehr stark.

16. e4 – e5 d5 – d4!

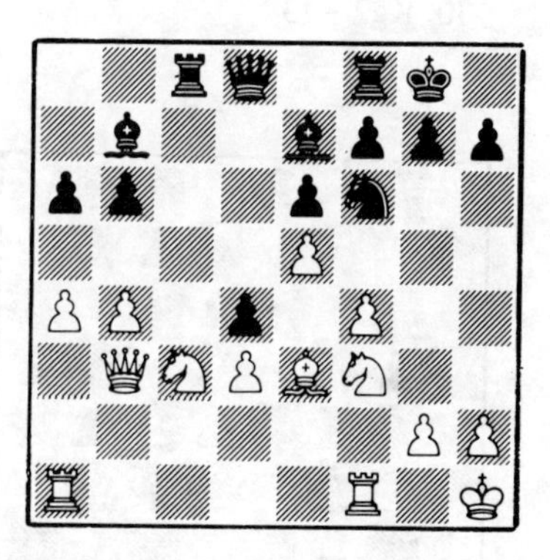

Die Pointe. Stein gibt die folgenden Varianten:

*1* 17. e × f6, L × f6
*2* 17. L × d4, L × f3 18. e × f6, L × f6 19. L × f6, D × f6 20. T × f3, T × c3

In beiden Fällen steht Schwarz besser.

| | |
|---|---|
| 17. Sf3 × d4? | Sf6 – g4 |
| 18. Le3 – g1 | Sg4 × h2! |

Einfach, aber reizvoll.

| | |
|---|---|
| 19. Tf1 – c1 | ... |

Auf 19. K × h2 folgt 19. ... T × c3 20. D × c3, L × b4 mit der Absicht 21. D × b4, Dh4 matt (Stein).

| | |
|---|---|
| 19. ... | Sh2 – g4 |
| 20. Sc3 – e4 | Le7 × b4 |
| 21. Se4 – g5 | Dd8 – d5 |
| 22. Sg5 – e4 | Dd5 × b3 |
| 23. Sd4 × b3 | Lb7 × e4 |
| 24. d3 × e4 | b6 – b5 |
| 25. a4 × b5 | a6 × b5 |
| 26. g2 – g3 | h7 – h5 |
| 27. Kh1 – g2 | Lb4 – c3 |
| 28. Ta1 – b1 | Tf8 – d8 |
| 29. Tc1 – c2 | Tc8 – c4 |
| 30. Kg2 – f3 | ... |

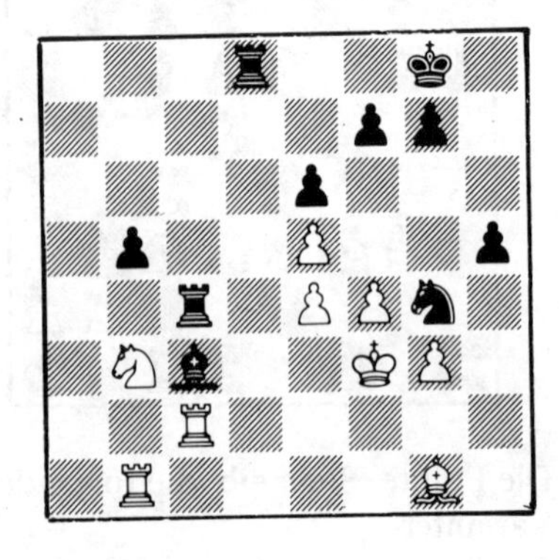

| | |
|---|---|
| 30. ... | Lc3 × e5! |

Sorgt für einen attraktiven Schluß.

| | |
|---|---|
| 31. Tc2 × c4 | b5 × c4 |
| 32. Sb3 – a5 | Td8 – d3† |
| 33. Kf3 – g2 | Td3 – d2† |
| 34. Kg2 – f3 | Le5 – d4! |
| 35. Lg1 × d4 | ... |

Noch hübscher wäre 35. S × c4, Sh2†! 36. L × h2, Tf2 matt gewesen.

| | |
|---|---|
| 35. ... | Td2 – d3† |
| 36. Kf3 – g2 | Td3 × d4 |
| 37. e4 – e5 | Td4 – d2† |

Weiß gibt auf.

## 74

*Spartakiade, Moskau 1972*
*Schwarz: Smyslov*
*Englisch*

| | |
|---|---|
| 1. c2 – c4 | Sg8 – f6 |
| 2. Sb1 – c3 | e7 – e6 |
| 3. Sg1 – f3 | b7 – b6 |
| 4. e2 – e4 | Lc8 – b7 |
| 5. Dd1 – e2!? | ... |

Ein krummer Zug, der Schwarz dennoch vor lästige Probleme stellt. Später hat Romanischin 5. Ld3!? probiert und damit niemand Geringeren als Petrosjan überrumpelt.

| | |
|---|---|
| 5. ... | Lf8 – b4 |
| 6. e4 – e5 | Sf6 – g8 |
| 7. d2 – d4 | d7 – d6 |

In seinem Match mit Kortschnoj 1974 rückte Karpov mit dem besseren 7. ... Sge7 heraus.

| | |
|---|---|
| 8. a2 – a3 | Lb4 × c3† |
| 9. b2 × c3 | Sg8 – e7 |

Voll festen Vertrauens auf 10. g3, d × e5, und Schwarz steht besser.

10. h2 – h4 ...

Stein behandelt die Eröffnung gewiß originell.

10. ... Sb8 – d7
11. h4 – h5! ...

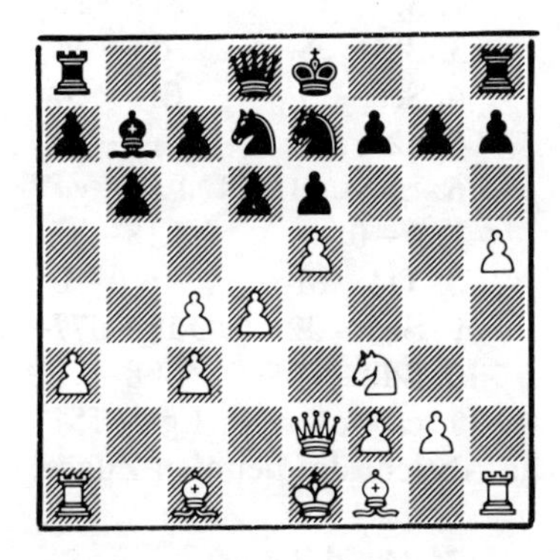

11. ... Lb7 × f3(?)

Notwendig wäre 11. ... h6, wie sich im Nachhinein herausstellt. Weiß hätte dann nur ein räumliches Übergewicht gehabt.

12. De2 × f3 d6 × e5
13. h5 – h6! g7 × h6

Nach 13. ... g6 14. d × e5 steht Weiß besser: 14. ... S × e5?? 15. Df6.

14. Lc1 × h6 e5 × d4

Verhältnismäßig am besten wäre 14. ... Sf5 15. Ld3, S × h6 16. T × h6, wenn Weiß seinen Bauern auch mit Vorteil zurückerobert (Saidy).

15. Lh6 – g7! ...

Nicht 15. c × d4, Sf5!, mit Vorteil für Schwarz.

15. ... Th8 – g8
16. Th1 × h7 Se7 – f5
17. Lg7 × d4 c7 – c5

Die schwarze Verteidigung scheint noch immer zu klappen: 18. Le3, dann 18. ... Sf6!

18. g2 – g4! c5 × d4
19. g4 × f5 e6 – e5

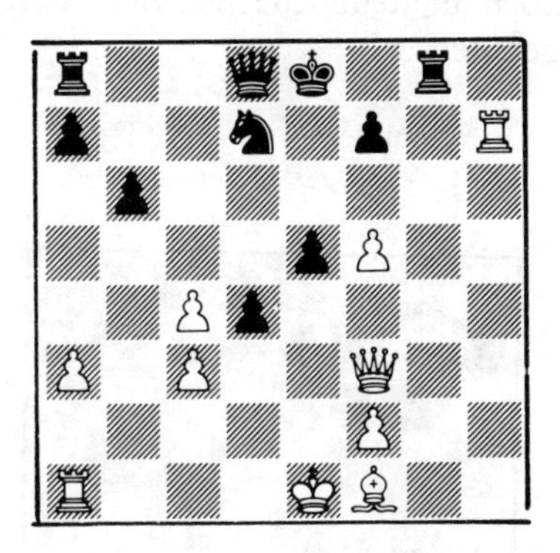

20. Df3 – d5 Tg8 – f8
21. c3 × d4 Ta8 – c8
22. Ta1 – d1 Dd8 – e7
23. Lf1 – g2 ...

Aufforderung zu 23. ... e × d4† 24. Kf1!

23. ... Tf8 – g8
24. Dd5 – b7 Tc8 × c4

Jetzt sieht es doch danach aus, daß die weiße Stellung am Zusammenbrechen ist. Nach 24. ... Tb8 25. D × a7, e × d4† 26. Kf1, Dd6 27. Ld7 hingegen gewinnt Weiß einfach (Saidy).

25. d4 × e5 De7 × e5†
26. Ke1 – f1 De5 – b5
27. Kf1 – g1 Db5 – c6?

Erzwingt Damenabtausch, wonach

alles sicher scheint. Auf 27. ... Tcg4 kommt 28. Dc8†, Ke7, und nun gewinnt sowohl 29. T×f7†, K×f7 30. T×d7†, als auch 29. T×d7†, D×d7 30. T×f7†, K×f7 31. D×d7† (varianten von Petrosjan). Mit 27. ... T×g2†! 28. K×g2 (oder 28. D×g2) 28. ... D×f5! dagegen könnte Schwarz seinem Gegner noch unglaubliche Schwierigkeiten bereiten.

| | |
|---|---|
| 28. Db7×c6 | Tc4×c6 |

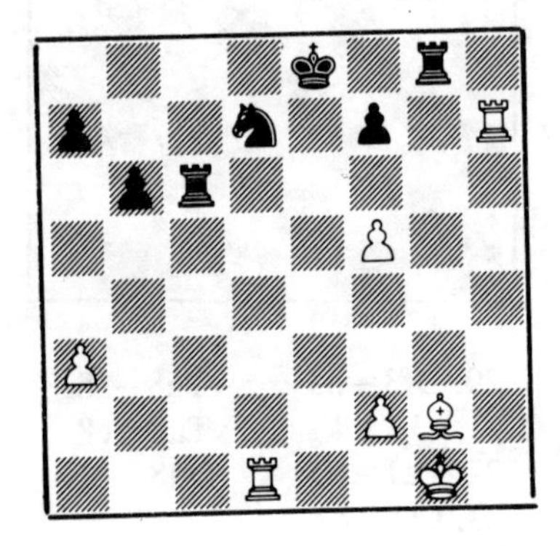

| | |
|---|---|
| 29. Th7–h8!! | ... |

Jetzt ist alles klar, aber auch alles vorbei.

| | |
|---|---|
| 29. ... | Tc6–g6 |
| 30. f5×g6 | Tg8×h8 |
| 31. Lg2–c6 | Th8–g8 |
| 32. Lc6×d7† | Ke8–e7 |
| 33. Ld7–f5 | f7×g6 |
| 34. Td1–d7† | Ke7–f6 |
| 35. Lf5–d3 | Tg8–a8 |

und Schwarz gibt auf.

# 75

*Kislowodsk 1972*
*Schwarz: Neschmetdinow*
*Russisch*

| | |
|---|---|
| 1. e2–e4 | e7–e5 |
| 2. Sg1–f3 | Sg8–f6 |
| 3. Sf3×e5 | d7–d6 |
| 4. Se5–f3 | Sf6×e4 |
| 5. d2–d4 | Se4–f6 |
| 6. Lf1–d3 | Lc8–g4 |
| 7. 0–0 | Lf8–e7 |
| 8. Tf1–e1 | 0–0 |
| 9. Sb1–d2 | Dd8–d7? |
| 10. Sd2–f1 | Sb8–c6 |
| 11. c2–c3 | Lg4–f5? |

Die Absicht des neunten Zuges.

| | |
|---|---|
| 12. d4–d5! | ... |

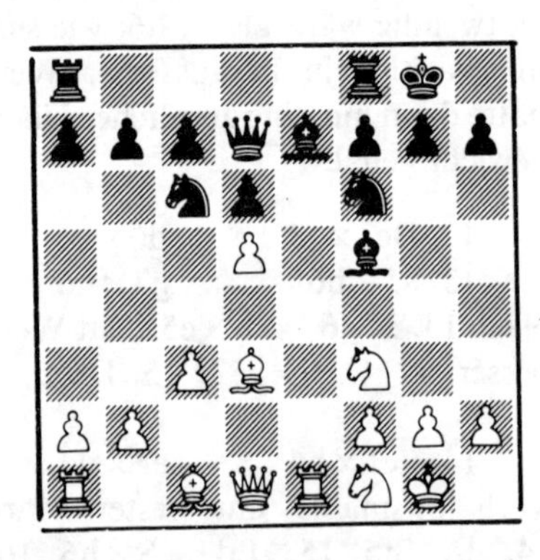

Hiermit ist der schwarze Plan im Grunde widerlegt. Suetin gibt die folgenden Varianten:

*1* 12. ... L×d3? 13. d×c6, Df5 14. T×e7

*2* 12. ... Sd8 13. L×f5, D×f5 14. T×e7.

| | |
|---|---|
| 12. ... | Sc6–e5 |

13. Ld3×f5 Dd7×f5
14. Sf3×e5 d6×e5
15. Se2–g3! Df5–d7
16. Te1×e5 Le7–d6
17. Te5–e2! Ld6×g3
18. h2×g3 Dd7×d5

Oder 18. ... S×d5 19. c4, Sf6 20. D×d7, S×d7 21. Te7 (Suetin).

19. Dd1×d5 Sf6×d5
20. c3–c4 Sd5–b4
21. Lc1–f4 Sb4–d3
22. Lf4×c7 Ta8–c8
23. Te2–e7! ...

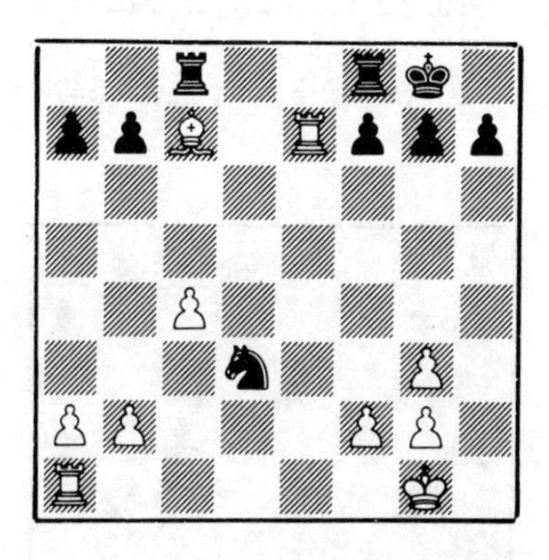

23. ... Sd3×b2
24. Ta1–b1 Sd2×c4
25. Tb1×b7 h7–h5
26. Te7–e4 ...

Die Dynamik kommt bei Stein vor allem anderen.

26. ... Sc4–b6
27. Te4–d4 Tc8–a8
28. a2–a4 Sb6–c8
29. Lc7–f4 a7–a5
30. Td4–d5 Ta8–a6

Nicht 30. ... g6 31. Lh6 und 32. Tdd7.

31. Lf4–c7 Sc8–e7
32. Td5×h5 Tf8–c8
33. Th5×a5 ...

Ein Allesfresser, dieser Turm!

33. ... Ta6×a5
34. Lc7×a5 Tc8–c1†
35. Kg1–h2 Se7–d5
36. Tb7–d7 Sd5–f6
37. Td7–d4 Tc1–c2

Mehr als den Kampf verlängern kann Schwarz schon lange nicht mehr.

38. f2–f3 Tc2–a2
39. g3–g4 Kg8–h7
40. La5–d8 Sf6–e8
41. a4–a5 Kh7–g6
42. Td4–d5 Ta2–c2
43. a5–a6 ...

## 76

*Zagreb 1972*
*Weiß: Minić*
*Sizilianisch*

1. e2–e4 c7–c5
2. Sg1–f3 d7–d6
3. Lf1–b5† Lc8–d7
4. Lb5×d7† Dd8×d7
5. c2–c4 Sb8–c6

Letzten Endes ist 5. ... Dg4 nicht nach jedermans Geschmack.

6. Sb1–c3 ...

In Betracht käme sowohl 6. d4 als auch 6. d3.

6. ... g7–g6

Auch 6. ... e5 hat seine Anhänger.

7. d2 – d4 c5 × d4
8. Sf3 × d4 Lf8 – g7
9. Lc1 – e3 Sg8 – h6!?

Scharf gespielt, aber auch riskant.

10. f2 – f3 f7 – f5

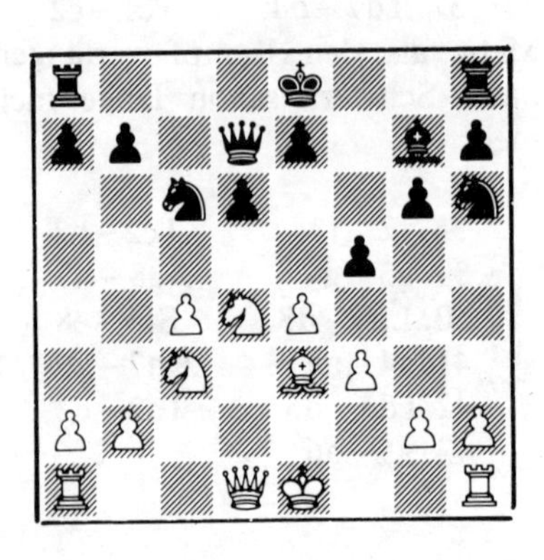

11. Dd1 – d2 Sh6 – f7
12. e4 × f5 g6 × f5?!

In Nachhinein hätte Stein lieber 12. ... Sfe5!? ziehen wollen.

13. f3 – f4 Lg7 × d4
14. Le3 × d4 Dd7 – e6†

Wohin, Herr König?

15. Ke1 – f2? ...

Gerade dieser auf der Hand liegende Zug erwist sich als schlecht. Nach 15. Kd1! wäre Weiß besser gestanden.

15. ... Th8 – g8
16. b2 – b3 ...

Auf 16. Sd5 kommt 16. ... De4!

16. ... De6 – g6

Sofort 16. ... Sh6 muß noch stärker sein.

17. g2 – g3 Sf7 – h6
18. Ta1 – e1? ...

Einzig mit 18. Kg2, Sg4 19. Lf2 könnte Weiß noch Widerstand leisten.

18. ... Sh6 – g4†
19. Kf2 – e2 ...

Oder 19. Kg2, S × h2! und gewinnt.

19. ... Dg6 – h5
20. Ke2 – d3 ...

Auf 20. h3 folgt 20. ... Sh2†.

20. ... Sc6 – b4†

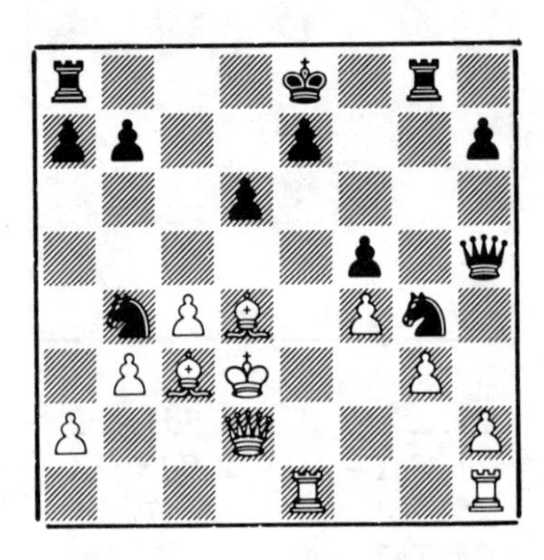

Weiß gibt auf, denn er wird ruckzuck mattgesetzt: 21. Ke2, S × h2† 22. Kf2, Df3† 23. Kg1, T × g3† 24. K × h2, Th3† 25. Kg1, T × h1 matt. Dem Kühnen ist das Glück hold.

## 77

*Zagreb 1972*
*Schwarz: Barcza*
*Englisch*

| | |
|---|---|
| 1. c2 – c4 | e7 – e5 |
| 2. Sb1 – c3 | Sg8 – f6 |
| 3. Sg1 – f3 | Sb8 – c6 |
| 4. g2 – g3 | Lf8 – b4 |
| 5. Lf1 – g2 | 0 – 0 |
| 6. 0 – 0 | Tf8 – e8 |
| 7. Sc3 – d5 | Lb4 – f8 |
| 8. d2 – d3 | h7 – h6 |
| 9. Lc1 – d2 | d7 – d6 |
| 10. Ld2 – c3 | Sf6 × d5?! |

Von zweifelhaftem Wert. Weiß bekommt nun sozusagen mühelos eine schöne Stellung.

| | |
|---|---|
| 11. c4 × d5 | Sc6 – e7 |
| 12. e2 – e4 | c7 – c6 |
| 13. d5 × c6 | Se7 × c6 |
| 14. d3 – d4 | ... |

Weiß steht bereits klar besser.

| | |
|---|---|
| 14. ... | Lc8 – g4 |
| 15. d4 – d5 | Sc6 – e7 |
| 16. h2 – h3 | Lg4 – d7 |
| 17. a2 – a4 | ... |

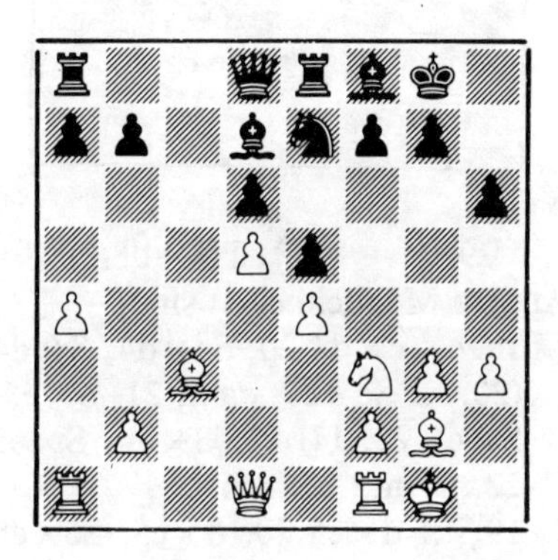

| | |
|---|---|
| 17. ... | Dd8 – c8?! |

Hort zufolge hätte Schwarz hier 17. ... f5 versuchen müssen.

| | |
|---|---|
| 18. Kg1 – h2 | Se7 – g6 |
| 19. Sf3 – d2 | Lf8 – e7 |
| 20. Dd1 – e2 | b7 – b5?! |

Ein dubiöser Befreiungsversuch.

| | |
|---|---|
| 21. a4 × b5 | Dc8 – b7 |
| 22. Tf1 – e1 | Ld7 × b5 |
| 23. De2 – f3 | Sg6 – f8 |
| 24. Lg2 – f1 | a7 – a6 |
| 25. Sd2 – c4 | ... |

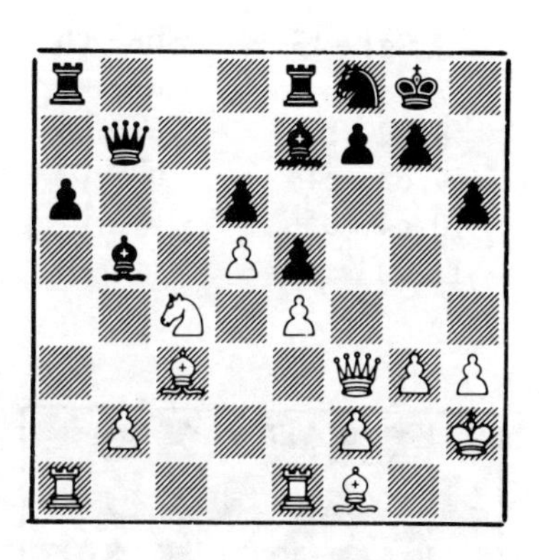

| | |
|---|---|
| 25. ... | Sf8 – d7?! |

Schwarz hätte besser abtauschen können auf c4 (Hort).

| | |
|---|---|
| 26. Sc4 – a5! | Db7 – b6 |
| 27. Lf1 × b5 | Db6 × b5 |
| 28. Ta1 – a3! | Le7 – d8 |
| 29. Ta3 – b3 | Db5 – a4 |
| 30. Tb3 – b7! | ... |

Wieder einmal sorgt Stein für ein lebendiges Finale.

| | |
|---|---|
| 30. ... | Ld8 × a5 |
| 31. b2 – b3 | Da4 – a3 |
| 32. Te1 – a1 | Da3 × a1 |

33. Tb7×d7
Schwarz gibt auf.

## 78

*Las Palmas 1973*
*Schwarz: Ribli*
*Königsindisch*

| | |
|---|---|
| 1. c2–c4 | g7–g6 |
| 2. d2–d4 | Sg8–f6 |
| 3. g2–g3 | Lf8–g7 |
| 4. Lf1–g2 | 0–0 |
| 5. Sb1–c3 | d7–d6 |
| 6. Sg1–f3 | Sb8–c6 |
| 7. 0–0 | a7–a6 |
| 8. h2–h3 | Ta8–b8 |
| 9. e2–e4 | b7–b5 |
| 10. c4×b5 | a6×b5 |
| 11. Tf1–e1! | ... |

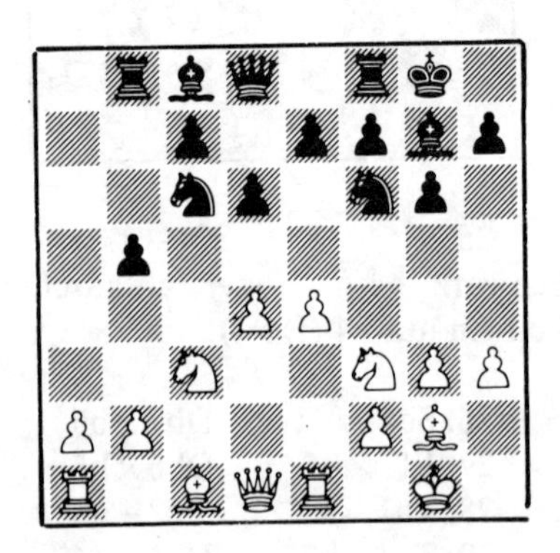

Nach 11. e5, d×e5 12. d×e5, D×d1 13. T×d1, Sd7 braucht Schwarz nichts zu fürchten.

11. ... Sf6–d7

Auf 11. ... e5 folgt 12. Lg5! (noch stärker als 12. d×e5), auf 11. ... b4 kommt 12. Sd5!, und nach 11. ... Ld7 ist 12. e5 stark. Allerdings ist 11. ... e6! gut genug für Schwarz.

| | |
|---|---|
| 12. Lc1–g5 | h7–h6 |
| 13. Lg5–e3 | Sc6–a5 |

Auch nach 13. ... e5 14. d5 behält Weiß das beste Spiel.

| | |
|---|---|
| 14. b2–b3 | c7–c5 |
| 15. Dd1–d2 | Kg8–h7 |
| 16. Ta1–c1 | Sa5–c6 |
| 17. Te1–d1 | b5–b4 |

Schwarz überschreitet als erster seine Bretthälfte. Damit trägt er die Brandmarke des Friedensstörers.

| | |
|---|---|
| 18. Sc3–e2 | Dd8–a5 |
| 19. e4–e5! | ... |

Dem Angreifer wird mit gleicher Münze heimgezahlt.

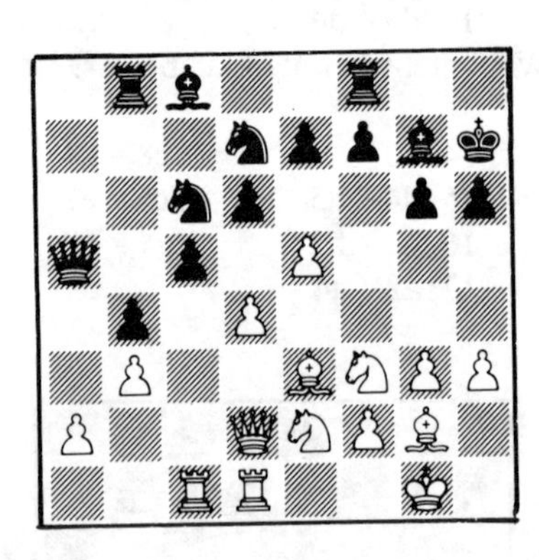

29. ... Tf8–d8(?)

Andere Möglichkeiten sind:

*1* 19. ... c×d4 20. Se×d4, S×d4 (20. ... Sc×e5, dann 21. S×e5, S×e5 22. f4) 21. S×d4, S×e5 22. f4 und 23. Sc6.

*2* 19. ... d×e5 20. d×e5, Sc×e5

21. S×e5, S×e5 22. T×c5, Da6 23. Lf4!
(Gufeld und Lazarew).

| | |
|---|---|
| 20. e5×d6 | e7×d6 |
| 21. Sf3–g5†! | h6×g5 |
| 22. Lg2×c6 | c5×d4 |
| 23. Se2×d4 | Sd7–e5 |
| 24. f2–f4! | ... |

Stein hält den Gegner ständig in Trab.

| | |
|---|---|
| 24. ... | Lc8×h3 |
| 25. Dd2–h2 | ... |

Lieber nicht 25. f×e5, d×e5.

| | |
|---|---|
| 25. ... | g5–g4 |
| 26. Lc6–g2 | Lg7–h6 |
| 27. Lg2×h3 | g4×h3 |
| 28. Dh2×h3 | Kh7–g7 |
| 29. Sd4–c6! | ... |

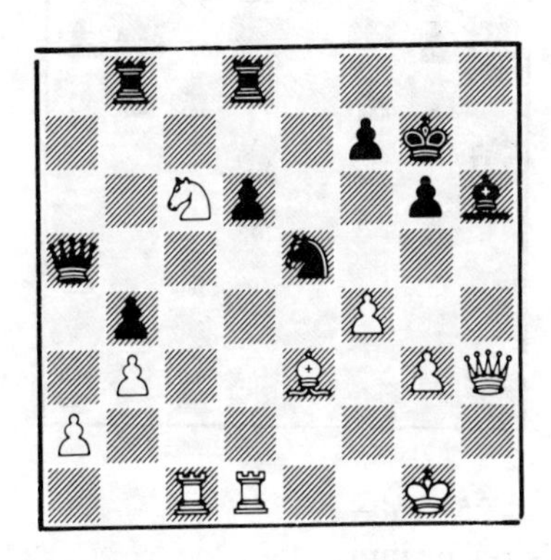

| | |
|---|---|
| 29. ... | Se5×c6 |
| 30. Tc1×c6 | ... |

Etwas ist ganz klar: Die schwarze Stellung kracht auf allen Seiten.

| | |
|---|---|
| 30. ... | Da5×a2 |
| 31. Le3–d4† | Kg7–h7 |
| 32. g3–g4 | ... |

Mit ins Auge springenden Absichten.

| | |
|---|---|
| 32. ... | Da2–e2 |
| 33. Tc6–c1 | De2–e6 |

Erfinderische Verteidigung.

| | |
|---|---|
| 34. Td1–e1 | De6–d7 |

Oder 34. ... Dd5 25. Lf6, Te8 36. T×e8, T×e8 37. g5 und gewinnt (Velimirović).

| | |
|---|---|
| 35. Dh3–h4 | Kh7–g8 |
| 36. Dh4×h6 | |

Schwarz gibt auf: 36. ... D×g4† 37. Kf2.

## 79

*Las Palmas 1973*
*Weiß: Ljubojević*
*Larsen-Eröffnung*

| | |
|---|---|
| 1. b2–b3 | e7–e5 |
| 2. Lc1–b2 | d7–d6 |
| 3. e2–e3 | Sg8–f6 |
| 4. c2–c4 | g7–g6 |
| 5. d2–d4 | Lf8–g7 |

Nach 5. ... e×d4 6. D×d4, Lg7 7. Sc3 steht Weiß ein ganz klein wenig besser.

| | |
|---|---|
| 6. Sb1–c3 | ... |

Kavalek gibt 6. d×e5, Sg4 7. Sc3 den Vorzug.

| | |
|---|---|
| 6. ... | e5×d4 |
| 7. Dd1×d4 | 0–0 |
| 8. Sg1–f3 | Sb8–d7 |
| 9. Lf1–e2 | Sd7–c5 |

Schwarz zielt schnurgerade auf die

Kontrolle von Feld e4 ab.

10. Ta1 – d1? ...

Das Fragezeichen ist von Sokolov, der die Züge 10. Dd2 und 10. 0 – 0 besser findet.

Der Weißspieler spekuliert anscheinend auf 10. ... Sfe4? 11. D×g7†!, K×g7 12. S×e4† und 13. S×c5.

10. ... Sf6 – g4!

11. Dd4 – d2 ...

Nach 200 Turnierpartien und 30 Simultanspielen ist dies eigentlich eine logische Reaktion des übermüdeten Ljubojević. Wie Gufeld und Lazarew nachweisen, befand Weiß sich jedoch schon in unüberwindlichen Schwierigkeiten. Auf 11. Dd5 hat Schwarz die angenehme Wahl zwischen 11. ... c6 12. D×d6, D×d6 13. T×d6, L×c3† 14. L×c3, Se4! und 11. ... Le6 12. Dg5, Lf6 13. Df4, g5 14. Dg3, L×c3† 15. L×c3, Se4!. Auf 11. Df4 folgt 11. ... f5!, mit der Drohung 12. ... Se4!. Zum Beispiel: 12. Dg5?, Lf6 13. Df4, g5 14. Dg3, L×c3† 15. L×c3, Se4! oder 12. Sd4, Le5 13. Df3, Se4!

11. ... Sg4 × f2!

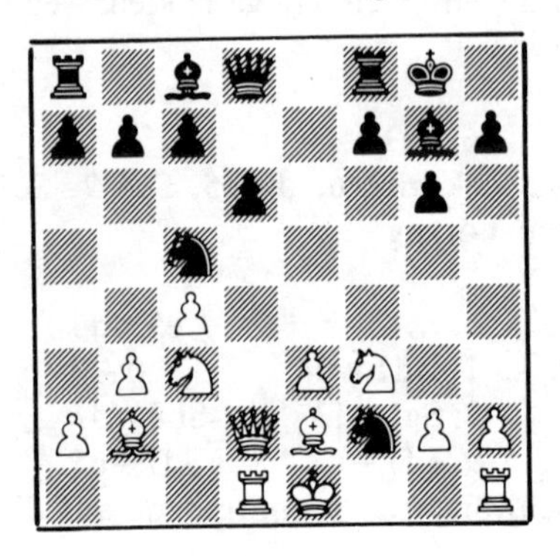

12. 0 – 0 ...

Auf 12. K×f2 gewinnt 12. ... L×c3. Kinderleicht, wenn's einmal geschehen ist.

| | |
|---|---|
| 12. ... | Sf2 × d1 |
| 13. Le2 × d1 | Lc8 – g4 |
| 14. h2 – h3 | Lg4 × f3 |
| 15. Ld1 × f3 | a7 – a5 |
| 16. Sc3 – d5 | c7 – c6 |
| 17. Lb2 × g7 | Kg8 × g7 |
| 18. Dd2 – d4‡ | f7 – f6 |
| 19. Sd5 – f4 | Dd8 – e7 |
| 20. Kg1 – h1 | Tf8 – e8 |
| 21. Dd4 – d2 | De7 × e3 |
| 22. Dd2 × d6 | De3 – e5 |
| 23. Dd6 – d2 | Ta8 – d8 |
| 24. Dd2 × a5 | Sc5 – e4 |

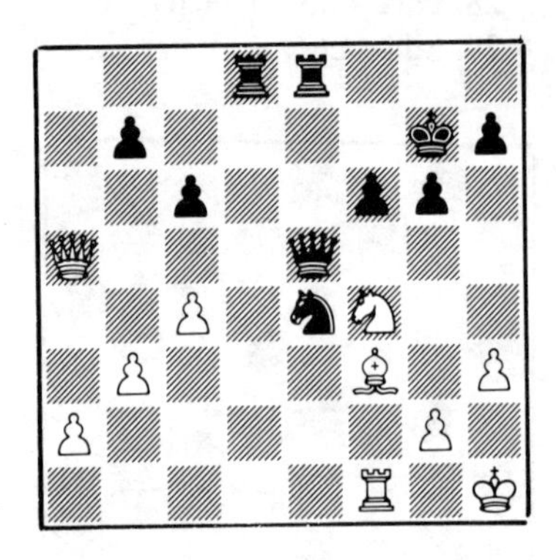

25. Sf4 – e6†? ...

Es reicht ihm.

25. ... De5 × e6

Weiß gibt auf.

## *80*

*Spartakiade, Moskau 1973*
*Weiß: Sweschnikov*
*Sizilianisch*

| | |
|---|---|
| 1. e2 – e4 | c7 – c5 |
| 2. c2 – c3 | ... |

Unüblich, aber durchaus gut spielbar.

| | |
|---|---|
| 2. ... | d7 – d5 |

Andere Möglichkeiten sind 2. ... e6 3. d4, d5 4. e5 mit übergang zur französischen Vorstoßvariante, und 2. ... Sf6 3. e5, Sd5 4. d4, c×d4 5. c×4, oder 5. D×d4.

| | |
|---|---|
| 3. e4×d5 | Dd8×d5 |
| 4. d2 – d4 | e7 – e6 |

Schwarz darf nicht zu schnell abwickeln: 4. ... c×d4 5. c×d4, Sc6 6. Sf3, Lg4 7. Sc3, L×f3 8. g×f3, D×d4 9. D×d4, S×d4 10. Sb5! ist chancenreich für Weiß.
In Betracht käme jedoch 4. ... Sc6, um sich die Möglichkeit Lc8 – g4 vorzubehalten.

| | |
|---|---|
| 5. Sg1 – f3 | Sb8 – c6 |
| 6. Lf1 – d3 | ... |

Gufeld gibt 6. Sa3 – als stärker; sowohl nach 6. ... c×d4 7. Sb5, Dd8 8. S×b4 als auch nach 6. ... Dd8 7. Sc2 steht Weiß etwas besser.

| | |
|---|---|
| 6. ... | Sg8 – f6 |
| 7. 0 – 0 | Lf8 – e7 |
| 8. Lc1 – g5? | ... |

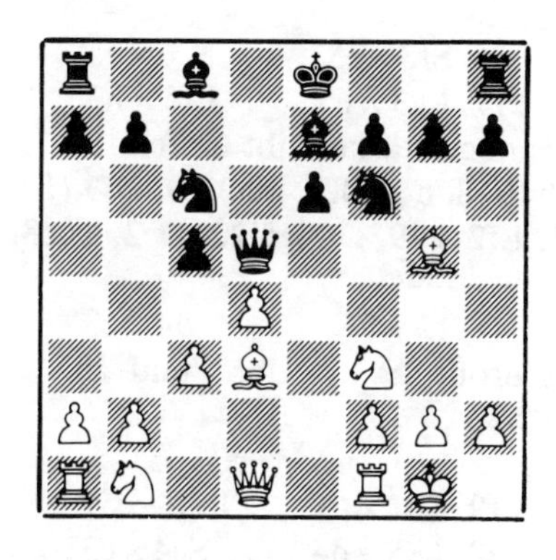

Notwendig wäre 8. Le3, z.B. 8. ... c×d4 9. c×d4, 0 – 0 10. Sc3, Dd6.

| | |
|---|---|
| 8. ... | c5×d4! |

Die einfache Widerlegung: 9. c×d4, S×d4 10. S×d4, D×g5.

| | |
|---|---|
| 9. Dd1 – e2 | h7 – h6 |
| 10. Lg5 – h4 | 0 – 0 |
| 11. Tf1 – d1 | e6 – e5! |
| 12. Ld3 – c4 | Dd5 – d6 |
| 13. h2 – h3 | ... |

Sonst kommt Lg4.

| | |
|---|---|
| 13. ... | Lc8 – f5 |
| 14. Lh4 – g3 | Sf6 – e4 |
| 15. Lg3 – h2 | Dd6 – g6! |

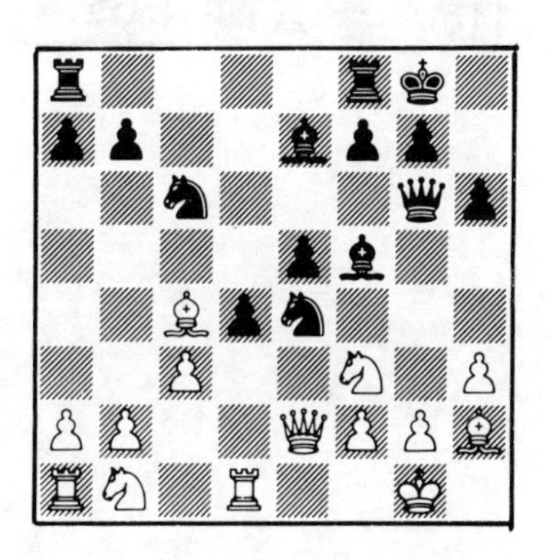

| | |
|---|---|
| 16. Sf3×e5 | Sc6×e5 |
| 17. Lg3×e5 | Lf5×h3 |

Als noch stärker gibt Gufeld 17. ... Lh4! 18. c×d4, L×h3 19. Df3 (19. f3, Lf2†) 19. ... Sg5 20. De2, Tae8.

| | |
|---|---|
| 18. f2–f3 | d4×c3 |

Es droht 19. ... Db6† und 20. ... c×b2.

| | |
|---|---|
| 19. Sb1×c3 | Le7–c5† |
| 20. Le5–d4 | Se4×c3 |
| 21. b2×c3 | Ta8–c8 |
| 22. g2–g4 | ... |

Nach 22. L×c5, T×c5 droht sowohl 23. ... T×c4 als auch 23. ... Tg5.

| | |
|---|---|
| 22. ... | h6–h5! |

Beseitigt die letzten Versperrungen.

| | |
|---|---|
| 23. Lc4–d3 | Dg6–g5 |
| 24. Kg1–h2 | h5×g4 |
| 25. De2–e5 | Dg5×e5 |
| 26. Ld4×e5 | Tf8–e8 |
| 27. Ld3–f5 | Tc8–c6 |
| 28. f3–f4 | Tc6–h6 |
| 29. Lf5–d7 | Lc5–f2! |

Weiß gibt auf.

Nachweis der wichtigsten Quellen


## Bücher:

Keene, Raymond D.: Leonid Stein Master of Attack, (Leonid Stein Meister des Angriffs), Hrsg. Robert Hale and Company, London 1976.

Dr. Euwe, Max, und Salo Flohr: Das Interzonenturnier Amsterdam 1964. In: Weltgeschichte des Schachs, 2 Bände, Sonderband 6. Hrsg. Verlag Dr. E. Wildhagen, Hamburg 1965.

Czerniak, M.: XVI. Chess Olympiad (16. Schacholympiade). Hrsg. Israel Chess Federation, Tel Aviv 1966.

Wrobel, Dieter: XVII. Schacholympiade, Havanna 1966. Hrsg. Sportverlag Berlin 1967.

Wade, R.G.: Sousse 1967. Hrsg. The Chess Player, London 1968.

Schachmaty-Jahrbücher 1958 bis 1962. Hrsg. Fiskultura i Sport, Moskau.

Gufeld, Eduard J. und E.M. Lazarew: Leonid Stein. Hrsg. Fiskultura i Sport, Moskau 1980.

## Loseblattwerk:

De Losbladige Schaakberichten, Redaktion Dr. M. Euwe, Drs. C.B. van den Berg, H. Bouwmeester und W.J. Muhring. Hrsg. Het Nederlandse Schaakcentrum N.V., Hengelo.

## Turnierbulletins:

Russische Turnierbulletins: Stockholm 1962, Moskau 1964, Moskau 1967, Moskau 1971.

## Zeitschriften:

Maandblad Schaakbulletin Nederland – USSR (Monatsschrift).
Redaktion A. Hondius, Amsterdam.

Schakend Nederland, tijdschrift van de KNSB (Zeitschrift des Königlich Niederländischen Schachbundes). Chefredakteur H.J.J. Slavekoorde, 's Gravenhage.

Schaakbulletin, maandelijks tijdschrift (Monatsschrift). Hrsg. Andriessen, Amsterdam.

Schach-Echo. Hrsg. Schachverlag Otto Keizer, Weilrod im Taunus. Deutsche Schachzeitung. Redaktion R. Terschuer. Hrsg. Verlag Walter de Gruyter, Berlin.

Chess Life and Review. Redakteur Burt Hochberg, Hrsg. United States Chess Federations.

'64' Russische Schach- und Damewochenschrift. Redakteur Tigran Petrosjan, Moskau.

*Leonid Stein*